The Songwriters

The Songwriters

더 송라이터스

김영대

유재하부터 아이유까지,
노래로 기록된
사랑의 언어들

문학동네

일러두기
- 외래어 표기는 국립국어원 외래어표기법에 준했으나, 인물 및 음악용어 등 일부는 통용되는 표기를
  따랐다.
- 곡 정보는 한국음악저작권협회의 내용을 바탕으로 정리했다.
- 곡, 영화, 드라마, TV 프로그램 등은 〈 〉, 앨범명은 《 》, 그룹명은 ' ', 단행본은 『 』로 구분했다.
- 본문 안의 직접 인용된 가사는 한국음악저작권협회의 허가를 받았으며, 그 외 초기 가사 등은 작사
  가의 허락을 받아 수록했다.

“발라드만큼 우리 모두의 이야기를 담아낸
음악이 또 있을까?”

차례

3부 깊어지고 넓어지는 발라드의 세계

사랑과 이별과 후회와 설렘과 찌질함에 대한 연대기

그 시절 우리가 사랑한……

눈을 감으면 선명하게 떠오르는 풍경들이 있다. 영화 속 장면처럼 화려한 총천연색은 아니지만, 오래된 포지티브필름 슬라이드를 영사기에 걸어 한 장 한 장 넘길 때 나타나던, 어쩐지 영원히 과거일 것만 같은 빛바랜 색감의 풍경들. 그런데 이상하게도 그 기억들은 아련한 추억이 아니라 여전히 생생한 감각으로 되살아난다.

어느 봄날 우리 동네에 그해 들어 처음 내렸던 비, 그리고 비가 갠 후 찾아온 싱그럽고도 나른했던 느낌, 장학사가 온다고 마루에 걸레질을 해야 했던(왜?) 무렵의 왁스 냄새, 동네 형들의 눈치를 보아가며 놀이터 한구석에서 야구를 하며 글러브로 잡아본 (테니스)공의 감촉, 아무리 시도해보아도 절대 레시피를 알 수 없는 전설의 포장마차 떡볶이의 맛, 눈 내린 동산 위에서 삼촌이 만들어준 방패연이 서로 엉켜 날던 어느 날의 추위 같은 것이 정말 아무 일관성도 없이 흩어져 있는 가운데 여전히 생생하게 느껴진다.

시간이 흐를수록 그 기억들은 희미해지기는커녕 더욱더 또렷해진다. 기억을 기억하기 때문이다. 그리고 그 시절 나를 둘러싼 모든 기억은 음악을 중심으로 촘촘히 엮여 있다. 나만 그런지 모르겠지만 음악에 대한 기억은 언제나 조금 더 또렷하고 구체적인 것 같다. 그 시절 누군가와 나눈 이야기나 그때의 감정은 온데간데없지만, 당시 흘러나오던 음악과 그 음악을 들으며 느꼈던 감정은 신기하게도 남아 있을 때가 많다. 실제 그랬던 건지, 아니면 음악이 그 기억을 그렇게 만들어준 건지도 이제는 분명치 않지만.

라디오 헤븐

내 청소년기를 지배한 첫 취미는 아마 그 당시 많은 또래들이 그랬듯, 라디오였다. 이리저리 안테나의 방향을 바꾸거나 툭툭 치며 깨끗한 주파수를 찾아 맞추던 작은 카세트라디오, 그리고 흘러나오던 유행가들. 엄마는 이종환 아저씨의 목소리를 들으며 사우디아라비아로 파견 간 아버지에게 편지를 쓰곤 하셨지.

그때만 해도 '국민학교'라 불렸던 초등학교 5학년 어느 날 등굣길에, 남들보다 조금 조숙했던 성원이라는 친구가 내게 '봄여름가을겨울'의 〈전화〉라는 곡을 들려주었고, 이런 음악을 더 듣고 싶으면 95.9메가헤르츠로 맞춰 〈별이 빛나는 밤에〉를 들어보라고 했다. 내게 라디오라는 새로운 세상이 본격적으로 열린 순간이었고, 그렇게 난 다시는 돌아올 수 없는 먼길을 떠났다.

일주일을 기다려 최성원의 〈제주도의 푸른밤〉과 최호섭의 〈세월이 가면〉을 성공적으로 녹음하고, 하라는 공부는 안 하고 늦은 밤까지 이경규가 나오는 공개방송을 들으며 낄낄거리고, 우연히 시작된 라디오와의 인연은 뮤지션들에 대한 환상과 로망으로 이어졌다. 그렇게 어쩌면 내 미래도 정해졌다.

지금 생각해보니 FM라디오는 누구나 즐길 수 있지만 모두가 즐기지는 않았던 힙스터 아닌 힙스터 문화였다. 음악깨

나 듣는 애들이라면 자정방송 정도는 들었고, 좀더 미치면 새벽 방송을 듣는 것도 예사였다. 가요, 팝송, 프로그레시브록…… 청취하는 프로그램에 따라 음악에 대한 취향이나 깊이(?) 따위를 알 수 있었다. 라디오는 매번 음반을 구입할 돈이 없는 우리에게 모든 장르의 음악을 제공하는 무제한 스트리밍 서비스 이용권이자 음악이 나오는 팟캐스트와도 같았다. 크롬이나 메탈 테이프처럼 비싼 공테이프라면 제법 깨끗한 음질을 자랑하는 믹스테이프를 만들 수도 있었으니, 워크맨은 세상에서 제일 갖고 싶은 '잇템'이었다. 그래서였을까, 노래가 끝나기도 전에 곡을 소개하는 DJ들을 제일 싫어했다.

'나'라는 신인류

1990년대가 개막하고 우리는 '신세대' 'X세대'라는 자의식에 지나칠 만큼 몰두했다. 그게 뭘 의미하는지, 어떤 게 정말 다르기에 우리를 신인류라 부르는지도 모른 채. 집단과 대의를 강조했던 선배들에 비해 우리는 개인의 개성과 라이프스타일을 중시했고(실은 그렇다고 믿었고), 모든 종류의 자유를 억압하는 것에 과민할 정도로 반감을 가졌더랬다.

조금은 넉넉해진 용돈은 X세대 마케팅과 소비문화에

　　　　　　　　　　　　　　　　　　　　　

탕진했지만 그래도 우리는 다르다 생각했다. 삐쭉거리고, 삐딱하고, 조금은 염세적이었던 신세대. 우리는 개인플레이에 최적화되어 있었고 요즘 아이브의 노래들처럼 관심은 늘 '나'였다. 1990년대부터 유독 〈난 알아요〉 〈난 단지 나일 뿐〉 〈난 멈추지 않는다〉 〈나는 나〉 같은 노래들이 인기를 끌었던 이유도 아마 그 때문이 아닐까. 발칙한 청춘들의 로맨틱코미디 혹은 섹스코미디류의 영화가 인기를 얻고, 그런 영화들을 보며 쑥스러워하지 않는 것을 신세대의 자격쯤으로 여겼다. 온갖 괴상한 '개성'들이 세기말까지 우리를 지배했다.

신인류를 나타내는 또하나의 표식은 땅에 질질 끌고 다니던 '배기진'이었다. 힙합은 신선함을 넘어 완전히 새로운 문화였고, 이미 어느 정도는 익숙했던 R&B와 함께 흑인음악을 좋아한다는 것은 그 시대 젊은이들의 가장 대단한 일탈이면서 자기 선언 같은 느낌을 가졌더랬다. PC통신을 중심으로 만들어졌던 흑인음악 동호회는 세상에서 가장 특이하고 반항적인 사람들이 모인 성소처럼 느껴졌다. 그 옛날 긴 머리에 가죽재킷을 입었던 어른들이 그랬듯, 우리에겐 흑인음악이 새로운 종교나 다름없었다. 서태지, 현진영, 솔리드, 그리고 업타운과 드렁큰타이거. 어설프게 현지화한 한국식 힙합을 한편으로는 경멸했지만 또 한편으로는 동경했다. 같이 어울려 놀던 후배들 중에는 휘성, 정인, 버벌진트, 피타입 같은 한국 흑인음악과 힙합의 선구자들도 있었다. 내가 랩을 했던 데모테이프가 사라진 것은 얼마나 다행인지.

사랑이 지나가면

이제 사랑이야기를 할 차례다. 영화 〈시네마 천국〉에서 알프레도 아저씨가 삶의 모든 교훈과 철학을 영화로부터 배웠듯, 나는 발라드를 통해 처음 사랑을 배웠다. 말하고 나니 좀 부끄럽지만 사랑의 환희와 슬픔, 절망과 미련, 그 모든 감정을 처음 느끼도록 한 건 실제 경험이 아니라 노래였다. 누구를 좋아한다는 게 어떤 기분인지 알지도 못했던 꼬마가 사랑노래들을 통해 그 기분을 어렴풋이 깨달은 것이다. 어쩌면 내가 어른이 되어 느꼈던 사랑이란, 그 유사체험 혹은 추체험의 확인에 지나지 않았을지도 모른다. 사실 어떤 감정은 여전히 노래 안에만 남아 있다. 어쩌면 죽을 때까지 그 기분을 절대 느낄 수 없을지도 모르지만, 나는 그래도 그 심정을 알지 못한다고는 말할 수 없다.

내게 처음으로 사랑의 감정을 알려준 곡은 이문세의 〈사랑이 지나가면〉이었다. 이제 열 살이 된 녀석이 사랑이 뭔지, 그게 지나간다는 건 또 뭔지를 알 리가 없건만, 사랑했던 그 사람을 기억하지 못한다는 말은 먹먹한 기분을 안겨주었다. 집에 있던 판LP들이 모두 사랑학개론 수업이었다. 조하문의 〈같은 하늘 아래〉, 최성원의 〈이별이란 없는거야〉를 들으며 이별의 아픔을 어른스럽게 껴안는 법이 있음을 알게 되었다. 몇 년 후 정든 고향을 떠나기 전날 들었던 동물원의 〈혜화동〉은 겨우 열두 살이던 내 가슴을 터질 듯이 아프게 했다.

'나는 달라'를 외치던 도도한 X세대였지만, 지나고 보니 온전히 나만의 특별한 경험이라는 게 도대체 뭘까 싶다. 우리는 결국 비슷한 걸 보고 자랐고, 때로는 비슷한 음악들에 열광했으며, 비슷한 취향을 공유해왔는지도 모른다. 자란 환경과 배경이 다르다고 해도 그 시절의 가장 중요한 감성을 공유했고, 그 기억을 떠올리는 일만으로 분명 중요한 역사의 기록이 될 수 있는 것이다.

음악평론가라는 딱딱한 직업을 갖고 있긴 하지만 그 시대의 정서와 취향을 공유하며 살아온 한 명의 ex-청춘으로서, 언젠가 '나만의 이야기'가 온전히 '모두의 이야기'가 되는 그런 이야기를 할 수는 없을까 고민하곤 했다. 그런데 좀 신기한 기회가 찾아왔다.

"아니 영대 씨, 다 알잖아. 왜 이래?!"

이 책의 출발은 음악계 지인들과 함께한 몇 년 전 가을의 한 술자리로 거슬러올라간다. 분위기가 무르익고 슬슬 대화의 소재가 고갈되어갈 즈음, 누군가가 즉석에서 게임을 제안했다. 마침 이 자리에 음악평론가와 베테랑 음악PD가 있으니 누가 제일가는 음악고수인지를 한번 가려보자는 거였다.

랜덤으로 플레이되는 팝 명곡들의 제목과 가수를 모두 맞히되, 노래를 만든 사람 이름까지 맞혀야 한다는 초고난이도의 규칙과 함께 게임 스타트! 크리스토퍼 크로스, 케니 로긴스, 스티븐 비숍…… 우리는 익숙한 팝 명곡이 흘러나오는 즉시 거의 반사적으로 가수와 제목과 작곡가의 이름을 앞서거니 뒤서거니 호명해나갔다. 굳이 게임 규칙에도 없던 프로듀서나 연주자의 이름과 녹음한 스튜디오, 곡에 얽힌 야사까지도 덧붙이며 지식을 뽐내던 우리는 어느덧 LP 속지에 적힌 가사와 크레디트를 마치 시험공부하듯 쓰고 외웠던 수십 년 전으로 돌아가고 있었다.

좀처럼 승부가 나지 않고 계속되다가 결국 우리는 문제의 곡을 맞닥뜨렸다. 디온 워윅과 '친구들'이 함께 부른 〈That's What Friends Are For〉. 스티비 원더의 익숙한 하모니카 선율을 따라 우리 둘은 엘튼 존, 글래디스 나이트 등 '친구들'의 이름을 외쳤다. 그런데 정작 곡을 만든 사람의 이름을 맞힐 차례가 되자 우리 입에서 전혀 다른 두 사람의 이름이 나왔다. "버트 바카락!" "캐롤 베이어 세이거!" 환호성이 터져나왔다.

"아니 영대 씨, 이 노래 버트 바카락 대표곡인 거 다 알잖아, 왜 이래!?"

확신에 찬 그 PD의 말대로 이 곡은 버트 바카락의 곡이 맞았다. 그런데 캐롤 베이어 세이거라는 이름이 왜 나온 거지?

생각해보니 그건 나의 착각이 아니었다. 이 곡의 작곡가는 버트 바카락, 작사가는 캐롤 베이어 세이거였던 것. 아무래도 곡을 만드는 사람이라는 조건이 작곡가를 의미하는 걸 테니 내 패배인 것 같았다. 그런데 이제 막 게임의 승자가 가려지려던 그 순간, 한 PD가 생각지도 못한 말을 했다.

"흠. 내 생각에 그건 미국에서 오래 유학해서 영어에 익숙한 영대 씨라 생각할 수 있었던 답인지도 몰라. 맞아, 이 곡을 만든 사람이 꼭 버트 바카락만이라고 할 수는 없지. 크레디트에도 두 사람의 이름이 다 쓰여 있잖아? 무승부로 합시다!"

망신은 면했다는 안도와 함께 퍼뜩 스쳐가는 생각이 있었다. 사실 그 PD의 말처럼 팝음악에서는 아주 예외적인 경우를 제외하고는 작사가^{lyricist}와 작곡가^{composer}를 구분하지 않는 편이라는 생각이 든 것이다. 갖고 있는 팝음반들의 크레디트를 확인해보면 노래 제목 아래에 보통 이 곡을 만든 사람들의 이름이 나열되어 있는데, 작사가·작곡가의 특별한 구분은 보이지 않는다. 사실 그래서 음악을 잘 모르던 시절에는 이름만 보고 누가 글을 쓴 사람이고, 누가 선율을 만든 사람인지 알기가 어려웠다.

그런데 생각해보면 이 표기가 맞다. 선율만으로 이루어지는 클래식이나 영화음악과 달리 팝이나 가요는 아주 예외적인 경우를 제외하면 노랫말과 선율이 함께할 때 한 곡으로 완성된다. 그러니까 '곡을 쓴다^{to write a song}'라는 행위에는 선율을 작곡하는 일뿐 아니라 이야기를 글로 표현하는 작사의 영역도 포함되어야 하는 것이다. 우리말로는 어쩔 수 없이 작곡가로 번역되는 송라이터^{songwriter}라는 단어도, 팝음악에서는 작사가와 작곡가 모두를 포괄하는 개념으로 쓰인다. 그래서 가수 한 명이 이 작업을 함께 수행하는 경우 '싱어-송라이터'라고 하는 것이다.

'송라이터'와 노래라는 '이야기'에 대하여

작사가와 작곡가의 경계를 반드시 나누는 전통을 지닌 가요의 경우, 이 같은 '송라이터' 관점의 접근은 썩 용이해 보이지 않는다. 대중음악에서 노랫말과 메시지의 중요성을 아무리 강조해도, 결국 그 '곡'을 만든 사람은 작곡가라는 인식이 여전히 강하기 때문이다. 미국의 유명 작곡가 데이비드 포스터가 했던 인터뷰의 내용이 떠오른다.

잘 알려져 있다시피 포스터는 1980년대 초중반 시카고를 대표하는 록발라드 명곡을 다수 만들어낸 히트메이커다. 그런데 그는 자신이 만든 시카고의 히트곡들을 설명할 때마다 꼭 '피터 세트라와 함께 쓴^{co-wrote}'이라는 수식을 잊지 않았다. 물론 피터 세트라는 곡의 크레디트에 이름이 기록되어 있는 송라이터로 분류되며, 심지어 표기된 순서도 포스터보다 앞이다. 데이비드 포스터의 역할이 프로듀서이자 편곡가라는 점을 감안하면 세트라의 역할은 아마도 작사가에 더 가까울지도 모른다. 하지만 포스터의 관점에서 세트라는 그와 '함께' 곡을 만든 파트너인 것이다.

작사가를 송라이터가 아니라 작곡가의 곡에 가사를 붙인 사람 정도로 인식하는 가요적 사고방식에 익숙해 있던 나에게 포스터의 인터뷰는 신선한 깨달음을 주었다. 좋은 노래란 세련되고 정교한 문학적·음악적 표현이 조화되어 만들어진다. 물론 그 배합의 비율과 중요도는 곡에 따라, 그리고 받아들이는 대중의 판단에 따라 달라질 수 있다. 하지만 송라이팅이라는 행위의 본질에서 작사와 작곡은 근본적으로 다르지 않으며, 송라이터의 성향에 따라 그 구분이 대단히 모호할 때도 많다.

나는 '송라이터'라는 개념에 집착하기 시작했다. 하나의 음악에서 글과 멜로디는 단절적으로 구분된 것이 아니다. 나는 선율에 녹아 있는 문학적 감수성과, 글에 실린 음악적 리듬감이 결국 같은 것이라고 생각한다. 사실 이러한 생각의 기저에는 송라이터로서 작사가의 역할에 대한 재발견과 정당한 가치 부여라는 욕심도 더해졌다. 모두가 사랑하는 〈달리기〉라는 명곡은 늘 작곡가 윤상의 작품으로 기억된다. 세대를 초월한 힐링의 메시지를 만든 사람은 작사가 박창학인데도 말이다. 김형석과 하광훈이 만든 명곡들을 박주연의 아름다운 문장을 빼놓고 평가하는 게 정말 가능할까? 이소라의 음악에 절대적인 아우라를 부여하는 가사를 빼놓고 작곡가의 멜로디만 떼어내어 그 곡이 주는 감동이나 숭고함을 논하는 건 얼마나 허무한 일인가.

음악 만들기의 핵심적 앵커로서 작곡가의 역할은 재론의 여지가 없다. 하지만 곡쓰기라는 개념을 보다 확장해본다면 우리가 과연 그 음악들을 왜 좋아하는지, 그 음악의 위대함과 생명력, 불멸의 매력이 대체 어디에서 비롯되는 것인지에 대해 훨씬 더 입체적으로 바라볼 수 있지 않을까. 〈That's What Friends Are For〉를 작사가인 캐롤 베이어 세이거의 곡으로 기억할 수 있다는 사실에 놀라면서도 곧바로 수긍했던 어느 PD의 깨달음처럼.

'흔해 빠진 사랑노래' 속에 숨어 있던 이야기들

송라이터라는 키워드를 떠올리긴 했지만 그걸 통해 어떤 음악 이야기를 어떻게 풀어나갈 수 있을까, 답은 쉽게 얻어지지 않았다. 평론가로서 그간 수없이 반복해온 위대한 음반들, 위대한 인물들에 대한 음악적 평가나 역사적 의미 같은 이야기가 아닌, 우리의 정서를 지배했고 가요의 시대에서 케이팝의 시대에 이르기까지 한국만의 고유한 음악적 특성을 구축해온 음악에 대한 줄기를 새롭게 잡을 수는 없을까?

그 의문에 대한 힌트는 또 한번 우연한 기회로 찾아왔다. 앞으로 이 책에 여러 번 등장할 예정인 한 뮤지션과의 저녁식사 자리. 한국 대중음악의 현재와 케이팝의 미래 등에 대해 제법 고차원적인(?) 토론을 이어가던 중, 그는 별안간 내게 다소 도발적인 질문을 던졌다.

"영대 씨는 우리 대중음악이 한국적일 수 있는 이유가 뭐라고 생각해요?"

분명 처음 받는 질문이건만 왠지 그 답을 알 것만 같았다. 이야기. 그는 격한 동의를 표했다. 결국 한국 대중음악이 한국의 것일 수 있는 이유는, 우리의 이야기를 담고 있기 때문이라는 것이었다.

그게 록이든 힙합이든 재즈든 서구에서 전해진 음악 장르 자체에는 한국의 고유한 감성이 담기지 않았다. 물론 그 안에도 우리식의 '현지화'에 대한 고민과 노력은 분명 담겨 있다. 하지만 그 트렌드와 방향성은 어쩔 수 없이 영미권 대중음악 방향성의 큰 틀에 종속되어 있을 수밖에 없다. 하지만 '이야기'는 다르다. 미시시피 델타에서 발생한 블루스에도, 뉴욕 할렘의 클럽에서 건너온 재즈에도, 영국 버밍엄에서 유래한 헤비메탈에도 우리의 이야기는 담길 수 있다. 시대와 세대를 건너 한국의 작사가들이 느낀 삶과 사람과 사랑에 대한 수많은 깨달음이 아름다운 선율에 담겨, 그 음악을 영원히 우리의 것으로 의미 있게 만들어주는 것이다.

그렇다면 '이야기'의 흐름과 맥락을 가장 잘 들여다볼 수 있는 음악은 뭘까. 가장 한국적이면서, 노랫말과 멜로디가 조화롭게 공존하는 음악. 가사에 담긴 문학적 표현력의 트렌드와 시대상을 누구나 쉽게 포착할 수 있는 음악. 작곡 및 편곡 스타일의 혁신을 미묘하고도 드라마틱하게 드러내주는 음악. 무엇보다 그 어느 시대 그 누구라도 '내 노래'라고 인식해온 바로 그 음악.

어쩌면 당연하게도 그건 발라드다. 고급 오디오에도 노트북 스피커에도 어울리고, 예술의전당이나 노래방 어디서도 통용되는, 가장 오래된 동시에 여전히 현대적인 음악이자 문학적인 표현양식, 그리고 창법이자 하나의 정서인 발라드. 이 사랑노래에 담긴 우리의 역사를 추적하고 정리하면, 그것만으로 가요와 케이팝을 관통하는 하나의 중요한 (혹은 유일한) 연속성을 발견할 수 있지 않을까.

흥미롭게도 그간 '발라드'에 대한 이야기는 본격적으로 다루어진 적이 없다. 지극히 통속적이고, 심오하지 못하다는 인식 때문일 수도 있을 것이다. 하지만 정말 그럴까? 어느 시대 어느 문화권에서도 가장 아이코닉한 대중음악의 '찬가'는 대개 발라드거나, 그 형식과 정서를 빌려온 음악들이었다. 문학적으로 보았을 때도 대중음악사상 가장 유려한 미문들은 발라드의 가사였던 적이 많다. 댄스음악과 함께 가장 통속적이지만 그렇기에 가장 원초적이면서 보편적인 감성을 가진, 하지만 음악기술적으로는 때때로 가장 정교한 보컬과 연주의 퍼포먼스를 요하는 음악, 그것이 발라드다.

나는 이 책을 통해 이제껏 음악사나 음악평론의 바깥으로 밀려나 있던 한국형 사랑노래에 관한 이야기를 끄집어내고자 한다. 흥얼거리는 선율에 취하고, 노랫말의 행간에 숨어 있는 어떤 이야기를 상상하며, 노래와 연주의 수준에 감탄하는 동안 우리는 어느 '흔해 빠진 사랑노래' 속에 숨어 있던 수많은 이야기를 새로 발견해낼 수 있을 것이다.

그것은 한국 대중음악의 역사에 전설처럼 전해지는 '황금기'에 대한 증언일 수도 있고, 위대한 사랑노래에 숨어 있는 위대한 '송라이터'들의 음악성에 대한 고찰일 수도 있다. 대중이 즐겨 불러온 '불후의 명곡'들에 담긴 사랑에 대한 불변의 진리를 찾아내고, 시대에 따라 달라지는 사랑의 표현 방식과 그 표현을 음미할 기회도 갖게 될 것이다. 음악을 통해 살펴본 한국인의 사랑과 이별과 후회와 설렘과 찌질함에 대한 연대기, 바로 위대한 발라드 송라이터들과 우리가 공유해온 '사랑의 역사'에 대한 기록이다.

1부

발라드라는 장르 혹은 정서

1부

발라드라는 장르
혹은 정서

소리 없는 울음

: 현대적인 낭만을 대표하는 음악, 발라드

이루지 못한 사랑만큼이나 슬픈 것

〈슬픈 인연〉

나미(1985년) · 015B(1994년)

박건호 작사 | 우자키 류도 작곡

김명곤 편곡(나미) · 정석원 편곡(015B)

예스러운 사랑노래들이 풍기는 고풍스럽고 운치 있는 향취와 감각이 있다. 뭐랄까, 소리 내어 울지 않아도 눈물이 넘쳐흐르고, 애원하지 않아도 절절한 느낌. 일본 작곡가의 곡임에도 흔히 한국 팝발라드의 효시 중 하나로 꼽히는 나미의 〈슬픈 인연〉은 당시 가요에서 들을 수 없었던 세련된 멜로디만큼이나 운치 있는 노랫말이 오래된 편지처럼 고색창연하게 그 색을 뿜어내는 노래다.

이 노래는 차마 떠나보낼 수 없는, 하지만 그래야만 하는 운명의 순간 앞에서 우리가 느낄 수 있는 감정의 결을 꼼꼼하게, 하지만 담담하면서도 고즈넉하게 털어놓는다. 노래는 첫 가사처럼 정말 '멀어져가는' 듯한 선율의 곡선과 함께 시작된다. 누군가를 떠내보내려는 순간 우리에게 찾아오는 첫번째 감정은 그 이별의 현실을 받아들이지 않으려는 부정이다. 이 노래에서는 그걸 '이별이라고 하지 않겠다'고 표현한다. 이별을 부정하고픈 마음의 근거는 함께했던 수많은 추억이 그리 쉽게 잊힐 리는 없다는 확신이다.

하지만 어느덧 이별은 현실이 되고, 그럼에도 주인공은 상대의 마음이 언젠가는 돌아올 거라고 마치 주문처럼 이어지는 말에 담아 소망한다. 그런데 회심을 기대하는 이유가 재미있다. 나를 여전히 사랑하기 때문에, 혹은 나를 잊지 못할 것이기 때문에가 아니라 상대는 '외로움을 견디지 못하기 때문'이라는 것. 이미 영영 변해버려 다시는 되돌릴 수 없을 듯한 마음에 대한 본능적 예감 같은 것이 느껴진다. 하지만 그 사람이 돌아오면 그걸로 충분한 걸까.

'그러나'로 시작되는 이 노래의 후렴은 그래서 이 노래의 가장 빛나는 부분이자 주제의식의 핵심이다. 작자는 간절히 바라는 재회의 순간을 마치 과거인 듯 '그 시절'로 표현하면서, 과연 그들이 다시 만나 또다시 온전히 사랑할 수 있을지, 그렇다 해도 과연 그 사랑은 또 얼마나 많은 눈물을 흘려야 가능한 것인지를 의심하고 반문한다. 이루지 못한 사랑만큼이나 슬픈 건 내 힘으로는 어쩔 수 없는, 마치 신의 섭리인 듯 결말이 정해진 인연에 대한 깨달음과 인정일 것이다. 그래서 이 노래는 슬픈 사랑, 슬픈 이별이 아니라 '슬픈 인연'이라 명명된다.

초국가성을 정체성으로 삼은 한국형 팝발라드

한국과 일본을 넘나든, 그야말로 초국가성을 정체성으로 삼아 태어난 한국형 팝발라드의 원조 〈슬픈 인연〉. 이 노래는 최초의 리메이크 메가히트곡이라는 의미도 갖고 있다. 1994년 015B가 5집 《Big 5》에서 선보인 〈슬픈 인연〉은 원곡만큼의 음악적 가치가 있는 몇 안 되는 커버곡이며, 이 곡에 새로운 생명력을 불어넣은 버전이기도 하다. 물론 전설적인 편곡가 김명곤이 손을 댄 원곡 역시 1985년작임을 감안하면 예외적 세련미를 갖고 있다. 하지만 이제는 이 노래의 상징과도 같은 장호일의 어쿠스틱기타 아르페지오는 곡이 지닌 애수를 극대화해준다는 점에서, 감히 원곡을 능가하는 탁월한 편곡이라 할 만하다. 아름다운 멜로디를 담담하게 떠받치는 현악부와 피아노 솔로가 어우러져 페이드아웃되는 마무리와 함께, 이 곡이 품은 회한의 이미지는 훨씬 더 깊은 추억의 저편으로 스러져가는 느낌마저 들게 한다. 구슬픈 비브라토를 머금은 김돈규의 절창은 아이러니하게도 원곡보다 더 예스러운 복고적 감수성을 자아낸다.

잠시 여기서 한때는 대표적인 표절곡으로 남을 뻔한 이 곡에 대해 몇 가지 변명을 해야만 할 것 같다. 나미의 4집 앨범 발매 당시 '박건호 작사·김명곤 작곡'으로 표기된 이 곡은(예전 LP를 갖고 있다면 바로 확인이 가능하다!) 원래 일본 뮤지션 우자키 류도의 작품으로, 이미 1984년에 〈키즈나〉라는 제목으로 하시 유키오가 녹음한 곡이다. 표기 자체는 엄밀히 의도적 오기라 할 수 있지만, 원작자의 허락 없이 베낀 '표절'과는 상황이 조금 다르다. 정확히는 나미가 일본 활동을 할 때 같은 회사 소속이었던 하시 유키오의 작곡가에게 곡을 받아와 한국어로 녹음한 경우다. 일본어 '키즈나絆'가 '인연'으로 번역되긴 하지만 박건호가 쓴 노랫말은 원곡과는 사뭇 다른 내용과 정서를 담고 있다. 법적 관점에서뿐 아니라 송라이팅의 관점에서도 표절이 아니라 '리메이크' 혹은 '한국어 버전의 재해석 녹음'이라고 봐야 한다.

왜색에 대한 반감이 심하고, 일본 문화의 수용이 금지되었던 시절에 벌어진 일종의 해프닝이자 '웃픈' 역사라고도 할 수 있지만, 이 곡이 가진 역사적 의미가 퇴색되는 것은 아니다. 어쨌든 이 곡은 비슷한 시기에 발표되었던 발라드 계열의 노래 중 가장 큰 히트를 기록하며 본격적인 팝발라드의 전성시대를 앞당기게 된다. 그로부터 9년 뒤인 1994년 015B는 다섯번째 앨범 《Big 5》를 통해 한국 대중음악인으로서는 최초로 리메이크곡을 타이틀곡으로 내세우는 파격을 단행했는데, 그 두 곡 중 하나가 나미의 〈슬픈 인연〉이었다는 것도 이 노래의 위상을 잘 보여준다.

발라드라는 '뉴웨이브' 가요

음악에서 장르나 스타일이 누구에 의해 정확히 언제 처음 선보였느냐는, 흥미롭긴 하지만 단정지어 말하기는 어려운 문제다. 어느 시점에 분명 누군가가 기존과 다른 새로운 스타일을 제시하고 또 누군가가 이를 조금 더 구체화하지만, 그것이 하나의 장르로 공식화되어 통용되기 위해서는 역시 평론가나 저 널리스트들의 언어를 통해 명명되고 규정되는 과정을 거쳐야 하기 때문이다.

발라드 역시 마찬가지다. 원래 발라드는 1970년대 중반 까지는 가요를 묘사할 때 사용되는 단어가 아니었다. 과거에는 컨트리풍의 음악(올리비아 뉴튼존)이나 포크음악(사이먼앤가펑클) 처럼, 단순히 댄스음악에 반대되는 의미의 느리고 서정적인 팝 송을 의미했다. 그러다 1970년대 말에 이르러 가요의 새 트렌드 를 지칭하는 단어로 쓰이기 시작했는데, 당시 발라드로 묘사된 대표적인 곡 중 하나가 박찬욱 감독의 영화 〈헤어질 결심〉을 통 해 다시 주목받은 정훈희의 데뷔곡 〈안개〉였다. 흥미로운 사실 은 이런 음악들이 당대의 주류음악인 트로트(뽕짝)에 대항해 등 장한 '신가요'로 종종 묘사되었다는 점이다. 이는 발라드가 단순 히 특정한 템포나 악곡의 형식이라기보다는, 하나의 새로운 유 행이자 정서로 받아들여졌음을 시사하는 부분이기도 하다. 그러 니까 록이 백인들의 방만함, 재즈가 흑인들의 관능성, 트로트가 향토적인 애수를 의미하는 가운데 발라드는 서구적인 세련미와 현대적이면서 보수적인 낭만성을 대표하는 음악으로 주목받기 시작한, 그야말로 '뉴웨이브' 가요였던 것이다.

왜 하필 1985년이었을까

발라드라는 말이 가요계에 본격적으로 통용된 때는 그로부터 10년쯤 지난 1980년대 중반부터다. 특히 1985년은 결정적인 해였다. 지금으로부터 딱 40년 전, 여의도에 황금빛 63빌딩이 엄청난 위용을 드러냈고, 동작대교와 동호대교가 완공되었으며, 서울에서는 지하철 3호선이, 부산에서는 도시철도 1호선이 개통되었던 바로 그해다. 1985년은 대중음악에도 거대한 변화의 조짐이 포착된 해였으나, 그 파도의 폭과 높이를 짐작했던 사람은 한 명도 없었다.

1985년 작곡과 편곡의 스타일 면에서 한국형 팝발라드의 걸작이라고 부를 만한 곡들이 마치 약속이나 한 듯 쏟아져나왔다. 4월에 발매된 조용필의 명반 7집은 〈미지의 세계〉 〈여행을 떠나요〉 등 현대적인 팝·록 성향의 곡들이 주류를 이루었지만, 발라드의 역사에서 본다면 유재하가 만든 〈사랑하기 때문에〉의 오리지널 버전이 들어 있는 앨범으로 기억된다. 굳이 '최초'라는 타이틀을 어딘가에 붙여야 한다면 이 곡이야말로 '한국 최초의 팝발라드'라는 타이틀의 가장 유력한 후보이지 않을까 싶다. 바로 한 달 뒤에는 나미가 전설적인 4집 앨범을 내놓는다. 〈보이네〉 〈유혹하지 말아요〉 등 뉴웨이브 성향의 댄스음악들이 특징적인 음반이지만, 이 앨범에 수록된 〈슬픈 인연〉은 1985년의 대표적인 히트곡으로 역시 '한국 최초의 팝발라드'라는 타이틀에 모자람이 없는 완성도를 갖춘 작품이다. 팝발라드보다는 록이나 포크 성향에 가깝지만 들국화의 전설적인 데뷔 앨범에 수록된 〈사랑일 뿐이야〉나 〈매일 그대와〉 또한 기존의 작법과는 사뭇 달라진 면모를 보여주는 곡들이다.

왜 하필 1985년이었어야 했느냐는 의문에 속시원한 답을 할 수 있다면 좋겠지만 자신이 없다. 그 노래들이 같은 해에 발표된 것은 어쩌면 아무 논리나 연관성이 없는 우연의 결과일지 모른다. 노래가 발표된 시점이 비슷할 뿐 실제로 그 곡들이 작업된 것은 1984년이나 그 이전일 수도 있기에 더더욱 그렇다. 하지만 나는 같은 시대를 살아가는 예술가나 대중이 공유하는 보편적 정서라는 것이 있다고 믿는 사람이다. 하여 그것이 동시대 뮤지션들, 그중에서도 화성과 코드 진행에 가장 민감한 악기인 건반을 연주하는 송라이터들이 가졌던 비슷한 문제의식과 지향점의 결과이지 않았을까 짐작해본다. 재미있는 사실은 보통 이런 문제에 대해서 뮤지션들은 늘 비슷한 대답을 한다는 것이다. 가령 '사실 우린 그게 그렇게 특별한 건지 잘 몰랐어' '평소 많이 듣던 팝의 영향을 받은 거지'라고 말하는 식이다. 어쨌든 그렇게 1985년은 한국형 팝발라드의 원년이 되었다.

마지막으로 언급할 가수는 어쩌면 이 '원조' 찾기의 가장 뜻밖의 수확이라 말할 수 있을 것이다. 1970년대 말 포크 그룹 '해바라기'의 멤버로 데뷔한 이광조는 1985년 6집 앨범을 통해 발라드로 뚜렷한 방향전환을 꾀한다. 가장 널리 알려진 곡은 파격적인 제목이 인상적인 〈가까이 하기엔 너무 먼 당신〉으로, 언더그라운드 가수였던 그를 단숨에 스타로 만들어준 작품이다. 하지만 이 앨범엔 아무도 주목하지 않은 팝발라드의 명곡이 또 하나 숨어 있으니, 바로 〈당신을 알고부터〉라는 곡이다. 오프닝의 유려한 키보드 연주에서부터 이미 이 곡의 현대적 분위기는 노골적으로 드러난다. 특히 프리코러스와 이어지는 코러스의 세련미는 이 곡의 백미로, 혼자만의 사랑을 괴로워하다 마침내 이별을 선택하면서 그 아픔조차 사랑이라며 미련 섞인 '정신승리'를 택하는 화자의 쓸쓸한 마음을 예쁜 터치로 담아내고 있다.

지금까지 살펴본 곡들에서 몇 가지 공통점이 발견되는데, 먼저 피아노 혹은 일렉트릭키보드가 이끌어가는 세련된 코드 진행과 편곡 스타일이다. 이는 나미의 〈슬픈 인연〉처럼 전주나 간주 부분에서 그 특징이 도드라지는데, 향토적 구슬픔을 앞세운 트로트 계열 음악이나 어쿠스틱기타가 주도하는 전원적 포크음악과 비교해 도시적 정취를 풍겼다. 그리고 이처럼 '쿨시크한' 정서는 도시의 젊은 음악팬들, 그중에서도 패션과 미감에 예민한 여성팬들의 취향에 잘 어울렸다. 당시 언론에서 새롭게 유행하기 시작한 발라드를 '여대생의 음악'으로 거론한 것도 결코 우연이 아니다.

송라이팅적 측면에서 중요한 차이는 팝발라드의 상당수가 한국인들이 선호하는 단조풍의 구슬픈 멜로디가 아닌 메이저 스케일의 밝은 멜로디를 선호했다는 점이다. 이는 1970~1980년대 서구권 팝·록음악과 일본의 제이팝에서 비롯된 경향과 함께, 민주주의의 성취와 경제성장, 그리고 올림픽 등을 지나며 1980년대 중반 이후 한국사회에 깃들기 시작한 낙관주의의 반영이라 할 수 있다.

왜 유재하인가?
그리고 포스트 유재하
송라이터들의 등장

영원한 그리움으로 남은 유재하의 감성

〈지난날〉 (1987년)

유재하

유재하 작사·작곡·편곡

〈지난날〉을 처음 들었던 그날, 나는 이 아름다운 노래를 부른 가수가 이미 교통사고로 고인이 되었음을 알게 되었다. 비

틀스의 존 레논이나 카펜터스의 카렌 카펜터도 젊은 나이에 세상을 떠나긴 했지만, 이렇게 단 한 장의 앨범을 내고 이제 막 노래가 널리 알려지기 시작한 시점에 우리 곁을 떠난 가수는 없었다. 유재하는 그렇게 시작과 함께 영원한 그리움으로 남았다.

그의 음악에는 보통의 유행가에서 느끼지 못했던 어떤 고상함이 있었다. 제목부터 가사, 그리고 선율과 악기 하나하나까지 깊이 배어 있던 어른스러움이랄까. 그건 꼭 화성학을 공부하거나 이론적으로 분석해야만 알 수 있는 게 아니었다. 성숙하다고만 하기엔 노회하지 않은 맑고 투명한 시선, 그 어린 나이에 이미 음악 속에 깊이 녹아 있던 회고와 후회의 감정들. 20대의 나이로 삶의 모든 환희와 비애를 이야기해줬던 모차르트의 피아노협주곡을 연상시킨달까. 끊임없이 방황하면서도 깨달음을 얻어가는, 스물다섯에 이미 인생을 관조하는 법을 알았던 유재하의 통찰과 감성은 꼬마의 눈과 귀에도 너무나 달랐다. '유행가'만 부르고 다녔던 어린 시절의 나에게 '세상에는 다른 음악들도 있구나'를 알려줬던 그 음악들. 그리고 그게 모두 한 장의 앨범, 단 여덟 곡에 불과했던 것이다.

얼마 후, 이 노래들이 모두 한 사람과의 사랑에 대한 연대기였다는 사실을 듣게 되었다. 유재하의 앨범은 한 시절 그의 사랑에 대한 기록이었을지 모르지만, 그 이야기가 우리에게 남긴 영향은 너무도 컸다. 그가 살아 있다면 어떤 음악을 들려주었을지 알 길은 없지만 음악을 하는 모든 사람에게, 특히 곡을 쓰는 사람들에게 유재하의 음악은 영원한 기준점이 되었다.

한국 발라드의 기준점이 된 '유재하의 음악'

한국 발라드음악, 나아가 서정주의적 송라이팅을 논하는 데 유재하를 빼놓고 이야기할 수 있을까? 가수로서는 단 한 장의 앨범, 송라이터로서는 고작 몇 곡을 더 남겼을 뿐이며, 심지어 그의 출현 이전에도 발라드라고 부를 만한 음악이 없었던 것은 아니다(발라드는 장르가 아니다!). 하지만 가요의 시대로부터 케이팝의 시대에 이르기까지 우리가 발라드라고 인지하는 음악들에서 공통적으로 발견되는 스타일과 정서를 확립한 데 그가 끼친 영향은, 노랫말과 음악에 걸쳐 그 비교대상을 찾기 쉽지 않을 만큼 심오하다. 혹 그의 음악에 익숙하지 않은 이들이라면 이런 상찬이 왠지 듣기 거북하고 그의 커리어가 신화화되었다고 느낄지도 모르겠다. 허나 그가 만든 곡들을 들어보면, 특히 송라이터로서 천부적인 재능을 드러내는 아름다운 글들을 읽어보면 그 놀라운 현대성을 절로 수긍할 수밖에 없을 것이다.

우리에게 가장 널리 알려진 유재하의 〈사랑하기 때문

에〉를 예로 들어보자. 이 곡의 오리지널 버전이기도 한 조용필의 1985년 녹음은 그 자체로도 이미 특별하다. 유려한 화성으로 진행되는 키보드의 리드, 점진적으로 악기 편성을 늘려가는 긴장감 있는 구성, 그리고 전형적이지만 예외 없이 효과적인 여덟 마디 기타 솔로 등 소위 '팝·록발라드'의 문법을 정확히 시연하고 있는 곡이다. 사실 이렇게 음악적인 용어를 동원해 설명하지 않아도, 그 이전 시대 혹은 동시대에 공존한 서정주의적 포크음악들, 이를테면 해바라기, 전영록, 이선희 등의 음악들과 뚜렷이 구분되는 세련된 터치를 어렵지 않게 분별해낼 수 있다.

'김현식과 봄여름가을겨울'의 멤버였던 그가 팀을 떠난 후 완성한 불멸의 솔로앨범에 수록된 유재하 버전의 〈사랑하기 때문에〉는 그 실험성이 좀더 노골적이다. 특히 곡의 템포를 전반적으로 낮춰 서정미를 극대화하고, 키보드가 도맡았던 편곡을 스트링, 오보에, 플루트 등 클래식 오케스트라의 연주로 대체한 것은 파격 그 자체였다. 마치 소편성 클래식음악과 같이 우아하면서 고풍스러운 배경 위에 일렉트릭기타 솔로를 결합시킨 편곡방식은 클래식 작곡과 출신 유재하의 배경과 역량을 드러내는 동시에 1970~1980년대 영향력 있던 미국 팝 작곡가들인 데이비드 포스터, 필 콜린스, 배리 매닐로우 등의 영향을 고루 느끼게 한다.

　　　　　　　　　　　　　　　　　　더 송라이터스

유재하와 비슷한 시기에 가요계에 진출한 클래식음악과 출신 동료·후배 뮤지션들의 동시다발적 등장은 1980년대 후반 가요계에서 일어난 가장 큰 사건인 동시에 새로운 트렌드가 되었다. 최귀섭(추계예술대 서양작곡과), 홍종화(경희대 작곡과), 신재홍(한양대 작곡과), 임기훈(경희대 작곡과), 김형석(한양대 작곡과), 유정연(서울대 기악과), 심상원(한양대 관현악과) 등이 그 대표적인 인물로, 모두 20대 초반의 젊은 작곡가였다. 이들은 1980년대 후반에서 1990년대 초반에 걸쳐 제도권의 가장 영향력 있는 송라이터로 자리잡았다.

이들은 명시적으로 자신들의 음악 장르를 '발라드'라고 한정하지는 않았으나, 결과적으로 수많은 발라드곡의 히트를 이끌어냈다. 발라드라는 작법이 하나의 스타일로 '신'을 형성하게 되는 중요한 동력을 제공한 것이다. 유재하의 성공 이후로 음대의 작곡과나 기악과는 현재 실용음악과의 역할을 하기 시작했다. 대중음악을 경원시했던 학교 내 배타적인 분위기 속에서도 이들은 수업에서 배운 체계적 이론을 가요에 접목하면서, 10년 이상 시장을 지배할 중요한 동력의 원천을 마련했다.

그 모든 것의 시발점이자 영감

1987년 유재하가 타계한 해부터 1990년까지 이들이 만든 히트곡들을 살펴보면 1985년 이전 세대와는 확연히 구분되는 새로움, 굳이 명명하자면 '포스트 유재하' 혹은 '포스트 이영훈' 주자들로서의 섬세하면서 세련된 발라드 작풍이 포착된다. 최귀섭의 〈세월이 가면〉(최호섭, 1988), 임기훈의 〈바보같은 미소〉(조갑경, 1989), 신재홍의 〈이별여행〉(원미연, 1990)과 〈그 아픔까지 사랑한거야〉(조정현, 1989), 김형석의 〈이별연습〉(인순이, 1989) 등이 대표적 사례로, 신시사이저 키보드의 청량감 있는 사운드, 그리고 이에 어울리는 팝적 화성이 이끄는 서정성이 도드라지는 곡들이다. 일본음악의 앞선 편곡과 화성체계를 받아들이면서도 동시에 영미권의 팝음악, 그중에서도 새롭게 주류음악으로 우뚝 선 흑인음악풍의 슬로 넘버들, 통칭 R&B발라드라고 하는 작법을 적극적으로 반영한 곡들이기도 하다.

1980년대를 대표하는 작곡가들인 데이비드 포스터와 마이클 매서 등의 곡들은 유재하를 포함해 이들의 거의 공통적인 레퍼런스였다. 야마하의 신시사이저인 DX7의 얇고 청아한 음색, 무그의 미니무그^{Minimoog}, 롤랜드의 드럼머신인 TR-808의 부드러운 드럼톤 등이 어우러져 연출해내는 1980년대 고유의 따뜻하면서 청량한 팝사운드가 소리에서의 특징이라면 흑인음악, 특히 재즈에서 유래한 복잡한 텐션노트tension notes를 기반으로 한 보이싱voicing과 빈번한 코드 변환 및 전조modulation는 악곡적인 특징이라 할 수 있겠다. 이는 비교적 단순한 화성적 구조를 가진 트로트나 포크음악에 비해 훨씬 도회적이고 서구적인 세련미를 부여했는데, 특히 미국과 유럽의 팝음악에 익숙한 대중에게는 '뽕짝' 스타일의 선율을 탈피한 가요의 '현대화'라고 인식될 부분이었다. 다시 말해 한국식 어번팝, 혹은 한국형 시티팝이라 부를 수 있는 원형이 탄생하게 된 것이다.

이 젊은 음악가들은 세련된 팝 스타일의 음악을 찾기 시작한 대중의 요구를 정확히 읽고 또 부응했다. 또한 이들은 1980년대 후반을 넘어 1990년대까지 막강한 히트메이커로 군림하면서, 음대 출신 후배 작곡가들이 가요계에 정착할 수 있는 든든한 배경이 되었다. 달리 말하면 1960년대의 미8군클럽, 1970년대와 1980년대의 대학가와 음악동아리 등 소위 '언더그라운드'가 담당하고 있던 뮤지션 '인재 육성'의 역할이 1980년대 후반으로 넘어오면서 음대, 나아가 실용음악과라는 새로운 시스템으로 분화된 것이다. 1990년대에도 유희열, 정재형, 이승환 등 클래식음악과 출신 작곡가들이 그 맥을 잇고, 2000년대에는 실용음악과 출신 재원들이 가요계로 대거 유입되면서 '교육

기관'을 통한 음악적 재능 발굴과 체계적 양성은 한국 대중음악의 발전을 떠받치는 중요한 시스템이 되었다. 그 모든 것의 실질적인 시발점이자 영감이 바로 유재하였던 것이다.

삶의 공허 속에 던지는 맑은 메시지

〈내 마음에 비친 내 모습〉 (1987년)

유재하

유재하 작사·작곡·편곡

이 노래를 처음 듣고 부끄러워졌다. 특별히 잘못 살았다고 느끼기엔 너무 어린 열 살이었지만, 그 나이에도 내 마음속은 알 수 없는 부끄러움으로 뒤덮였다. 내 마음에 나를 비친다는 말을 정확히 이해할 수는 없었지만, 그리 길지 않은 삶에서 먹고 노는 것 외에 아무것도 진지하게 생각해본 적이 없던 내게 이 노래는 어떤 '성찰'의 기회를 주었다.

노래는 한없이 예쁜 사운드로 가득차 있다. 초롱초롱 반짝거리는 신시사이저의 음색, 살짝 몽환적이면서 담백한 유재하의 보컬, 깊지만 과하거나 센 단어를 찾을 수 없는 영롱한 글, 〈그대와 영원히〉나 〈사랑하기 때문에〉의 클래식하면서 절절한 유재

더 송라이터스

하의 감수성도 아름답지만 그의 음색에 가장 어울리는 두 곡을 꼽자면 〈지난날〉과 이 노래다.

예쁜 음색과 화성이 이끄는 곡이지만 노래가 담고 있는 자아성찰적 메시지의 수준은 말할 수 없을 만큼 높다. 꿈은 사라지고 덧없는 일상만 남은 허무함에 휩싸인 주인공은, 삶이 온통 거짓으로 점철된 듯한 혐오감을 느낀다. 사람들로 둘러싸여 있지만 채워지지 않는 끝없는 외로움을 토로한 그는, 순수했던 과거의 자신을 돌아보며 위로를 갈구한다.

그러다 깨달음을 얻는다. 자신이 느낀 공허함은 그 원인과 이유를 바깥에서 찾으려 했기 때문이라는 사실을. 내가 꿈꾸는 이상적인 삶은 누가 정해주거나, 대신 제시해줄 수 없다는 것을. 어떤 면에서 이 노래의 결론은 종교적 깨달음과도 일맥상통한다. 불교의 '무상' '일체유심조'를 떠올리게 한달까.

실은 난 유재하가 종교적 깨달음을 노래로 표현했으리라 생각하진 않는다. 그래서 더욱 놀랍다. 남들이 뭐라든 나만의 기준과 관점을 갖고 살아야 한다는 것, 그리고 그 시작은 마이클 잭슨의 노래 〈Man in the Mirror〉처럼 거울 속 나, 여기에선 '내 마음'이라는 거울 속 나로부터 시작되어야 한다는 것을 스물다섯의 그는 어떻게 알았을까.

내가 한없이 나약해질 때, 지난날이 후회되고 '그랬다

면……'이라는 가정이 영혼을 좀먹으려 할 때 나는 또다시 이 노래를 듣는다. 그리지 못한 빈 곳을 채우려 끊임없이 아등바등하는 스스로를 발견할 때, 내면을 바라보고 삶을 조금씩 채워나가라는 유재하의 메시지가 나를 위로한다.

〈비처럼 음악처럼〉 (1986년)

김현식

박성식 작사·작곡·편곡

〈비처럼 음악처럼〉은 김현식이 그때까지 내놓았던 그 무엇과도 다른 노래였다. 〈봄여름가을겨울〉처럼 펑키하지도, 〈사랑했어요〉나 〈어둠 그 별빛〉처럼 블루지하면서도 가요적인 애수가 담긴 곡도 아니었다. 이 노래의 첫 코드(FM7)는 이미 발라드라는 장르를 대하는 뮤지션들에게 새로운 유행이 불어오기 시작했음을 느끼게 했다. 가요라는 틀을 완전히 깨부수지 않고 이룰 수 있는 세련미의 한 방식은, 비슷한 시기에 유재하도 고민했던 것이었다. 그래서일까, 어쩌면 원래 타이틀곡으로 고려되었을 법한 카세트 테이프 A면 첫번째 곡(앨범의 가장 첫 곡을 의미한다)인 〈빗속의 연가〉가 설 자리는 애초에 없었다. 불과 2년 전인 1984년에 나온 〈사랑했어요〉에 열광했던 대중이 이번에는

〈비처럼 음악처럼〉이라는 새로움에 반응한 것이다.

　　원래는 앨범의 주체가 '봄여름가을겨울'이었다가, 소속사 사장인 김영의 반대로 어쩔 수 없이 '김현식과 봄여름가을겨울'이 되었는데, 그마저도 결국 김현식의 솔로 앨범이 되어버리고만 스토리라든지, 밴드의 키보드 주자였다가 〈가리워진 길〉이라는 곡 하나만을 남기고 탈퇴한 유재하의 빈자리에 훗날 빛과 소금이 되는 박성식이 영입되는 뒷이야기 같은 건 가요계의 황금시대를 증언하는 전설이 되었다. 그리고 그렇게 대타로 영입된 박성식은 거짓말처럼 그의 데뷔곡이자 생전 김현식의 가장 큰 히트곡이자 가요계의 영원한 클래식을 만들어냈다.

　　어찌 보면 곡은 너무 단순하다. 두 번의 벌스와 후렴, 반복, 그리고 끝이다. 당연히 가사의 내용도 복잡할 리 없다. 노래의 제목에 들어가는 단어인 '비'와 '음악'은 모두 그날 나를 두고 떠나갔던 그 사람을 되살리는 매개체들이다. 그 밤에는 어떤 가슴 아픈 곡절이 있었을 법도 하지만, 이 노래는 아무런 실마리도 건네주지 않는다. 그런데도 노래를 들으면 많은 이야기를 접한 것만 같다. 사랑과 헤어짐의 사연을, 그리고 왜 흐르는 비를 바라보며 아프다고 말하는지를 모두 이해할 수 있을 것만 같다. 그건 아마도 김현식의 목소리가 가진 어떤 주술적인 힘 때문이지 않을까 싶다. 평범한 단어들 가운데서도 어떤 이야기들을 떠올리게 만드는 마법 말이다.

비, 노래, 당신, 그날을 각각 이야기하는 노래들이 얼마나 더 있었는지 모르겠다. 하지만 그 모두를 떠올리게 하는 노래는 오로지 이 곡뿐이다. 언제나, 노래가 흐르고 빗방울이 떨어지는 그날에 이 곡은 모든 사람의 마음속에 똑같이 아프게 흘러내린다. 그들의 사랑이야기는 이제 정말로 '우리'의 추억이 되어버렸다.

포스트 유재하: 밤의 감수성과 쏟아지는 감정들

〈이 밤이 지나면〉 (1991년)

임재범

이지영 작사 | 신재홍 작곡·편곡

거창한 음악적 분석 없이 그저 '세련됐다'라는 한마디로 모든 것이 설명되는 노래가 있다. 예를 들어 임재범의 솔로 데뷔곡 〈이 밤이 지나면〉처럼. 이 노래는 발매 당시인 1990년대 초반은 물론, 30여 년이 흐른 지금까지도 세련된 감수성이 여전히 빛을 발하는 곡이다. 그 매력은 심지어 불가사의한 데가 있다고 여겨질 정도인데, 수많은 실험과 도전과 치기가 난무했던

 더 송라이터스

1990년대 초반의 가요계에서 신재홍이 완성한 '타임리스'한 감각은 몇 마디 말로는 표현하기 어려운 독특한 것이다.

대중음악의 핵심은 가장 빠른 시간에 대중의 귀를 사로잡고 곡의 주제를 납득시키는 데 있다. 그런 점에서 이 곡은 더없이 완벽하다. 드럼과 키보드로 시작되는 단 5초 사이에 모든 승부가 난다. 후렴구의 멜로디로 치환하면 정확히 제목의 여섯 글자인 "이 밤이 지나면"의 그 멜로디 파트다. 빠르지도 느리지도 않은 드럼의 그루브와 청량한 키보드 사운드, 거기에 더해 바람이 불어오는 듯한 트럼펫 연주와 리드미컬한 기타는 이 곡의 도시적 미학을 단숨에 완성시킨다. 편곡가로서 신재홍의 탁월한 감각이 엿보이는 부분이다.

아마도 이 곡 특유의 도시성은 1980~1990년대 미국의 팝, 그중에서도 '블루 아이드 소울'이라고 하는 R&B 계열의 팝 음악에서 왔을 테다. 그러한 장르적 특성을 설득력 있게 만들어주는 것은 역시 임재범의 출중한 보컬이다. 마치 라이브 리코딩 같은 자유로운 프레이징과 애드리브가 인상적인데, 후렴의 고음에 다다르기 전부터 이미 진한 소울의 향내가 가득하다. 1980년대 말부터 1990년대 초까지 수많은 보컬리스트가 언더그라운드에서 올라왔지만 임재범처럼 블루스, 소울, 하드록과 팝을 완벽하게 아우를 수 있었던 이는 없었다. 한국 가수지만 글로벌한 감각을 보유하고 있었던, 그야말로 임재범이어서 가능했던 절창이다. 가요지만 가요 같지 않았다.

놀랍게도 단 한 번의 TV 퍼포먼스로 이 노래는 영원한 전설이 되었다. 한 TV프로그램의 야외무대에서 펼쳐진 그 공연은 지금도 유튜브를 통해 생생히 그리고 아름답게 펼쳐진다. 임재범의 보컬은 당대 미국 최고의 가수이자 그래미 위너였던 마이클 볼튼과 비교대상이 되기도 했다. 엄밀히 따지자면 보컬톤이나 발성은 다르지만, 특정한 디테일에서의 뉘앙스랄지 도시적이면서 세련된 소울음악의 영향이 전반적으로 느껴진다. 신기한 것은 메탈 스타일의 하드한 음악을 지향하다가 소울풀한 흑인음악 계열의 아티스트로 변신한 커리어도 유사하다는 사실이다. 헤비메탈이 내리막길을 걷고 흑인음악풍의 크로스오버가 지배력을 넓혀가던 시대정신을 반영한 것일지도 모른다.

이 곡을 통해 한국 록음악은 재능 있는 헤비메탈 보컬리스트 한 명을 잃었는지 모르지만, 가요계는 역대급 보컬리스트를 새롭게 얻었다. '시나위'와 '아시아나' 등 당대 최고의 그룹을 거친 괴물 보컬 임재범은 〈이 밤이 지나면〉이 가져다준 엄청난 성공과 함께 주목을 받았지만 '언더 vs 오버'의 이분법, 그리고 음악의 완성도가 아니라 로커의 '변절'만을 문제삼던 당시 분위기와 맞물려 긴 슬럼프에 빠진다. 그리고 그는 6년 후, 또하나의 아름다운 발라드 〈비상〉으로 돌아온다.

〈1994년 어느 늦은 밤〉 (1994년)

장혜진

김현철 작사·편곡 | 김동률 작곡

그 밤에 실은 아무 일도 일어나지 않았다. 이용의 〈잊혀진 계절〉이 노래한 10월의 마지막 밤과는 전혀 다른, 특별할 것 없는 어느 날이었을 뿐이다. 노래에 특정한 연도, 날짜, 혹은 장소가 등장할 때는 추억의 배경이거나 이별의 마지막 순간, 혹은 은밀히 간직한 기념일일 경우가 많다. 사실 그래야 노래가 된다. 그러나 이 곡에서 말하는 '1994년 어느 늦은 밤'은 단지 그 노래가 쓰인 날, 녹음이 이루어진 날을 뜻한다. 말하자면 편지의 소인, 음반의 제작 연도와 같은 것이다. 이 사소해 보이는 장치는 김현철의 아이디어에서 비롯되었고, 덕분에 이 노래는 실제의 시간 속에 고정되면서도, 동시에 '1994년 어느 늦은 밤'이라는 순간 속에 영원히 살아 숨쉬게 되었다. 마치 그날이 거대한 역사적 순간인 듯한 착각과 아우라를 불러일으키며.

그날, 스튜디오의 보컬 부스에는 불이 꺼져 있었다고 한다. 장혜진은 일기를 쓰듯, 다른 모든 감각을 차단한 채 김동률의 클래식한 멜로디와 김현철의 가사를 온전히 자기 것으로 끌어안아 고백하듯 내뱉었다. 사실상 원테이크에 가까운 녹음 덕분에 이 곡은 장혜진의 노래 중에서도, 나아가 한국 발라드 전체를 통틀어도 찾아보기 힘든 진정성 넘치는 라이브의 감각을 선사한다. 터져나오는 흐느낌과 절규는, 가요에서는 그 이전까지 들어본 적이 없는 날것의 감정을 그대로 마이크가 포착한 순간이다. 아니, 정확히는 우리로 하여금 그렇게 받아들이도록 연출된 순간이라고 하는 게 맞을까? 노래의 진정성이란 결국 송라이터와 청자가 서로 합의한 '진실의 세계관' 안에서 완성되기 때문이다. 다만, 그 세계관을 설득할 의무는 언제나 작가와 가수에게 있다.

맑고 우아한 목소리의 장혜진이지만, 이 곡에서는 감정을 주체하지 못해 갈라지는 순간을 굳이 통제하지 않았다. 이제 모든 게 끝난 지금, 사랑에 미쳤던 한때를 부끄럽게 회상하는 순간에도, '전부 잊어도 내가 사랑했음은 기억해달라'는 마지막 소망을 숨기지 않고 토해낸 목소리가 어찌 유려하거나 정돈될 수 있겠는가. 아무리 노래라 해도, 아무리 연기였다 해도, 감정의 결을 낱낱이 쏟아낸 1994년, 어느 늦은 밤의 장혜진은 평소와는 달랐을 것이다. 이 노래를 듣고 아무 일도 하지 못할 만큼 먹먹해진 우리처럼, 아마 그 밤엔 정말 아무것도 하지 못할 정도로 벅차올랐을 것이다.

발라드가 태어난 도시
: 시티팝이라는 감성

모호하고 흐릿한 시티팝의 풍경들

발라드의 역사를 이야기하다보면, 우리는 종종 뜻밖의 지점에서 낯익은 단어 하나와 마주하게 된다. 바로 시티팝이다. 지난 10여 년간 가요계에서 가장 자주 회자되고, 동시에 가장 오용된 이 단어는 곱씹을수록 뜬구름처럼 모호한 느낌마저 준다. 그래서인지 별안간 불어닥친 시티팝에 대한 관심이 한동안은 다소 느닷없고, 심지어 불가사의하게 여겨진 측면도 있다. 하지만 유행은 늘 돌고 도는 법이며 특별한 이유를 찾으려 할수록 미궁으로 빠지기 마련이다. 어느새 너무도 익숙해진 케이팝 속 신스팝의 유행이나 밀레니얼 힙합패션처럼, 시티팝 역시 여러 경로로 진행중이던 1980년대 음악에 대한 집단적 향수가 다시금 불러낸, '오래된 미래'였는지도 모른다.

시티팝을 정의하기 어려운 이유 중 하나는, 그것이 과연 실재했던 음악적 사조였는지조차 불분명하다는 점 때문이다. '시티팝'이라 불리는 음악적 경향엔 이론적으로 뚜렷하게 구획지을 수 없는 지점들이 너무나 많다. 물론 한 가지 확실한 사실은 있다. 1980년대를 전후해 일본에서 기존의 대중음악, 흔히 가요라 불리던 음악과는 다른 결을 지닌 새로운 흐름이 등장했다는 것이다. 당시 그것은 새로운 경향이라는 의미로 '뉴뮤직'이라 불렸는데, 록을 비롯해 퓨전재즈, 디스코, 펑크 등 미국의 대중음악에 복합적인 영향을 받아 도회적이고 세련된 낙관주의의 태도를 입고 나타났다. 이후 이 음악은 서구의 일본음악 추종자들에게 '시티팝'이라는 새로운 이름으로 재발견되었고, 나중에 그 용어가 일본으로 흘러들어가 21세기에 시티팝이라는 사조를 만들어가고 있다. 결국 시티팝이란 단일한 장르라기보다는, 일본의 어느 시기를 관통했던 대중음악의 경향, 혹은 보편적으로 공유된 정서적 풍경을 지칭하는 말인 셈이다.

하지만 한국에서의 시티팝은 본래의 맥락과는 전혀 다른 방식으로 발견되고 또 재발견되었다. 그 계기는 알고리즘의 섭리로 만들어졌다. 일본음악 마니아들 사이에서만 회자되던 시티팝이, 2018년경 유튜브에 우연히 업로드된 다케우치 마리야의 1984년작 〈Plastic Love〉를 계기로 다시 주목받기 시작한 것이다. 별다른 설명도 없이 올라온 그 영상은 전 세계인의 감성을 기묘하게 자극했고, 이 한 곡의 기적으로 시티팝이라는 장르는 다시금 세상의 주목을 받았다. 한국 역시 그 열풍에 깊이 빠져든 나라 중 하나였다. 더욱이 한국은 시티팝의 전성기를 가까이서 경험했던 국가로, 시티팝의 재인기는 곧 1980~1990년대 한국사회에 대한 향수를 직접적으로 자극했다. 이러한 회고의 흐름 속에서 1980년대 일본의 팝음악, 그중에서도 시티팝으로 분류되는 곡들이 차례로 재조명되었고, 동시에 이와 유사한 스타일을 지닌 1980~1990년대 한국 대중음악도 재발굴되었다. 그렇게 한국의 과거 음악과 아티스트들은 시티팝이라는 이름 아래 또 한번 주목받게 되었다.

사실 한국에는 시티팝이라 불리는 뚜렷한 흐름이 포착된 바가 없다. 일본과의 직접적인 교류가 단절되었던 시절이기도 하고, 시티팝보다는 오히려 팝·록 계열의 음악이나 퓨전재즈가 더 직접적인 영향을 미쳤다고 봐야 한다. 하지만 일종의 수

정주의 역사라고 하면 될까? 빛과소금, 봄여름가을겨울, 김현철, 윤상 등 퓨전재즈와 흑인음악, 전자음악의 언어를 두루 빌려 도시의 감각을 노래했던 음악가들이 어느새 '한국 시티팝의 원류'라는 새로운 서사 속에 자리잡게 되었다. 예상치 못한 이 국면은, 그들 각자의 커리어에도 분명한 전환점이 되었다. 빛과소금이 케이팝 세대에게 재발견되었는가 하면, 김현철은 시티팝의 흐름에 발맞춰 의도적으로 그 문법을 표방한 음악을 선보이며 선구자로서의 위상을 어필해나갔다. 이는 펑크의 전설 조지 클린턴이 1990년대 서부 힙합 아티스트들에게 재발견되어 '힙합의 대부'라는 새로운 얼굴을 얻은 사건을 떠올리게 한다.

　　발라드가 하나의 장르로 묶이기 어려운 것처럼, 시티팝 역시 자세히 파고들수록 그 경계가 흐릿하다. 그러나 이 장르 아닌 장르들은 한국 대중음악에서 뚜렷한 교차점을 공유한다. 그것은 바로 현대성과 낭만성, 두 단어로 요약될 수 있는 모던한 감정의 풍경이다. 도시의 젊은이들이 지닌 도회적 감수성을 적극적으로 반영한(혹은 그들의 감성에 호소한) 이 음악들은 이전 시대의 대중음악과는 다른 새로운 감각으로 주목받았고, 이후 케이팝이라 불리는 세계적인 음악산업의 기반이 되는 코드를 만들어냈다. 어쩌면 너무도 당연히, 우리가 '한국의 시티팝 뮤지션'이라고 부르는 대부분의 아티스트는 기본적으로 발라드의

　　　　　　　　　　　　　　　　　　　　　　　더 송라이터스

장인이기도 하다. 다음에 소개할 한국형 시티팝 레퍼토리들은 전형적인 발라드라 명명하기 어려울지는 몰라도, 동시대의 발라드가 지니고 있던 정서적 결을 상당 부분 공유하는 세련된 서정주의 음악들이다. 시티팝과 발라드의 교차점 어딘가, 그렇게 한국 대중음악에는 신세대가 선호하는 새로운 감정의 지층이 조용히, 그러나 또렷하게 형성되고 있었다.

복잡한 도시에 불쑥 나타난 아웃라이어

〈연극이 끝난 후〉 (1980년)

샤프

최명섭 작사·작곡

음악의 역사를 보면 별다른 낌새 없이 불쑥 등장해 믿을 수 없는 결과물을 툭 던져놓고 사라진, 규격 외의 '아웃라이어'들이 종종 존재한다. 1980년 대학가요제, 대학 연합팀인 '샤프'가 출전해 〈연극이 끝난 후〉라는 독창적인 곡으로 은상을 수상했다. 작곡가는 당시 성균관대 공대 1학년에 재학중이던 최명섭. 사실 그는 원로작곡가 최창섭의 아들이자 훗날 최호섭의 명곡 〈세월이 가면〉의 가사를 지은 송라이터이기도 하다.

〈연극이 끝난 후〉는 들을수록, 그야말로 난데없이 하늘에서 뚝 떨어진 세련미를 지닌 노래였다. 이 노래는 음악에 대한 지식이 없는 사람이라도 그 묘한 화성체계나 구성이 귀에 들어올 만큼 독특하다. 반음계적인 화성체계를 활용해 선율이 하강하면서 묘한 여운과 쓸쓸함을 주는 벌스부, 아련함과 기대감을 형성하면서 자연스럽게 감정을 끌어올리는 절정부, 그리고 짧게 반복하면서 노래의 여운을 만들어내는 마무리 파트가 기존 가요에서 들어본 적이 없는 구조를 선보이고 있다.

특히 중간중간 의도적으로 배치된 반음계 코드는 이 곡의 세련미를 담보하는 핵심이다. 이는 매번 의식하고 듣지는 않더라도 정석적 화성에 익숙해진 가요팬들에게 낯설면서 세련된, 그러니까 도시적 느낌의 요소로 인식되었을 것이다. 다분히 예스러운, '중창단'스러운 창법에 가려져 있긴 하지만 이 곡이 들려주는 모던함은 적어도 5년 이상을 앞선 것이었다. 어떻게 이게 가능했을까?

〈아름다워〉 (1984년)

윤수일밴드

윤수일 작사·작곡·편곡

시티팝의 유행 속에서 가장 먼저 '디깅'된 곡 중 하나인 윤수일밴드의 〈아름다워〉는 이제 한국 시티팝의 계보, 나아가 한국 모던팝의 역사를 이야기할 때 가장 먼저 언급되는 전설적인 곡으로 자리매김했다. 동시에 윤수일이라는 뮤지션의 진보성을 말할 때 반드시 거론되는 대표작이기도 하다. 1984년은 트로트의 영향 아래 한국적 멜로디와 다소 투박한 편곡이 주류였고, 본격적인 팝발라드 시대가 아직 도래하기 전이었다. 그래서 이 곡이 지닌 도시적 세련미는 이례적 수준이라 할 수 있다. 자동차의 경쾌한 시동음으로 문을 여는 이 노래는 출발부터 시티팝적 요소를 강하게 내비친다.

일본의 시티팝이 네온사인 켜진 도시의 밤 정서와 휴양지, 특히 해변의 정서가 결합된 음악이라면, 〈아름다워〉는 그중 후자의 정서를 고스란히 담아낸다. 복잡한 도심을 떠나 질주하는 자동차, 연인과의 달콤한 시간, 뜨거운 태양과 해변의 분위기. 메이저7 코드를 적극 활용한 세련되면서도 낙관적인 분위기의 코드 진행과 화음은 당대 한국 대중음악에서 유례없는 '현대성'과 '낭만'을 담고 있었다. 시티팝의 본고장인 일본조차 놀랄 시티팝스러운 감수성이다.

정작 윤수일은 시티팝이라는 장르에 대해 크게 의식하지 않았던 것으로 알려져 있으며, 이 곡을 '펑키한 리듬을 입힌

발라드'라고 표현한 바 있다. 하지만 바로 그 점이, 현대적 팝발라드와 시티팝 사이에 흐르는 정서적 교차점이 있음을 방증한다. 포니로 대표되는 '마이카' 시대가 채 열리기 전, 윤수일이 그려낸 현대 한국의 낭만적 판타지는 40년이 지난 지금도 여전히 유효한 풍경으로 남아 있다.

〈샴푸의 요정〉 (1990년)

빛과소금

장기호 작사·작곡·편곡

빛과소금은 많은 부분에서 처음이란 수식이 낯설지 않은 그룹이다. 우선 대중음악을 하는 그룹으로는 이례적으로 크리스천으로서의 정체성을 팀 이름과 가사에 적극 녹여내며, CCM과 가요의 크로스오버를 꾀함을 분명히 했다. 또한 비슷한 시기의 봄여름가을겨울, 김현철과 함께 '퓨전'(당시에는 주로 '휴전'이라 발음되었던) 음악의 선구자로 불렸다. 그리고 이제는 MZ세대에 의해 재발견되며, 시티팝의 원조라는 칭호를 얻기에 이르렀다.

확실한 건 그 모든 수식이 암시하듯 빛과소금이 들려준 음악이 상당히 진보적이며 실험적이었다는 사실이다. 〈샴푸의 요정〉이 풍기는 상큼하면서도 세련된 정취는, 멜로디나 리듬뿐 아니라 신선한 화성의 운용에서 기인하는 바가 크다. 당시로서는 상당히 고난이도의 화성체계, 그중에서도 이후의 빛과소금 그리고 장기호의 음악에서 자주 발견되는 전조(조바꿈)의 적극적 활용이 대표적이다.

어떤 의미에서 가요 최초의 훅송이라 할 만큼 단조로운 후렴부가 반복되지만, 곡이 지루하게 들리지 않는 이유도 조바꿈에 있다. 장기호의 절친한 지기였던 유재하도 생전에 전조의 테크닉을 종종 선보였지만(〈내 마음에 비친 내 모습〉의 간주를 들어보라) 후렴과 브릿지에 등장하는 〈샴푸의 요정〉의 전조는 훨씬 더 구조적이다. 샴푸라는 단어에서 풍기는 도시적 이미지, 흑인 음악을 연상케 하는 장기호의 팔세토 창법이 한데 어우러지며, 케이팝의 고전이자 한국형 시티팝의 명곡이 탄생했다.

경쾌하지만 경박하지 않고, 가볍지만 얄팍하지 않은

〈점점 더〉 (1989년)

장필순

김현철 작사·작곡·편곡

스무 살 천재의 기적 같은 데뷔 이후 약 10년 동안, 김현철은 대중음악계에서 가장 눈부신 재능 중 하나였다. 스타도 많았고 히트곡도 넘쳤던 그 시절이지만, 그렇게 어린 나이에 이토록 성숙한 음악세계를 구축한 이는 없었다. 팝음악처럼 세련되면서도 깔끔한 사운드는 동료 뮤지션들에게 벤치마킹의 대상이 되었다. 그 스스로도 자신의 능력과 위상을 어느 정도 자각하고 있었던 듯하다. 그의 음악에는 조급함도, 치기어린 과시도 없었다. 1990년대 초 음악계의 격변 속에서도 한결같이 자신만의 스타일을 고수해나갔다. 그에게는 단순히 '음악을 잘한다'는 수준을 넘어, 조숙하다는 인상을 주는 순간이 많았다. 그것은 재능 이상의 부러운 무엇이었다.

장필순의 데뷔앨범이 가진 성숙함은 김현철의 앞선 감수성 덕분이었다. 어린 나이에 그게 정확히 어떤 의미인지 모르고 썼다고 하는 그 구절이 있다. 어느새 자신의 나이도 희미해졌다는 가사 내용으로 유명한 〈어느새〉에서부터 나이를 의심케 하는 성숙함은 심상찮게 포착된다. 무엇보다 이 앨범에는 시간이 흐른 뒤에야 진가가 드러난 곡이 있다. 바로 〈점점 더〉다. 비록 대중적으로 큰 주목을 받지는 못했지만, 시간이 지날수록 차츰 재발견되고 있는 이 곡은 선율과 가사 모두에서 천재적인 감각이 번뜩인다. '시티팝'이라는 장르적 틀에 딱 들어맞는다고 보긴 어렵지만, 그 장르가 상징하는 도회적 세련미와 정서적 잔향 면에서는 충분히 그 일원으로 불릴 만하다.

퓨전재즈 특유의 차분하고 싱그러운 사운드는 곡의 분위기를 다정하게 감싸고, 장필순의 까슬하면서도 촉촉한 목소리는 마치 새벽안개처럼 몽환적인 결을 덧입힌다. 그는 마치 아무 일 아닌 듯 담담하게 이야기한다. 눈을 감을수록, 귀를 막을수록, 고개를 돌릴수록…… 점점 더 선명해지는 것들에 대해. 그렇게 노래는 마치 조용한 독백처럼, 막을수록 더 깊이 스며드는 감정의 본질을 한 줄 한 줄 그려나간다. 그리고 마지막에 노래는 가장 중요한 진실에 도달한다. 자꾸만 잊혀가는 상대를 노래하는 가사 한 줄이 담고 있는 건 단순한 실연의 여운이 아니다. 애써 지우려 할수록 더 짙어지는, 인간의 마음이 가진 모순과 무력함에 대한 섬세한 성찰이다. 이토록 고요하면서도 날카로운 감정의 서사를, 김현철과 장필순은 놀라울 만큼 세련된 방식으로 함께 완성해냈다.

〈그대 떠난 후〉 (1990년)

이상은

이상은 작사 | 박정원 작곡 | 이호준 편곡

시티팝 붐과 함께 재조명된 숨은 8090 명곡들 가운데, 이 곡은 가수 이상은만큼이나 작곡가 박정원의 이름을 다시 한 번 각인시킨 작품이다. 박정원은 이상우의 데뷔곡 〈슬픈 그림 같은 사랑〉으로 이름을 알린 후 〈이젠〉 〈바람에 옷깃이 날리듯〉 등을 히트시키며 1980년대 후반을 대표하는 작곡가 중 한 명으로 단번에 주목받았다. 그는 그룹 '모노'의 멤버로 활동하며 앨범 아티스트로도 자리를 잡았다.

박정원은 당대의 젊은 작곡가들처럼 동시대 일본 대중음악의 영향을 과감히 흡수했으며, 그것을 굳이 감추려 하지도 않았다. 특히 〈그대 떠난 후〉는 그 흐름이 더욱 뚜렷하게, 어쩌면 노골적으로 드러나는 곡이다. 전체적으로는 장조 키를 기반으로 하고 있지만, 중간중간 마이너 코드를 활용하여 애잔함과 그리움을 불어넣는 방식은 당시만 해도 가요에서는 흔하지 않았다. 어쩌면 일본 팝의 전형적인 감정 표현방식이라고 봐야 할 것이다.

그 위에 얹힌 청량한 기타 플레이와 경쾌한 드럼 리듬 역시 시티팝의 대표적인 문법이며, 곡 중반부에 등장하는 라틴풍의 재즈기타 솔로는 당대 전 세계적인 유행을 적극 반영한 음악적 장치다. 이 솔로는 길지 않지만, 정서의 전환을 명확하게 이끌어내는 인상적인 포인트로 깊은 감명을 남긴다. 소소한 듯하지만 이런 디테일들이 모여 우리가 '현대적' 혹은 '도시적'이라고 느끼는 음악이 완성된 것이다.

만약 이 같은 편곡을 보다 입체적인 맥락에서 이해하고 싶다면, 박성신의 〈한번만 더〉나 김완선의 〈나만의 것〉과 비교해 들어보는 것도 흥미롭다. 세 곡 모두 당대 작곡가들이 일본 대중음악의 앞선 감각을 어떻게 해석하고, 각자의 색깔로 옮겨 담았는지를 보여주는 사례이기 때문이다.

어쨌든 1980년대 후반에서 1990년대 초반은 새로운 물결이 한꺼번에 밀어닥치던 순간이었다. 그런 의미에서 〈그대 떠난 후〉는 분명 장르적으로 시티팝의 전형이라 해도 틀리지 않지만, 그보다는 '1980년대에서 1990년대로 넘어가는 과도기'에 엿보인 한국 대중음악의 감성적 진화라는 관점에서 이해하는 것도 흥미로울 테다. 박정원은 그 새로운 물결을 누구보다 빨리 포착해 가요라는 문법 안으로 끌어들인 트렌드세터였다.

더불어 〈그대 떠난 후〉를 부른 이상은은 1980년대 후반, 아티스트이기 전에 가장 열광적인 지지를 받는 스타였다. 파격적인 의상과 무대매너, 신인이라고는 믿을 수 없는 자신감 넘치는 태도 등, 이상은은 후에 015B가 언어화했던 그 '신인류'였다. 강변가요제 역사상 가장 충격적인 우승곡이었던 〈담다디〉를 시작으로, 그는 당대의 '아이돌'로서 한 시절을 화려하게 수놓았지만 그곳에만 머무르려 하지 않았다. 아이돌의 이미지를 서서히 내던지며 싱어송라이터로 변신한 과도기를 거쳐 6집《공무도하가》부터는 파격적인 변신을 꾀했다. 그리고 그는 다시 아이돌로 돌아오지 않았다. 물론 그렇다고 1980년대 후반 그의 초창기 모습들이 평가절하될 이유는 없다. 그 시기의 음악은 그 나름대로 앞선 감각과 파격성을 충분히 보여주었고, 이제 케이팝과 시티팝의 시대를 맞아 그때의 곡들이 다양하게 재발견되고 있다.

〈한 걸음 더〉 (1990년)

윤상

박창학 작사 | 윤상 작곡·편곡

오늘날 윤상은 일렉트로닉, 라틴, 월드뮤직, 심지어 케이팝까지도 아우르며 사운드를 조각해내는 장인으로 자리매김하고 있다. 하지만 그 화려한 이력의 출발점에 있었던 데뷔 시절의 풋풋한 윤상은, 지금과는 또다른 매력을 지닌 매우 현대적인 감각의 송라이터이자 프로듀서였다. 〈한 걸음 더〉가 수록된 그의 데뷔앨범은 아직 사운드 장인로서의 기술과 깊이가 완전히 발현되기 전의 작업이었지만, 이미 멜로디 감각과 편곡 감수성 면에서 어느 정도 틀이 잡힌 윤상의 모습을 발견하게 된다.

곡 전반을 이끄는 강한 베이스 라인, 청량한 기타가 만들어내는 싱커페이션, 그리고 잔잔하게 스며드는 평키함은 1980년대 후반 일본식 시티팝의 잔향을 품고 있다. 특히 눈여겨볼 부분은 도시적 분위기를 더욱 밀도 있게 만들어주는 브라스 섹션이다. 이 곡의 트럼펫 연주는 당시 서울필하모닉오케스트라 소속의 데이비드 스펜서가 맡았는데, 그는 임재범의 〈이 밤이 지나면〉, 변진섭의 〈그대만의 모습〉 등에서도 존재감을 드러낸 연주자로, 당시 국내 대중음악 편곡의 새로운 흐름에 기여한 인물이다. 여기에 박창학의 밝고 착한 노랫말로 인해 〈한 걸음 더〉는 도시적이면서도 친근하고, 세련되면서도 지나치게 화려하지 않은 절묘한 균형을 만들어내고 있다.

무엇보다 인상적인 건 이 곡이 전달하는 정서의 톤이다. 경쾌하지만 경박하지 않고, 가볍지만 얄팍하지 않으며, 심각하지 않지만 그 나름의 깊은 울림이 있는 감정. 그걸 한 단어로 표현하자면 '산뜻함'이다. 단순히 상큼하거나 밝다는 의미의 산뜻함이 아니다. 이 곡이 지닌 산뜻함은 1980년대식 감성의 무게로부터 한걸음 비켜선, 1990년대를 향해 조심스레 내딛는 설렘에 가깝다.

이러한 산뜻함은 1990년대 대중음악이 1980년대와 구별되기 시작한 바로 그 지점에서 등장한다. 윤상을 비롯한 이른바 신세대는, 더이상 발라드를 드라마틱한 서사나 과잉된 정서로만 이해하지 않았다. 대신 그 자리에 일상의 감정과 정서의 여백, 그리고 감각적 리듬감을 더하려 했다. 시티팝과 스무드재즈로부터 이어지는 유려하고도 간결한 정서적 미학은 이후 1990년대 한국 대중음악 전반의 시대정신으로 옮겨갔다. 그리고 이 곡은 그 새로운 시대가 막 시작되던 출발점의 언저리에 위치해 있다.

〈넌 언제나〉 (1993년)

모노

장경아 작사 | 박정원 작곡·편곡

　　모노의 〈넌 언제나〉는 1993년이라는 묘한 전환점에 걸쳐 있는 노래다. 시대는 이미 빠르게 변하고 있었지만, 한편으로는 1980년대식 발라드와 트로트가 여전히 주류를 장악하고 있었다. 그 시절 서울의 밤거리에서 이 노래가 흘러나왔다면, 누군가는 이질적으로, 또 누군가는 너무도 자연스럽다고 느꼈을 것이다. 우리가 지금 이 곡을 듣고도 여전히 '요즘 같다'고 느끼는 이유와도 닿아 있다. 오랜만에 꺼내든 배기진이 놀랍게도 힙하게 보이는 것과 마찬가지로, 복고를 흉내내지 않아도 시대를 앞지른 감각은 늘 그 자리에 있다.

물론 그 새로운 기운은 완전히 우리의 것은 아니었다. 하지만 이 곡을 만든 박정원을 단순히 유행하는 일본음악을 잘 흉내낸 사람으로만 규정하기엔 억울한 기분이 든다. 그는 감각적으로 그 음악적 언어를 이해했고, 그것을 한국적 정서 안에서 매끄럽게 번역해낸 인물이다. 이상은의 〈그대 떠난 후〉, 드라마 〈프로포즈〉 OST 같은 그의 다른 곡들에서도 느껴지는 묘한 한국적 감정선. 그는 일본의 시티팝을 우리 감정의 결 안으로 끌어온 작곡가다.

〈넌 언제나〉의 사운드나 톤은 익숙한 시티팝 공식 안에 있다. 그 구성은 매우 영리하다. 메아리처럼 울리는 인트로는 거의 완벽에 가깝고, 잔향 가득한 신시사이저와 기타 리프, 그리고 김보희의 공명하는 듯한 보컬이 자아내는 질감은 단숨에 도시적인 공간을 만들어낸다. 그 공간 안에서 감정은 너무 빠르지도, 느리지도 않게 움직인다. 하지만 그 모든 빌드업이 폭발시켜야 할 곳, 그러니까 '네가 떠난' 이후의 후렴은 결코 쿨한 세련미에만 몰두하지 않는다. 필요할 때, 박정원은 가요적 호소력이라는 비장의 무기를 기어코 꺼내든다. 물론 그건 김보희의 매력적인 보이스에 의해서 가능했지만.

히트곡의 운명이 늘 같은 것은 아니다. 어떤 노래는 유행을 좇다 거짓말처럼 잊히고, 또 어떤 노래는 호들갑스러운 찬사를 받지 못했지만 언젠가는 다시 '현재'가 된다. 〈넌 언제나〉는 분명 후자에 속한다. 세대를 뛰어넘은 클래식이 된 데에는 그만한 이유가 있는 법이다.

이문세 그리고 이영훈,
영원한 발라드의 정전

가수와 송라이터의 빛나는 만남

이문세는 '발라드 가수'라는 호칭을 가장 먼저, 그리고 또 가장 공식적으로 얻은 가수다. 이문세 이전에도 최희준, 홍민, 김정호 등 서정성을 내세운 가수들이 있었지만, 어딘지 모르게 도시적이면서 세련미가 깃든 '발라드'라는 단어는 어쩐지 가요보다는 미국이나 유럽의 팝음악에 더 어울렸다. 하지만 이문세와 송라이터 이영훈의 만남은 이 인식을 마침내 바꾸어놓았다. 이문세의 세번째 앨범에서 그 둘의 합이 빚어낸 〈난 아직 모르잖아요〉〈소녀〉〈그대와 영원히〉 등의 발라드음악은 가요계의 세대 교체를 알리는 신호탄과 같았고, 그로부터 수년간 이문세의 발라드는 라디오에서 가장 많이 선곡되는 단골 레퍼토리를 놓치지 않았다.

이문세와 이영훈이 만들어낸 가수-송라이터 파트너십은 가요계에서 그 유례를 찾을 수 없을 만큼 독특한 것이었다. 단순히 곡을 써주는 작곡가와 그걸 부르는 가수의 관계로만은 이해할 수 없는 긴밀한 음악적 공동체로, 하나의 음악적 세계관 혹은 음악제작 시스템으로 보는 편이 더 어울릴 것 같다. 그도 그럴 것이 3집부터 7집까지 이르는 6년의 세월 동안 이문세는 단 한 번의 예외 없이 오직 이영훈의 곡만을 불렀고, 이영훈 역시 사실상 이문세를 통해서만 그의 음악세계를 오롯이 펼쳐냈기 때문이다. 공식적으로 서로를 독점적 관계로 규정한 적은 없었지만, 마치 한 그룹을 이루는 밴드메이트와 같았달까.

'갓 이별한 사람들'을 위한 예쁜 발라드

이문세-이영훈의 발라드가 어필할 수 있었던 가장 중요한 음악적 특징은 '예쁨'이었다. 사실 그건 하나의 정서이자 이

  더 송라이터스

미지로, 특정 음악적 요소만으로 만들어졌다고 할 수는 없다. 1980년대 중반까지 가요에서 느린 노래라고 하면 자연스럽게 떠오르던 '토속적 구슬픔' 혹은 '한'이라는 정서가 이문세의 노래에서는 '애틋함'과 '아련함'의 정서로 대체되었다. 이는 단순히 송라이터 이영훈의 개인적 취향을 넘어, 새로운 세대의 출현과 그들의 음악 취향이 반영된 결과였다.

전쟁이나 실향, 향수 같은 가요의 전통적 주제보다는 지극히 개인적 감정과 도시의 사랑법에 익숙한 X세대, 그리고 부쩍 늘어난 대학생(특히 여대생) 음악팬들은 가요에 팝과 같은 세련미를 요구하기 시작했다. 때마침 등장한 이문세의 예쁜 발라드음악은 그들이 찾던 음악의 이상적 이미지에 꼭 들어맞았다. 물론 이 음악은 역으로 젊은 음악팬들의 정서를 새롭게 지배하고 규정한, 가장 중요한 문화적 요소가 되기도 했다.

이문세-이영훈 콤비의 역작들 중 커리어 초반을 수놓았던 1980년대 명반 세 장, 그러니까 3집, 4집, 5집은 사실상 모든 곡이 라디오 히트곡이었을 정도로 그 우열을 가리기 어렵다. 특히 4집과 5집은 이영훈의 참신한 송라이팅, 이문세의 젊고 파워풀한 가창력, 편곡자 김명곤의 지휘 아래 당대 최고의 연주자들로 구성된 세션이 완벽하게 어우러진 가요사의 대표적 명반들이다. 이 앨범들에서 이영훈은 독보적 개성과 분위기를 가진 발라드 최고의 송라이터임을 입증한다. 그의 음악에는 아주 구체적인 기억과 아주 추상적인 표현이 공존한다. 한 곡을 들었을 때는 그 이야기들이 정확히 무엇을 의미하는지 알기 어렵지만, 여러 곡을 함께 음미하면 어렴풋이나마 사랑과 헤어짐의 본질에 대해 짐작할 수 있다. '물로 이별을 쓴다든지' '사랑을 기억하지 못한다든지' 등 이별을 묘사한 파격적인 노랫말들은 4집을 규정짓는 풋풋함의 근본이다.

대부분의 발라드가 사랑에 대한 아주 평범하고 보편적인 이야기를 그려내는 데 반해 이영훈의 이야기는 탁월한 심상 표현을 통해 특정 풍경이나 향기를 떠올리게 만든다. 이는 〈광화문연가〉로 대표되는 5집의 어른스러운 회상의 정서에서 극대화된다. 가로수 그늘에서 익숙한 '라일락 꽃향기'(〈가로수 그늘아래 서면〉)를 맡고, 찾아간 그 꽃집에선 '안개 꽃잎'이 지난 모든 일을 기억하게 만든다(〈안개꽃 추억으로〉). 섬세한(동시에 굉장히 모호한) 표현은 감각적인 선율감을 통해서 극대화되는데 덕분에 청자들은 경험한 적도, 정확히 이해할 수도 없는 누군가의 추억을 아주 구체적인 것으로 받아들이게 된다. 어느덧 사람들은 이문세가 노래한 이영훈의 '언덕 밑 정동길'과 '눈내린 광화문 네거리'(〈광화문연가〉)를 찾아 그 추억이 마치 내 것인 듯 슬픔과 아픔을 느끼게 되는 것이다.

가수 이문세를 평가할 때 많이 언급되지 않는 것이 있다. 바로 그가 싱글이 아니라 앨범 중심의 아티스트상을 정립했다는 사실이다. 제도권의 많은 가수가 히트곡 위주로 활동하며 일관된 앨범이라는 개념 자체가 희박했던 1980년대에 이문세는 조용필, 산울림, 김현식 등과 함께 본격적 앨범의 시대를 열어젖혔다. 한두 곡의 히트곡을 빼면 음악적 일관성이나 완성도를 갖추지 못한 모음집 느낌이 강했던 대중가요는 이문세의 시대를 거치며 단 한 곡도 버릴 곡이 없는, '앨범'의 음악으로 인식되기 시작했다. 이문세는 1980년대 발라드나 포크 계열의 대중가수들 중 대표작이 앨범 단위로 기억되는 거의 유일한 가수였다고 해도 과언이 아니다. 라디오와 공연을 중심으로 앨범활동을 이어나가는 방식은 이후 변진섭, 신승훈, 윤종신, 성시경 등 후배 발라드 뮤지션들의 음악적 성향이나 태도에도 직접적인 영향을 미쳤다.

옛사랑, 평범함 속 비범함

〈옛사랑〉 (1991년)

이문세

이영훈 작사·작곡 | 유영선 편곡

〈옛사랑〉은 가요 역사상 가장 아름다운 발라드 중 한 곡이다. 이 노래는 트렌디하면서 감각적인 음악으로 인식되었던 이문세의 발라드가 풋풋한 청년의 시절을 졸업하고 어른스러운 대중음악, 그러니까 '어덜트 컨템퍼러리'의 단계로 나아감을 알려준 기념비적 작품이다.

그 차이는 악기 구성에서부터 도드라진다. 3집 이후 이문세의 발라드를 대표하는 따스한 키보드 소리나 화려한 현악 반주 대신 이 곡은 투박할 만큼 단순한 기타 연주와 이문세의 읊조리듯 툭 던지는 목소리만으로 곡을 리드해나간다. 곡의 중반에 등장하는 트럼펫 소리는 아스라이 멀어져가는, 하지만 영영 사라지지는 않는 어떤 기억을 의미하고, 종반을 장식하는 쳄발로 느낌의 키보드 소리는 그 사랑의 숭고함을 강조하는 듯 영롱하기만 하다. 〈옛사랑〉이라는 평범한 제목이 붙었을 뿐 이 노래는 비범한 문장들로 가득하다. 더 정확히 말하자면 그 문장을 이루는 단어들은 특별하지 않되, 그 어울림은 이영훈의 노랫말 가운데서도 가장 참신하고 충격적이다.

고독이 찾아온 어느 밤, 화자는 오랜 사랑의 기억에 가슴 아파하며 그 이름을 '아껴' 불러본다. 새삼 찾아드는 후회감은 이내 분노로 바뀌어 눈물을 짓게 하고, 그는 애써 아무렇지 않다고 생각했던 지난 세월이 '거짓'과 같다고 느낀다. 하지만 그는 그 모든 것을 껴안기로 한다. 그리운 것은 그리운 대로, 생각이

난 건 생각이 난 대로 '내버려'두기로.

여기서 처음으로 놀라운 표현이 등장한다. 다시 찾아간 그 광화문 거리에는 그때처럼 눈이 덮여가고, 하늘을 바라보며 흩날리는 눈을 하염없이 바라본 그는 '눈이 자꾸 올라간다'라고 말한다. 직접 보지 않았다면 알 수 없는, 예리한 관찰과 풍부한 감성이 뒤섞인 소름 돋는 문장이다. 그렇게 끝날 것 같던 노래는 도저히 상상조차 할 수 없었던 마지막 절을 숨겨놓고 있다. 넘치는 고독 때문에 사랑이 지겹게 느껴질 수 있다고 말하는 이 관조적인 표현은 이 노래의 핵심 주제를 더없이 통렬하게 그린다. 누가 이런 글을 쓸 수 있는 걸까.

그러나 이야기는 여기서 끝나지 않는다. 어느덧 그리움의 세월은 겨울을 지나 봄을 마주하고, 오랜 상처처럼 피부의 감각으로 느껴지던 그리움은 따뜻한 햇살 속에서 괴로움을 조금은 누그러뜨린다. 고독과 회한 속 그대의 모습은 이제 녹아 없어진 눈이 아닌 돋아나는 푸른 잎으로 옮겨가고, 조금은 홀가분해진 그는 그 기억을 영원 속에 묻어두기로 한다. 또다시 돌아올 추운 계절에 고독이 찾아들겠지만, 그 쓰림의 농도가 조금은 옅어지기를 바라는 마음과 함께.

한때는 '소녀 취향' 발라드의 대표주자였던 이문세는 6집 이후 어덜트 컨템퍼러리로 과감한 변신을 꾀한다. 처음으로 사랑노래가 아닌 〈그게 나였어〉를 타이틀로 내세우고 국가·민족·정의 등 무거운 주제들을 두루 다루어 팬들에게 충격을 준 작품이기도 하다. 왜 어울리지 않게 김민기의 흉내를 내느냐는 일각의 비아냥과 함께 상업적인 실패를 뒤로하고, 이문세와 이영훈은 다시금 사랑노래를 내세운 7집으로 돌아온다. 하지만 30대 초반을 넘어선 그의 사랑노래는 그 방향과 뉘앙스가 많이 바뀌어 있었다. 이영훈과 이문세의 관심은 팝발라드를 넘어 클래식과 재즈를 도입한 크로스오버 음악으로 옮겨갔고 그 결과는 〈가을이 가도〉 〈저 햇살속에 먼 여행〉 〈겨울의 미소〉 등에서 잘 나타난다. 물론 정작 대중의 눈에 띈 건 소박하기 그지없는 어쿠스틱 발라드 〈옛사랑〉이었지만 말이다.

공간 속 추억과 상실감에 대하여

〈거리에서〉 (2006년)

성시경

윤종신 작사 | 윤종신·이근호 작곡 | 나원주 편곡

'전화번호부를 읽어도 노래가 되는 가수'. 〈More Than Words〉라는 곡으로 유명한 '익스트림'의 기타리스트 누노 베텐

코트가 '사운드가든'의 보컬 크리스 코넬에게 바친 헌사다. 발라드에서만큼은 성시경이 내게 그런 존재다. 그의 음색은, 그의 테크닉은, 그리고 무엇보다 그의 감수성은 마치 마법처럼 어떤 텍스트도 타당한 발라드로 납득시킨다. 이것은 취향이나 기분과 무관한 어떤 과학처럼 느껴진다. 마치 팝음악에서 조지 마이클이나 라이오넬 리치가 그랬던 것처럼, 성시경은 발라드라는 메뉴를 너무 쉽고 자연스럽게 요리한다.

떠올려보면 성시경의 감성은 데뷔 시절부터 남달랐다. 〈내게 오는 길〉이나 〈처음처럼〉과 같은 초기의 곡들에서도 이미 심상치 않은 뭔가를 듣고 있다는 느낌을 전해줬다. 김형석이라는 당대의 프로듀서와 함께했다는 점도 컸겠지만, 아무리 생각해도 이건 본능적으로 노래를 납득 가능케 하는 비범한 감각의 영역이라는 생각이 든다. 해부학적 연구로는 도저히 그 배합을 알아낼 수 없는, 어떤 느낌적인 느낌이라 말하면 되려나. 좋은 노래가 어떻게 들려야 하는지를 아는, 때로는 얄미울 만큼 능숙하게 느껴지는 대중적인 설득력이라고 말해도 되겠다.

깔끔하고 유려한 팝발라드의 정석과도 같던 성시경의 음악에 윤종신은 드라마의 깊이를 더해주었다. 〈넌 감동이었어〉는 그 서막이었고 〈거리에서〉를 통해서는 보컬의 기술적 면에서나 감정의 진폭에서 보컬리즘의 정점을 시연한다. 촘촘하게 말이 많은 이 노래의 가사는 충분한 헤드룸이 있을 때 더 빛이 나는 성시경의 느릿한 비브라토에 어울리지 않건만 그는 개의치 않는다. 시작부터 후렴의 마지막까지 꾸준히 상승곡선을 그리고, 거기에 호흡과 표현이 빽빽하게 들어찬 곡을 그는 마치 혼자만 0.8배속으로 부르는 듯 능숙하다. 따닥따닥 규칙적으로 끊어지는 가사는 유연성이 떨어질 수밖에 없건만 성시경은 묘하게 그 안에서 리듬을 조이고 풀어놓는다.

송라이터 윤종신은 그 옛날 광화문 네거리 속 이영훈이 그러했듯 그리움의 대상이 떠나간 공간 속 추억과 상실감에 대한 이야기를 종종 쓰곤 하는데(〈동네 한바퀴〉〈모처럼〉), 〈거리에서〉는 그 추억을 과거 속 박제된 추억이 아니라 매번 되살아나는 현재로 묘사한다는 점에서 독특하다. 문득 찾은 거리에서 그리운 날들이 오늘밤 그를 찾아오고, 기억인지 환상인지 알 수 없는 어떤 목소리가 불러 돌아본 그곳엔 온통 그 사람뿐이다. 오늘만큼은 그 그리움이 불러온 벅찬 행복을 만끽하기로 작정한 주인공은 그 사람을(혹은 그 추억을) 맘껏 불러본다. 성시경의 목소리는 우리에게 그 모든 것을 펼쳐 보이고 또 만져지듯 느끼게 한다.

〈그대 걷던 길〉 (2009년)

노리플라이

권순관 작사·작곡·편곡

노리플라이의 권순관은 2010년대 대중음악계가 낳은 가장 빼어난 멜로디 메이커일 것이다. 단지 훌륭한 작곡가 혹은 송라이터라는 말로는 성에 차지 않는다. 막힘없이 쏟아지는 유려하면서도 고급스러운 멜로디, 편안하면서도 지극히 섬세한 송라이팅 능력은 비슷한 세대의 훌륭한 송라이터들 중에서도 단연 두드러진다. 독특한 점은 그의 멜로디 감각이나 음악적 감수성이 지극히 가요적 정서에 기반을 두고 있다는 사실이다.

그의 음악에는 유재하, 김현철, 이승환, 유희열 등 1990년대를 지배했던 웰메이드 발라드 작가들의 DNA가 두루 담겨 있다. 사실 그들 모두를 조금씩 떠오르게 하면서도, 그것이 온전히 새로운 것으로 느껴지게 하기란 결코 쉽지 않은 일이다. 2010년대에 노리플라이 그리고 권순관이 가요계에 남긴 업적은 그런 것이다. 한국 발라드에 맥락과 계보를 가져다준 것, 그리고 그것을 과거의 사람들을 통해서가 아니라 그들이 남긴 정서를 흡수함으로써 가능하게 만들었다는 것.

'한 번씩 시간이 멈추길 바란다'라는 메시지를 담은 오프닝 라인의 메시지는 단 한 마디의 말과 키보드의 음색만으로 노래의 모든 서사를 시작하고 동시에 완결시키는 빛나는 순간이다. 로즈 일렉트릭피아노의 푸근하면서도 몽환적인 음색이 이제는 추억만 남아 있는 그 '길'로 우리를 데려간다. 무심코 걷다 보면 내 발이 자연스레 향하는 그 익숙한 골목. 아직 잊지 못했지만 만약 잊었다 할지라도 몸이 기억하는 그 길에서 그는 아직도 너무 생생한 그 흔적들을 애달프게 되짚는다. 옅은 미소, 코트의 감촉, 별 뜻 없는 농담…… 직접 경험하지 않은 우리가 그게 무엇인지를 알 리 없건만, 우리는 그것이 무엇인지를 정확히 느낄 수 있다.

기억은 여전히 또렷하지만 퇴색의 기운 역시 완연하다. 그 사람의 온기는 식어가고, 웃음소리도 희미해져간다. 혼자인 발걸음이 영 어색한 그 골목 속 나는 하릴없이 돌아선다. 또다시 발걸음이 이 골목을 향하게 되리라는 서글픈 예감과 함께.

　　　　　　　　　　　　　　　　　　　　　더 송라이터스

숨어서 널 지켜볼게
네가 부담된다면
: 감정과잉과 찌질함의 인류학

1990년대 사랑노래에는 찌질함이 있었다

흔히 대중음악에 반영된 사회상을 이야기할 때 사회적 비판이나 무거운 주제를 담은 노래들이 주로 거론된다. 하지만 정작 그런 것들은 평범한 사람들의 이야기와 동떨어진 경우가 많다. 발라드의 가사들은 그 시절의 연애관이나 표현법을 가감 없이 드러내기에, 당시 사람들을 이해할 수 있는 더없이 좋은 자료가 될 수 있다.

1990년대 이후 한국 발라드에서 가장 지배적으로 유행한 송라이팅의 정서 혹은 서사를 하나 꼽자면, 주저 없이 '찌질함'이라 말할 수 있을 것이다. 이는 1980년대 발라드가 품고 있던 정제된 서정성과 어른스러움을 내려놓고, 좀더 솔직하고 일상적인 화법으로 진화한 결과다. 결국 이는 그 당시 사람들이 '사랑'이나 '관계'에 대해 갖고 있던 태도의 반영이며 감성의 기록일 것이다.

그런데 과연 찌질함이란 게 뭔가. 국어사전에는 '지질함'으로 등재된 이 단어는 보잘것없고 변변하지 못함을 뜻한다. 자존감은 바닥을 기고, 어딘지 떳떳하지 못한 상태. 반대말은 '쿨함'. 하지만 솔직해지자. 사랑이라는 감정이 이론적으로 정말 쿨할 수 있을까? '고마웠어. 잘가. 행복해'라고 진심을 다해 말할 수 있는 사람이 대체 얼마나 있을까? 그게 진짜 사랑일까? 차라리 찌질함이야말로 가장 인간적으로 사랑에 다가가는 방식일지 모른다. 체면 따위 내던지고, 마음을 손에 들고 우는 그 솔직함 말이다.

김현철, 이승환, 015B, 윤종신, 윤상, 토이…… 1990년대 한국 팝의 뉴웨이브를 이끌던 선구자들은 그 정서를 드러내는 것에 조금도 주저하지 않았다. 아니, 오히려 경쟁적으로 연약한 마음을 전시했다. 서로 짠 것도 아닌데 얼마나 처절하고, 허약하고, 속줍은 이야기들을 앞다퉈 써댔는지…… 취향이 아닌 사람들은 음악을 들으며 속에서 뭔가가 꿈틀거리는 것 같은 느낌을 받았던 적도 있을 것이다. 이 노래들의 가사를 수업으로 비유해보자면 '찌질학 개론'이라 부를 수 있을까? 믿을 수 없겠지만 당시 그 수업에는 수백 명의 청강생이 몰려들었다.

하지만 정작 흥미로운 질문은 따로 있다. 어떻게 이 감정과잉의 정서가 1990년대 발라드의 가장 돋보이는 주제의식으로 자리잡게 되었을까? 자세히 들여다보면, 그 이면에는 단순한 감정표현의 변화뿐 아니라 음악적 흐름과 사회문화적 환경의 변곡점이 복합적으로 얽혀 있다. 물론 이 감성이 어느 날 갑자기 하늘에서 떨어진 건 아니다. 놀랍게도 그 씨앗은 1980년대의 이영훈, 유재하, 김창기 같은 이들의 섬세하고도 생생한 묘사에서 자라났다. 그들은 사랑이야기를 펼쳐나가면서 추상적이거나 관념적이지 않은, 매우 구체적인 이야기를 노래 안에 담았고, 그 표현과 뉘앙스는 이후 송라이터들에게 큰 영감을 주었다.

예를 들어 1980년대까지의 발라드가 사랑을 일종의 보편적 감정으로 담아내 노래했다면, 이영훈이나 김창기의 노래는 누가 들어도 그들의 개인적 체험이 중심이었다. 한술 더 떠 유재하는 아예 자신의 사랑이야기를 앨범 한 장으로 만들어 서사를 구축하기도 했다. 이런 구체적이고 일상적인 내러티브는 듣는 이에게 감정을 이입하도록 만들었고, 평범한 사랑노래에 진정성을 부여해 아티스트의 음악세계를 규정하는 데 중요한 역할을 했다. 어쩌면 멜로디나 편곡보다도 더 강력한 정서적 무기로 작용한 것이다.

찌질함의 전면 등판

그런데 1990년대에 이르자, 여기에 한 숟갈이 더해졌다. 바로 감정과잉과 찌질함의 전면 등판. 단지 표현방식의 변화가 아니었다. 1990년대의 개막과 X세대의 등장으로 세상이 좀 더 솔직해졌고, 가사도 그에 따라 가식을 내려놓았다. 1980년대까지만 해도 '냉정한 그대'라든지 '야속한 당신' 정도로 품위를 지키던 화자들은, 이제 '왜 전화를 받지 않아' '내가 정말 싫어진 거니?'처럼 직설화법으로 따지기 시작했다. 이 새로운 화자들은 참지도, 숨기지도 않았다. 자존심을 세우는 대신 포기하고, 매달리고, 애원하고, 집착하고, 한 걸음 뒤에서 따라가고, 심지어 길모퉁이에 숨어 바라보기도 했다.

당연하겠지만 완성된 사랑은 절절한 사랑의 주제가 될 리 없고, 노래가 이야기하는 건 늘 불완전하고 허술하고 한쪽으로 기운 마음들뿐이다. 사랑노래라고 하지만 정작 주인공은 누군가와 사랑을 나누는 사람이 아니라, 집착하고 원망하고 때로는 저주하는 사람이다. 물론 곧 후회하겠지만 그 깔끔하지 못한 모습이야말로 늘 어느 정도는 미성숙할 수밖에 없는 사랑의 본모습이 아니었을까? 자존심도 이성도 사라지고, 마음 하나만 덜렁 남은 불완전한 상태. 그래서 그 찌질함이 불완전한 모두를 대표하는 시대의 정서가 되었는지도 모르겠다.

015B와 윤종신은 이 찌질남의 장대한 서사를 무려 30년에 걸쳐 풀어내고 있다. 동시에 이후 등장할 토이 등의 그룹에도 지대한 영향을 미쳤기에, 어쩌면 '범-015B가'의 세계관이라 불러도 무리는 아닐 것이다. 015B의 음악적 핵인 정석원은 이 서사의 본류에 해당하는 인물이라고 할 수 있다. 사실 여부와는 무관하게 그의 가사에 등장하는 대상이 모두 한 사람이리라는 일종의 판타지를 대중에게 심어주었고, 이는 그가 만들어낸 사랑 노래들의 일관된 서사에 몰입할 수 있는 근거가 되어주었다.

〈텅 빈 거리에서〉〈떠나간 후에〉〈5월 12일〉〈어디선가 나의 노랠 듣고 있을 너에게〉〈너에게 보내는 마지막 편지〉까지, 이 모두가 크게 보면 하나의 연작에 해당한다. 몇 가지 단서와 통일된 음악적 톤만으로 하나의 세계관을 구축해내는 방식은 분명 이영훈과 김창기의 영향 아래 있지만, 정석원의 표현은 그들보다 훨씬 거침없고 솔직했다.

예컨대 〈1월부터 6월까지〉에서는 이별의 순간순간을 지나간 시간과 공간, 음식점 등 두 사람만이 공유할 수 있는 기억의 조각들로 촘촘히 엮어내며 리얼리즘의 디테일에서 새로운 경지를 보여준다. 이 서사에 따르면 고작 1년도 채 지속하지 못했던 관계가 만들어낸, 집착의 새로운 경지라 부를 만하다.

'언덕 밑 정동길'로 상징되는 이영훈의 서정적 세계관과 일부 닮아 있으면서도, 정석원의 사랑이야기는 단순한 아름다움이나 애수의 감정선을 넘어서 사랑의 못남과 미련, 그리고 구질구질함까지도 고스란히 담아낸다. 바로 그 점에서 이 서사는 단순한 발라드의 틀을 넘어선다. 고백과 회상의 서술방식은 동시대 힙합의 내러티브와도 어딘가 닮아 있다.

섬세하고 연약한 남자들의 표상, 토이

그리고 또하나의 페르소나가 등장한다. 훗날 '토이남'이라는 신조어의 유래가 된, 토이 유희열의 세계관 속에 자주 모습을 드러내는 섬세하고 연약한 남자들이다. 토이의 노랫말 속 남자들은 강함과는 거리를 두고 있으며, 관계를 대하는 데서도 능동성이 결여되어 있다. 그렇다고 열패감에 찌들어 있거나 분노를 토해내는 것도 아니다. 오히려 그 점이, 토이의 음악 속 남성들이 기존의 '찌질남'들과 다른 지점이다.

　　사랑 앞에서 한없이 유약하고, 머뭇거리며, 때로는 집착하지만 결국엔 조용히 놓아주는 인물. 누군가의 눈엔 답답하게 보일지라도, 끝까지 좋은 사람이고자 애쓰는 모습. 온갖 'if'와 '실패 시나리오'로 머릿속이 빼곡한 이 캐릭터는 한심해 보일지도 모르지만, 결코 미워하고 싶진 않다. 그 허약한 감정선이야말로 당시 청춘들의 내면을 투영한 초상화처럼 느껴지기 때문이다. 크게 모자람 없이 온실 속에서 자라 갈등이나 싸움을 피하려 하고, 그래서 실패를 더욱 두려워하며, 치열한 사랑의 쟁취보다는 무난한 이별을 마음 편히 여기는 남자. 유희열의 손끝에서, 어딘가에 분명히 존재하고 있을 이들의 테마곡이 완성된 셈이다.

　　지금의 기준으로 보면 다소 우스꽝스럽게 들릴지도 모르지만, 사실 이러한 정서의 이면에는 21세기를 전후로 한국 사회에 깊이 자리잡고 있던 관계에서의 경직성과 억제의 심리가 깔려 있는 게 아닐까 싶다. IMF 이후의 경제 불안, 불확실한 미래에 대한 청년층의 막연하지만 현실적 두려움, 그리고 가부장적 남성성에 반감을 지녔지만 제대로 된 현대적 남성성을 미처 정립하지 못한 남자들의 혼란스러운 내면이 얽힌 결과였을 것이다.

능동적이고 주도적인 사랑은 현실적으로 불가능하다고 느끼는 가운데, 이들은 구체적 실천보다는 막연한 희망과 이상에 기대어 연애의 실패를 스스로 감당하려 했다. 그것은 일종의 극단적 수동성으로 나타난다. 자신의 감정을 억제하고 상대의 마음을 우선시하는 태도, 다시 말해 사랑의 선택권을 스스로 내려놓음으로써 언젠가 자신이 받을 상처를 정당화할 근거를 미리 확보해두는 방식인 것이다.

겉으로는 따뜻하고 한없이 배려심 많아 보이며, 자신이 줄 수 있는 모든 사랑을 아낌없이 건넨 뒤 그것으로 충분하다고 착각하는 이 남자. 어쩌면 그는 '낭만적이고 배려심 많은 남자'에 대한 설익은 로망, 혹은 착각에서 태어난 인물인지도 모른다. '너를 지켜주겠다' '모든 걸 바치겠다'며 로맨틱한 판타지를 펼쳤지만 그 안에 은근한 폭력성과 소유욕을 담고 있던 과거의 남성 화자들과 달리 '토이남'은 혼잣말처럼 맴도는 고민의 무한루프에서 허우적댄다. 하지만 그 유약함은 사랑이라는 골문 앞에서 패스만 돌리며 자꾸 헛발질하는, 골 결정력이 약했던 그 시대 어떤 청춘들의 연약한 마음을 울렸을 것이다.

이들은 연애가 승리해야 할 전쟁이 아니라, 설령 지더라도 아름다운 엔딩이 되길 바랐던 건지도 모른다. 그렇게 사랑의 실패를 수치가 아니라 섬세함의 증거로 받아들이는 사람들의 이야기가 한 시대를 지배했더랬다. 결국 토이남은 앞서 언급한 찌질함의 업데이트판으로, 감정과잉이 감정의 섬세함으로, 연애의 실패가 아름다운 자기연민의 완성으로 승화되는 방식을 잘 보여준다.

어른들처럼 더이상 감정을 숨기지 않아도 되고, 오히려 드러내서 아름답고, 그것을 음미하며 스스로 묘한 쾌감을 느끼고, 심지어 이를 과감히 전시함으로써 공감을 이끌어낸 그 시절 그 노래 속 화자들과 작가들이 떠오른다. 그리고 그때의 '찌질남'들이 보여준 과한 청승과 진솔함이야말로, 당시 대중이 음악에, 특히 발라드에 기대했던 가장 중요하고도 매력적인 요소였다. 이제는 더이상 쉽게 찾을 수 없는.

나를 죽었다고 생각해……

〈세월의 흔적 다 버리고〉 (1993년)

015B

정석원 작사·작곡·편곡

015B는 치열했던 1990년대 초반 가요계에서도 유독 감각적인 음악을 선보이며 두각을 나타낸 그룹이다. 슬로랩, 하우

스, 힙합, 리메이크, 인더스트리얼 등 늘 새로운 장르를 도입하면서도 대중적인 성공을 거두었고, 고정관념을 깨는 삐딱하고 파격적인 면모 덕에 '신세대' 음악의 선두주자로 불렸다.

〈텅 빈 거리에서〉에서 바로크풍 오르간 솔로로 곡을 마무리한다든지, 〈아주 오래된 연인들〉의 1분여에 이르는 인스트루멘탈 전주, 전자음악 전성기에 발표된 복고풍 로큰롤 〈신인류의 사랑〉 등은 그 자체로 파격이었고 곧 대중음악사의 한 장면이 되었다. 그리고 그 중심에는 늘 파격적인 노랫말을 써온 밴드의 송라이터 정석원이 있었다.

정석원의 가사는 흔히 세태 비판으로 기억된다. 하지만 그는 집착과 미련의 미학, 직설적이고 숨김없는 '사랑의 언어'의 귀재이기도 하다. 용기가 없어 길 가는 이에게 전화를 부탁한다든지(〈널 기다리며〉), 비워둔 자리에 돌아오라며 체념하듯 청한다든지(〈너에게 보내는 마지막 편지〉), 자신 없고 연약한 패배주의적 자아를 품고 있는 015B 발라드만의 정서를 만든다. 그녀와 함께 걷던 공원과 햄버거집, 지하상가의 덮밥집까지 구체적으로 회상하는(〈1월에서 6월까지〉) 정석원의 리얼리티는 찌질함이 하나의 정서였던 1990~2000년대 발라드 중에서도 단연 더 처량하다.

〈세월의 흔적 다 버리고〉는 그런 정석원식 솔직함이 정제된 형태로 드러난 작품이다. 제목은 우아하다. 편곡은 그보다 더 우아하다. 미니멀한 신스 비트가 세련된 분위기를 설정하고, 장호일의 스캣은 이 곡이 R&B 스타일을 표방하고 있음을 암시한다. 고음 없이, 차분한 김돈규의 목소리로 조심스럽게 '부탁하듯' 흘러가는 이 노래는 절제된 송라이팅의 진수를 보여준다. 만약 조금 더 찌질한 015B의 모습을 찾고 싶다면 같은 앨범의 〈어디선가 나의 노랠 듣고 있을 너에게〉를 추천한다.

주름살이 늘어갈 모습을, 세상살이에 찌들어가는 모습을 서로에게 보여주지 않아도 된다며 이별의 상처를 스스로 매만지는 모습이나, 그럼에도 불구하고 세월의 흔적을 다 버릴 때쯤 하늘에서라도 맺어지고 싶다는 미련은 이후 발라드 송라이터들에게 수없이 모방될 지극히 정석원스러운 사랑의 세계관이며 1990년대적 사랑의 시대정신이기도 하다. 그 시절 뜬금없이 너무 궁금했다. 그 사람은 얼마나 그렇게 대단했던 걸까.

〈나를…〉 (1995년)

김현철

김현철·원태연 작사 | 김현철·황세준 작곡·편곡

내가 죽은 걸로 생각하라는 충격적인 메시지로 영원히 기억될 김현철의 〈나를〉은, 시집 『손끝으로 원을 그려봐 네가 그

릴 수 있는 한 크게 그걸 뺀 만큼 널 사랑해』로 베스트셀러 작가가 된 시인 원태연과의 협업이 낳은 독특한 결과물이다. 이미 〈달의 몰락〉 〈끝난 건가요〉에서부터 조짐을 보인 김현철의 직설 화법과 청승맞은 사랑이야기로의 변신은, 당시 음악팬들 사이에서 대단한 화제이자 논란이었다. 〈동네〉와 〈춘천가는 기차〉의 그 순수했던 김현철이 왜 이렇게 상업적으로 변한 걸까 하는 우려 섞인 의문부터, 그의 음악이 예전으로 돌아갔으면 좋겠다고 말하는 동료 뮤지션까지 있었을 정도였으니. 하지만 늘 그랬듯 김현철은 아랑곳하지 않고 앞으로 내달렸다.

사실 그 모든 우려는 어디까지나 우려일 뿐, 음악적으로 김현철은 분명 한 단계 진화하고 있었다. 그가 가장 많은 영향을 받았던 '어떤날'이나 동아기획 스타일의 퓨전재즈를 벗어나 R&B, 애시드재즈, 펑크 등으로 그 스펙트럼을 넓혀갔고, 편곡과 사운드는 이전보다 훨씬 단단하고 촘촘해졌다. 음악의 만듦새와 편곡의 완성도에서, 김현철에 대항할 수 있는 뮤지션을 찾기 어려워 보였다. 게다가 그는 그 이십대 중반의 어린 나이에 영화음악감독으로 데뷔해 두 작품을 연속으로 성공시키며, 음악적 자신감이 하늘을 찌르던 중이었다. 김현철에게 커다란 상업적 성공을 선사한 4집 《Who Stepped On It》은 바로 그 시기의 산물이었다.

　　　　　　　　　　　　　　　　　더 송라이터스

프로듀서와 가수라는 두 영역 모두에서 이룬 성취와 자신감을 바탕으로, 김현철은 두 명의 파트너와 팀을 꾸린다. 바로 작사가 원태연과 작곡가 황세준이었다. 스스로 싱어송라이터이면서도 이 같은 공동작업 모델을 구축한 것은 매우 독특한 시도였다. 결과적으로 3집과는 완전히 다른 작풍과 사운드라는 차별화에 성공하며, 김현철의 커리어에서 결정적인 전환점이 되었다. 특히 원태연의 거침없는 글은 김현철의 새로운 챕터를 상징하는 신호탄과 같았는데, 이는 원태연이 본인의 저서에서 밝혔듯 김현철의 끊임없는 독려와 자극을 통해 가능한 일이었다.

1990년대 이전까지의 사랑노래들은 '가사'라는 일정한 전형성 안에 어느 정도 갇혀 있었다. 특히 사랑을 표현하는 방식에서 이래야 한다는 암묵적 금기들이 존재했던 것이 사실인데, 김현철과 원태연이 함께 만들어낸 텍스트는 그런 규범을 단숨에 무너뜨려버린 전환점이었다. 멋지게 에둘러 말하기보다 차라리 툭 내지르고, 속으로 삭이기보다 격정적으로 폭발시켜버리는 그 문장들. 격식을 차리지 않은, 직접 전화로 싸우는 듯한 생생한 어조, 새벽녘에 감정이 북받쳐 쓴 편지 같은 과잉된 정서들은 묘한 희열과 후련함을 안겨주었고, 그 감정의 진폭은 너무도 1990년대적이었다.

표면적으로 드러나는 이 노래의 서사는 너무도 단순하

다. 문자 그대로만 본다면, 화자가 떠나간 그녀에게 '제발 날 잊고 살아줘'라고 부탁하는 내용이 전부다. 하지만 초반부의 가사를 곱씹다보면, 정작 잊지 못하고 있는 쪽은 화자가 아닐까 하는 의심이 들며, 곧 그 의심은 사실로 판명된다. 날 잊어달라고 말하면서 말없이 끊는 전화마저도 이제는 오지 않을 테니 네가 편할 것이라는 말은 그 뒤끝만큼 모순적이다. 이 이야기는 결국, 이제는 자신 따위는 아랑곳하지 않고 편하게 살아갈 그녀에 대한 원망과, 끊어내지 못한 미련에 대한 서글픈 독백임을 드러낸다. '내가 죽은 걸로 생각하라'는 메시지는 그래서 '내가 죽겠다'는 말보다 더 공허하다. 그것은 그녀가 앞으로의 '세상살이' 속에서, 자신을 단 한 번도 그리워하지 않을 거라는 사실을 자각한 사람의, 애써 덤덤한 듯하지만 실은 절망적인 체념의 표현이기 때문이다.

원태연은 이 앨범에서 〈나를〉 〈왜 그래〉 〈그럼에도 불구하고〉 〈그지?〉의 작사를 맡으며 작사가로서 화려하게 데뷔했다. 그 자체로는 특별히 어떤 뜻도 되지 않고, 사랑노래의 제목으로는 더더욱 어울리지 않는 파격적인 단어 선택에서부터 심상치 않은 그의 감각을 느낄 수 있다. 가사를 처음 쓰는 원태연의 입장에서 자극적 표현이나 어색한 표현을 써도 되는지 확신할 수 없었다는데, 그때마다 김현철로부터 돌아온 대답은 'why not?'이었다고 한다. 역시 최고의 프로듀서는 낯선 것들을 넓게 포용할 수 있는 사람이다.

내 슬픔만큼 그대가 행복하길

〈내 슬픔만큼 그대가 행복하길〉 (1995년)

더클래식

박용준·조범구 작사 | 박용준 작곡·편곡

아픔도 아닌 '슬픔'이 누군가의 행복의 밑거름이 되기를 바라는 이 허약하고도 일방적인 사랑은, 더클래식의 숨겨진 보석 중 하나다. 짝사랑을 노래한 곡은 무수히 많고, 바라보기만 하며 다가가지 못하는 사랑 또한 그만큼 흔하지만, 이 노래 속 짝사랑은 턱없이 무기력하기만 하다. 해도 해도 너무하다.

그는 역시나 주변을 맴돈다. 고백은커녕 마음을 드러냈는지도 알 수 없는 소극적인 화자. 그런 그의 앞에는 자신이 좋아하는, 그리고 아이러니하게도 자신에게 친절하게 대해주는 여자가 있다. 그녀의 다정한 말과 따뜻한 태도는 화자의 마음속 제동장치를 무력화해 헛된 기대를 품게 만든다. 하지만 그 사랑은 불길한 예감처럼 매번 벽을 때린 메아리로 되돌아온다.

좌절감과 자괴감 앞에서 그가 할 수 있는 건 존재 자체가 유죄인 그녀를 탓하는 것뿐이다. '왜 전화를 했었나요'라는 말은 곧 '왜 착각하게 만들었나요'라는 푸념의 다른 표현이다. 그녀가 잘해주었기 때문에 자신이 오해하게 된 것이니, 그 책임을 져야 하지 않겠느냐는 어리광 섞인 항의이기도 하다. '당신이 원하는 모습은 되기 힘들다'는 메시지는 보다 현실적인 한계의 자각으로 다가온다. 그게 무엇인지 구체적으로 알 수는 없다. 객관적인 조건 또는 그냥 곁에 남아주기만 하면 안 되겠느냐는 그녀의 이기적인 부탁이지 않을까? 아무튼 이 노래 속 화자는 상처를 입었다. 심지어 그는 왜 자신의 자리는 없는지 캐묻는다. 이 말은 사실상, 자신에게 기회조차 없었음을 토로하는 소극적 항변이다.

키보드를 활용한 팝발라드 편곡에서 박용준을 능가할 수 있는 당대의 편곡자는 쉽게 떠오르지 않는다. 그만큼 이 노래는 정석적이면서도 필요한 요소들이 과하게 서로 나서지 않는, 세련되고 감성적인 편곡이 돋보인다. 그런데 이처럼 잔잔하게 흘러가던 노래가 딱 한 번 감정을 크게 휘젓는 순간이 찾아온다.

마지막 후렴 직전 박용준의 목소리가 살짝 뒤집히며 나의 입장은 알고 있는지 울부짖는 절정의 순간이다. 바스러질듯 섬세한 이 노래에 '입장'이라는 단어가 어울릴 리 없건만 이미 화자의 나약한 서사에 한껏 몰입한 우리에게 개념적 미스매치쯤은 아무런 문제가 되지 않는다.

이 나약한 사랑의 정서를 극대화하는 음악적 장치는 놀랍게도 박용준의 목소리다. 그는 화려함과는 거리가 먼 보컬리스트로, 발성도 프레이징도 다른 가수들에 비교할 수 없을 만큼 대단히 소극적이고 미니멀하다. 그런데 소박함이야말로 화자 그 자체라고 말할 수 있는 일종의 메소드 연기가 되어 청자에게 전해진다. 마치 데모 버전을 듣는 듯한 여린 울림은 거칠고 투박하지만, 그만큼 애절하고 진솔하다. 몇몇 패기 없는 가사들이 그의 목소리를 통해 더없이 아프게 다가온다. 더이상의 멋진 테크닉이 필요치 않다. 사랑노래의 진정성과 감동이 '가창력'에서만 비롯되지는 않는다는 사실을 확인해주는 장면이다.

II

1990년대 히트곡들의 크레디트를 뒤져보면 매번 같은 이름을 만나게 된다. 조동익과 박용준. 감각도 앞섰지만 편곡이라는 작업에서 박용준이 갖고 있던 사운드적 노하우는 실로 남다른 것이었다. 물론 그는 훌륭한 송라이터이기도 했다. 썩 훌륭한 보컬리스트라 말할 수는 없고, 김광진이 주도하는 더클래식이라는 팀의 특성상 그가 노래를 부를 기회는 많지 않았지만 그래도 그 노래들은 예외 없이 팬들이 좋아하는 명곡들로 남아 있다. 만약 〈내 슬픔만큼 그대가 행복하길〉의 느낌이 좋았다면 또 한 곡의 섬세한 발라드 〈Sera〉를 추천한다. 그가 직접 밝힌 바에 따르면, 영화 〈라스베가스를 떠나며〉에서 엘리자베스 슈가 맡은 '세라'라는 캐릭터에 대한 이야기를 담고 있다. 그 사실을 알고 노래를 다시 들어보니 곡이 지닌 감정선이 훨씬 더 복잡하게 느껴진다.

〈좋은 사람〉 (2001년)

토이

유희열 작사 · 작곡 | 유희열 · Light Cube 편곡

수많은 사랑노래를 만들어온 유희열의 음악세계에서도 〈좋은 사람〉에 담긴 이야기는 유독 흥미롭게 다가온다. 음악적으로 기존의 발라드와는 사뭇 이질적이지만, 같은 앨범에 실린 〈내가 남자친구라면〉과 함께 '토이남' 서사의 결정적인 작품

이라 할 만하다. 이 짝사랑의 노래는 극도로 내향적이고 조심스러운 화자의 시선을 통해 펼쳐진다. 가사에도 주인공의 노래방 애창곡으로 등장하는 일기예보의 〈인형의 꿈〉에서 영향을 받아 누구나 한 번쯤 지나온 공간, 그러니까 학교를 배경 삼아 그저 바라보기만 하는 것으로 충분하다고 말하는, 배려심 많은(이라고 쓰고 '소심한'이라 읽는다) '남사친'의 시점으로 서술된다. 그래서 청자들에게 유희열 개인의 이야기로 받아들여졌던 기존의 발라드들과는 결이 다르다.

무엇보다 인상적인 건, 이 노래가 일렉트로닉 사운드와 댄서블한 템포라는 다소 차가운 외피를 두르고 있으면서도 동시에 가장 따뜻하고 아린 감정을 품고 있다는 사실이다. 이른바 '단짠' 사운드. 리듬감 있는 박자와 쿨한 멜로디 위에 얹힌 슬픈 이야기는 과한 슬픔을 희석시키면서도, 오히려 그 안의 절절함을 더 진하게 떠오르게 만든다. 겉으론 웃지만 속으론 울고 있는 듯한 감정의 이중성은, 이 이야기 속에 흐르는 기약 없는 짝사랑이라는 감정의 본질을 누구보다도 정확히 이해하고 있다는 증거일 것이다. 만약 그 복합적인 정서에서 슬픔의 깊이만을 원한다면 앨범에 함께 수록된 'sad story' 버전을 추천한다.

사실 이 노래의 화자는 시대가 만들어낸 페르소나에 가깝다. '착한 남자' '이해심 많은 오빠' '조용히 배려하는 감성남'

이라는 이름 아래 소비되었지만, 실은 감정을 완수하지 못한 채 맴도는 연애의 유령 같은 존재임을 우리는 경험적으로 알고 있다. 그녀가 사랑 때문에 울 때 '마음을 담아' 자판기 커피 한 잔을 내밀고, 그녀를 울린 그 남자를 그것도 내 생일에 소개받으면서 속으로 탄식하며, 그럼에도 조용히 미소를 지은 채 그녀의 행복을 빌어주는 그는, 무해한 웃음과 배려 뒤에서 모든 상처를 혼자 감내하고 마는, 어쩌면 응원해주기조차 맥빠지는 비극적 캐릭터다.

문제는 그 모든 태도가 적어도 음악과 우리의 관계에서는 미덕으로 포장된다는 것이다. 이것이 바로 사랑노래의 서사가 가진 특수성이자 아이러니라 말할 수 있다. 현실이었다면 옆에서 쥐어박고 싶을 인물이지만, 노래 안에서는 오히려 그의 '선량함'에 감정이입하고, 그의 마음을 몰라주는 그녀에게 원망을 느낀다. 그의 조용한 침묵은 고요한 미덕이 아니라 지나친 자기억제이며, 결국은 거절당할 가능성으로부터 자신을 보호하기 위한 감정의 자기검열일 수 있음에도 말이다.

사실 모두가 안다. 이 이야기의 주인공도, 그것을 노래로 만든 유희열도, 그리고 그 노래를 듣는 우리도 그 좋은 사람이 그저 좋기만 한 사람은 아니라는 걸 말이다. 어른들이 종종 말하는 '사람은 참 좋은데……'라는 표현처럼, 좋은 것 외엔 아무것도 할 수 없는 사람, 좋아하는 감정조차 온전히 표현하지 못한 채 '좋음'에만 머무는 사람, 그래서 결국엔 그 '좋음'조차도 쓸쓸하게 느껴지게 만드는 사람. 유희열은 친절하게도 그들의 테마곡을 만들어주었다. 세대가 바뀌어도 늘 존재할 약한 영혼들을 위한 작은 위로의 자리 하나를 마련해준 것이다.

'뒤끝 있는' 모든 전 남친의 송가

〈좋니〉 (2017년)

윤종신

윤종신 작사 | Postino 작곡·편곡

'뒤끝 있는(이라 쓰고 '속 좁은'이라 읽는)' 모든 전 남친의 영원한 송가가 된 〈좋니〉는 윤종신의 커리어에서 가장 이질적인 히트곡이다. 4집 이후 거의 모든 곡을 직접 쓰고 프로듀싱해왔던 그가 공동작곡조차 하지 않은 거의 유일한 히트곡이며, 정규 앨범은 고사하고 《월간 윤종신》에도 포함되지 않은, 그러니까 히트를 크게 의도하지 않고 만든 소품 같은 노래였다. 그러나 대중음악의 역사가 증언하듯, 히트곡은 언제나 의도와는 먼 곳에서 탄생하는 법이다.

〈좋니〉는 듣기에 불편할 만큼 유치한 정서를 지녔지만, 동시에 도저히 외면할 수 없는 본능적 공감의 코드를 품고 있다. 아무리 쿨한 사람일지라도, 곡이 끝나갈 무렵이면 이 서사의 주인공에게 몰입하거나, 혹은 그를 향해 냉소적 조소를 보내게 될 수밖에 없는 몰입감 말이다. 그만큼 이 이야기가 가진 힘은 크다. 그리고 그 힘은, 무엇보다 '찌질함의 미학'에 기댄 것이다. 이 노래는 귀엽게 넘어가줄 수 있는 찌질함이나 안쓰러움의 정도를 훌쩍 뛰어넘는다. 한 글자 한 글자, 모든 감정의 실마리가 뒤끝 작렬과 루저 근성으로 촘촘히 엮여 있다.

그래도 최소한 이 노래는 '척하지' 않는다. 주인공은 '딱 알맞게' 사랑할 줄 모르는, 쿨함과는 거리가 먼 남자다. 자존심이라는 얄팍한 방패 뒤에 숨어 '잘 지내는 척'은 하면서도, 실은 미처 추스르지 못한 상처를 끌어안은 채 버텨내고 있는 그. 하지만 그의 배려는 거기까지다. 어디선가 바람에 실려온, 잘살고 있다는 상대의 근황은 그의 참아왔던 역린을 건드린다. 상대가 '나의 십분의 일만큼'이라도 아프길 바라는 그의 저주 섞인 마음은, 감동보다는 어쩌면 조소를 유발할지도 모른다. 그러나 그것이 곧, 글과 노래가 가진 표현의 온도차일 것이다.

이 쿨하지 못한 가사는 Postino의 호소력 있는 멜로디와 맞물려, 감정의 가장 밑바닥을 거칠게 끌어올린다. 감정을 숨기려는 마음이라고는 눈곱만치도 없는 1980년대 스타일의 팝발라드 편곡은 이 노래를 더욱 노골적이고도 절절하게 만드는 음악적 장치이기도 하다. 이 곡에서는 북받친 처량함과 억울함이 고스란히 묻어난다. 그리고 여전히 그 사람의 가장 아름다운 순간을 자신이 더 잘 알고 있다는 믿음이, 그리고 그 모습을 이제 다른 누군가에게 빼앗겼다는 사실을 도저히 받아들일 수 없는 남자의 (마음속에서만 울리는) 울부짖음이 들려온다. 하지만 그 인간적인 마음을 어찌 뭐라고만 할 수 있을까.

II

발매 당시에는 별다른 반응 없이 묻혀 있었지만, 어느 음악방송에서 한 핏대 세운 혼신의 라이브 무대가 조용히 불을 지폈고, 특히 온라인 남초 커뮤니티에서 수많은 전 남친의 전폭적인 지지를 받으며 입소문을 타기 시작했다. 그리고 마침내, 가히 기적이라 부를 만한 역주행의 역사가 완성되었다. 아이돌이 각축을 벌이는 케이팝의 시대였던 2017년 한복판, 그것도 데뷔 27년 차의 노장 발라드 가수가 '곰팡내나는' 복고풍 발라드 한 곡으로 커리어 사상 첫 넘버원을 만들어낼 것이라 예상한 사람은 아무도 없었을 것이다.

놀라운 반응만큼이나 다양한 의견들도 있었다. 특히 남성 화자의 좁은 속내에 대한 여성 청자들의 반응이 적지 않았고, 이를 의식한 듯 윤종신은 객원가수 민서의 목소리로 〈좋아〉라는 후속버전을 내놓는다.
이 노래는 마치 디렉터스컷 같은 역할을 하며 이 찌질한 서사를 좀더
큰 틀에서 완성시켰다.

2부

#단어로 #듣는 #발라드

발라드 해시태그 1
#조금씩천천히 #아직상처가
#기다려줄래 #소개팅희망

　　사랑을 막 시작할 때 우리의 마음에는 여러 감정이 흘러넘친다. 한편으로는 새로운 사랑에 대한 설렘이 가슴을 뛰게 하지만, 그만큼의 두려움과 망설임도 함께 따라온다. 아직은 서로의 마음을 다 알 수 없기에, 이전의 상처가 아직 덜 아물었기에, 말 한마디와 눈빛 하나에도 기대와 불안이 엇갈린다. 이 노래들은 바로 그 시작, 행복하면서도 복잡한 순간들을 담고 있다. 다가가고 싶지만 쉽게 다가가지 못하는, 그 미래를 알지 못하기에 더욱 간절하고 빛나는 사랑의 풋풋한 시작을.

사랑 앞에서 서성이는 사람들

<Day By Day> (1999년)

애즈원

윤사라 작사 | 심상원 작곡·편곡

지난 사랑의 상처가 너무 깊었던 탓일까. 새롭게 다가오는 사랑 앞에서, 확신을 갖지 못한 채 머뭇거리는 화자. 조심스레 건네지는 새로운 사랑의 손길이 고맙지만, 어쩌면 또다른 상처의 시작일지도 모른다는 불안이 쉽사리 사라지지 않는다. 그러나 이 사랑은 화자의 슬픔을 누구보다 가까이서 지켜보고, 묵묵히 곁을 지켜온 사람이 전하는 진심이다. 그의 갑작스러운 고백 앞에서 화자는 기쁨을 느끼기보다 먼저 한숨을 내쉬고, 수많은 밤을 고민으로 지새운다.

단지 또 한번의 이별이 두려워서만은 아닐 것이다. 누군가의 진심을 받아들이기엔 아직 내 마음이 완전히 회복되지 않았기 때문이고, 또한 그 진심에 상처주지 않으려는 미안함 때문이기도 하다. 윤사라의 섬세하고 정확한 시선이 녹아든 이 노래는, 결국 사랑에 대한 불신을 천천히 치유해나가는 과정에 관한 이야기다. 그리고 그 해결법은 놀라울 만큼 단순하고도 지혜롭다. '조금씩, 천천히 다가와줘. 그러면 나도, 아직 다 내어주지 못한 이 마음을 하루하루 너에게 열어 보일게'라는 메시지는 사랑하는 사람의 마음을 다치게 하고 싶지 않지만, 그렇다고 그 사람을 놓치고 싶지도 않아 전전긍긍하는 심정을 고스란히 담아낸다. 이 태도가 자칫 '어장관리'라는 오해를 받지 않으려면, 듣는 이로 하여금 그 순수함을 믿게 만드는 무언가가 필요하다. 그리고 그 믿음은 심상원의 아름답고 투명한 멜로디, 애즈원의 맑고 따뜻한 보이스에서 비롯된다. 이 노래는 결국 글로는 다 전하지 못할 감정의 결을, 음악의 언어로 온전히 전달해낸다. 두 번째 후렴을 지나, 브릿지에 이르러 화자는 다시 한번 고백한다. 지금은 때가 아니지만, 굳게 닫혀 있는 내 마음의 문을 두드려준 사람은 당신뿐이었다고.

그 말이 얄밉게 들린다면 어쩔 수 없는 일이다. 그러나 좋아한다는 감정보다 고맙다는 마음이 더 큰 이 기분을, '사랑'이라 불러줄 수 있는 사람이라면 〈Day By Day〉에 담긴 서사를 충분히 이해할 수 있을 것이다. 왜 내게는 이런 사랑이 없을까, 나라면 그 마음을 받아줄 수 있었을 텐데, 라는 생각에 뭉클해지는 어느 날, 누군가는 이 노래를 또다시 듣는다.

박정현의 성공 이후 교포 출신 가수들이 대거 가요계로 진출하기 시작했고, 민과 크리스탈로 구성된 교포그룹 애즈원도 그 대열에 합류했다. 그들은 특유의 섬세한 보이스가 주는 독보적 배음을 통해 여린 감성의 R&B 발라드를 아름답게 소화해냈다.

윤상의 〈이별의 그늘〉에서 바이올린을 연주해 대중에게 이름을 알렸던 작곡가 심상원은 작사가 윤사라와 함께 팀을 이뤄 제이의 〈어제처럼〉과 애즈원의 〈Day by Day〉를 만들며 히트작가 반열에 올랐다. 작사가 윤사라의 작품 중엔 김범수의 〈보고싶다〉와 〈끝사랑〉, 박효신의 〈좋은사람〉, EXO의 〈12월의 기적〉 등이 있다.

〈좋은 사람 있으면 소개시켜줘〉 (1996년)

베이시스

김혜선(김희탐) 작사 | 정재형 작곡 | 김형석 편곡

1990년대 중반의 가요계는 전례 없는 성공과 온갖 기대감으로 부풀어 있었다. 지금은 상상조차 어려운 다채로운 콘셉트의 팀들이 제도권 안으로 진입해 자신만의 목소리를 내며 한 자리씩을 차지했다. 그중 하나가 한양대 작곡과 출신의 정재형이 이끌던 트리오 '베이시스'였다.

이제는 존재 자체가 드문 혼성그룹, 게다가 정재형을 제외한 두 여성 멤버가 현악기 연주자라는 설정은 당시에도 꽤 신선하고 파격적으로 다가왔다. 프로듀서 겸 보컬리스트 한 명과 바이올리니스트 두 명으로 이루어진 베이시스는 특유의 클래식한 느낌을 통해 서정미의 극한을 보여주기도 했지만, 이 같은 '추구미'와는 무관하게 이들이 남긴 가장 인상적이고 성공적인 결과물은 따로 있다. '인연 찾기'송의 영원한 고전으로 남은 댄스곡(?) 〈좋은 사람 있으면 소개시켜줘〉다.

서정적인 노래임에도 다소 들뜬 분위기의 사운드는 이것이 정말 애틋한 사랑노래가 맞는지 고개를 갸웃하게 만든다. 한술 더 떠, 정재형과 두 멤버의 다소 어색한 보컬, 그러니까 한창 유행이던 R&B 창법을 어설프게 흉내내는 모습과 오토튠이 없던 시절 적나라하게 들리는 불안한 음정은 웃음을 자아낸다. 그래도 그때는 그 어설픔이 오히려 경쾌하고 풋풋하게만 느껴졌다.

사실 그 이유는 별게 아니다. 그런 부족함을 너그럽게 덮어줄 만큼의 사랑스러움이 있었기 때문이다. 엄밀히 말하면 이 노래는 사랑노래가 아니다. 이제 막 시작되려는 사랑도, 서로의 마음을 궁금해하고 떠보는 두근거림도 없다. 시작 근처도 가지 않은 사랑에 스토리란 게 딱히 있을 턱이 없다. 이 곡은 그저 사랑을 '기다리는' 누군가의 소망을 담은 노래다. 하지만 이 노래는 사랑노래가 가져야 할 애틋함을 충분히 담고 있다.

추운 겨울 팔짱 끼고 걸어가는 커플들의 알콩달콩한 일상이 눈에 거슬리고, 새로운 사랑이든 옛사랑이든 괜찮으니 내 옆에도 누군가 있었으면 좋겠다는 막막한 바람으로 노래는 시작된다. 잘 들어보면 멜로디는 후렴구지만, 가사는 처음 이후에는 다시 등장하지 않는 완전히 새로운 구절이다. 이를테면 후렴구 멜로디를 도입부처럼 활용하는 흥미로운 송라이팅 방식이다.

이어지는 1절부터는 본격적으로 기대고 싶은 사람, 위로받고 싶은 사람의 조건들이 하나씩 나열된다. 나만을 사랑해주는 사람, 만남에 진심을 다하는 사람, 섬세하고 따뜻한 사람……하지만 이 조건들은 모두 단 한 줄을 위한 예열에 불과하다. 과거가 있는 사람.

'과거(상처)가 없는 사람은 부담스럽다'라는 메시지는 이 노래가 가진 모든 정서를 응축한 핵심 포인트다. '과거가 없는'이라는 표현이 다소 촌스럽고 예스럽게 느껴질 수도 있다. 하지만 이 노래가 지금으로부터 30여 년 전인 1996년에 쓰인 노래라는 점, 그리고 '부담스럽다'고 거리낌없이 표현하는 태도 자체가 당시 유행하던 X세대의 솔직한 연애관임을 떠올려보자. 그 조

　　　　　　　　　　　　　　　　　　더 송라이터스

심스럽고 다정한 고백의 순수성이 깊게 와닿는다.

　　누구나 사랑하지 않을 수 없는 애틋한 가사, 그 때문인지 이 곡은 이후 젊은 아티스트들에 의해 수차례 리메이크되었다. 하지만 원곡이 지녔던 그 독특한 감성—다른 이들의 평범한 행복조차 나에겐 영영 오지 않을지도 모른다는 서글픔—은 좀처럼 되살아나지 못한 채 그저 '소개해줘'라는 단순한 이미지나 메시지만이 남았다. 그런데 원곡의 그 애틋한 정서를 빼놓고 이 노래를 이야기할 수는 없다. 미숙하고 투박한 음색 너머로 들리는 어떤 간절함, 사랑에 다가서고 싶지만 한편으로는 조심스러운, 그 시절의 우리 모두가 한번쯤은 가졌던 어리고 자신 없던 그 마음 말이다.

정재형이 졸업한 한양대 작곡과는 지금의 유명 실용음악과처럼 당대 엘리트 작곡가들의 요람이었다. 유재하를 시작으로 신재홍, 김형석 등 20년 이상 히트곡을 쏟아낸 작곡가들이 모두 이곳에서 배출되었다. 지금은 예능인의 이미지로 많이 소비되는 정재형의 모습을 보면 1990년대 음악팬들은 낯선 기분을 느낄 수밖에 없다. 그는 비슷한 연배의 김동률, 이적, 유희열에 비해 대중적인 히트곡 수는 적지만 베일 듯 섬세하고 신비스러운 서정미에서 타의 추종을 불허할 만큼 독보적

〈주저하는 연인들을 위해〉 (2019년)

잔나비

최정훈 작사 | 최정훈·김도형·유영현 작곡

최정훈·김도형·유영현·권지수 편곡

사랑의 위대함은 끝을 알면서도 시작한다는 데 있고, 사랑의 함정은 매번 이번만은 다를 거라며 믿고 다짐한다는 데 있다. 그래서 사랑은 끝없는 망설임과 설렘, 후회와 미련의 굴레가 된다. 하지만 그 과정이 오직 후회만으로 기억되지 않으려면, 언제나 진심을 다해야 한다. 두 팔 벌려 사랑을 맞이하는 순간뿐 아니라 서로의 뒷모습을 바라보아야 할 때에도 상대에게 진심을 쏟아야 한다. 물론, 그럴 수 있다면 말이다.

발라드 전성기였던 1990년대에도 드물었던 이 지고지

순하고 따뜻한 고백을 2019년에 만나게 되었을 때 느낀 감정은 반가움을 넘어 놀라움이었다. 어떤 사랑노래도 스스로를 '읽기 쉽다'고 설명한 적은 없었다. 시작부터 눈길을 끄는 이 섬세한 언어는 사랑을 대하는 화자의 태도를 분명하게 드러낸다. 내 곁에 머물러주기만 한다면 끝없이 비춰주고 싶다는 그는 그리움에 아파하더라도 언제든 사랑을 택할 '금사빠'다. 누군가에 대한 집착이 아니라, 사랑 그 자체를 사랑하는 사람.

잔나비의 음악에는 단순한 아름다움을 넘어 '고풍스러움'이라 불러야 할 예스러움이 깃들어 있다. 그러나 동시에 세련되게 다듬어진 감성은 새로운 레트로발라드의 기준이 되었다. 비틀스의 몽환성과 1970년대 팝의 따스함을 버무린 잔나비의 사운드는 향수를 자극하면서도 촌스럽지 않다. 온몸의 힘을 빼는 듯한 나긋하고 나른한 보컬, 그리고 최정훈의 참신한 언어가 빚어내는 화사한 정서는 이 노래의 낭만성을 끝없이 부풀려준다. 이 노래를 듣는 누구라도 곧 사랑에 빠지고 싶다고 느낄 만큼. 그래서 실은 위험한 노래다.

발라드 해시태그 2
#두번다신 #만나지마요
#이별후귀트 #랜창은척

이별은 우리를 산산조각 낸다. 아니, 세상을 무너뜨린다. 이 세상이 끝날 때까지 다시는 보고 싶지 않다고 다짐하면서도, 한편으로는 어떤 대가를 치르더라도 그 사람이 돌아와주길 간절히 바라는 미련한 이중성의 밑바닥을 드러낸다. 현실을 받아들이지 못한 채 매달리고, 애원한다. 머리를 자르기도 하고, 기억을 지우려 온갖 짓을 다 해본다. 비로소 찾은 일상, 하지만 그 사랑과 멀어졌다고 믿는 건 실은 내 불쌍한 가슴을 위해서다. 마음 한구석에는 여전히 잊지 못하는 지긋지긋한 사랑이 남아 있

더 송라이터스

다. 이 노래들은 바로 그런 질기고 가슴 아픈 이별이야기를 담고 있다. 완전히 끝나지 않은 마음이 만들어내는 슬픔과 그리움, 그럼에도 버티고 살아가야 하는 우리의 모습을.

이별이라는 거짓말 같은 시간들

〈천일동안〉(1995년)

이승환

이승환 작사 | 김동률 작곡 | David Campbell 편곡

천 일은 얼마큼의 시간일까? 우리는 그 시간이 결코 짧지 않음을 어렵지 않게 직감할 수 있다. 그리고 그 짧지 않은 시간만큼 행복하고, 괴롭고, 지긋지긋한 일들이 가득했으리라는 것도. 이렇게 〈천일동안〉은 단 네 글자의 제목만으로 이 곡에 대한 우리의 태도를 효과적으로 설정한다. 단순히 제목뿐만이 아니다. 노래는 단출한 피아노 멜로디로 시작하는데, 영롱한 기타 소리가 더해질 무렵이 되면 톤과 사운드가 전달하는 질감은, 〈천일동안〉이 우리가 수없이 들어왔던 평범한 발라드와는 저멀리 떨어져 있는 노래임을 알려준다. 제목이나 편곡에서 연상되는 거대한 스케일의 이미지와는 다르게, 이 노래의 내용은

천 일 동안 나와 만나 힘들었을 그에 대한 미안함을 털어놓는 이야기다. 마치 한 단어 한 단어에 이유가 있는 듯이 온 힘을 다해 한 음 한 음을 쏟아내는 이승환은 당시 커리어 사상 최고의 절창을 선보인다.

더구나 작사가로서의 그는 상대에 대한 미안함을 가요 작법에 존재하지 않았던 표현, 일상생활에서만 쓰던 어미인 '죠'를 활용한 문장구성의 파격을 통해 한층 더 애절하고 연약하게 풀어낸다. 2절까지의 화자는 그 오랜 세월 그대를 지켜주고 감사해하고 사랑했던 내 마음을 알고 있었느냐며, 그렇다면 그 마음만은 잊지 말아달라고 당부한다. 3절에 이르러 혹시 힘들진 않았는지를 확인하며 이 같은 질문이나 푸념이 마지막일 것이라고 다짐한다. 하지만 가사로서도, 편곡으로서도 노래의 백미는 지금부터다. 언뜻 이야기를 마무리짓는 것 같던 노래는 '자유롭다'라는 외침과 함께 예상치 못한 회심의 절정으로 내달린다. 기타, 드럼, 스트링 섹션과 색소폰이 한데 어울려 잘 조율된 사운드의 홍수를 만들어내는 가운데 이승환은 참고 참았던, 결코 하지 말았어야 할 마지막 한마디를 절규한다. 다시는 만나지 말자고, 설사 다음 세상에서라도 말이다. 그리고 이어지는 이승환의 울부짖음. 고마움 속에 감춰진 원망, 그리고 그 원망이 다시 고마움으로 바뀌어 쑥스러운 웃음으로 회상되기까지는 아마 천

일이 훨씬 더 지나도 어려울지 모른다는 두려움과 함께.

팝발라드와 록발라드로 양분되었던 가요계에 블록버스터 파워발라드의 시대를 열어젖힌 걸작 중의 걸작인 〈천일동안〉은 전람회의 김동률이 작곡하고 데이비드 켐벨이 편곡했다. 깨끗하면서도 애절한 일렉기타는 퀸시 존스, 데이비드 포스터와 줄곧 작업했던 최고의 세션 기타리스트 마이클 톰슨이, 베이스는 필 콜린스의 곡을 주로 연주했던 베이시스트 릴런드 스클라가, 드럼은 존 로빈슨이 맡았다. 이 곡이 수록된 4집 앨범 《Human》은 당대 최대 제작비가 투입된 블록버스터 작품으로, 미국 최고의 플레이어들과 엔지니어들이 녹음에 참여해 가요의 수준을 한 단계 높여놓았다.

〈거짓말 같은 시간〉 (1999년)

토이

유희열 작사·작곡·편곡

보컬리스트 김연우가 오늘의 위상을 갖게 된 반석 같은 곡이자, 그의 인생 퍼포먼스로 불릴 만한 〈거짓말 같은 시간〉은

같은 앨범에 수록된 〈여전히 아름다운지〉와 함께 유희열 발라드의 존재감을 새롭게 각인시킨 명곡이다. 수많은 위대한 송라이터들 사이에서도 유희열이 하나의 장르처럼 기억되는 이유가 바로 이 곡에 담겨 있다. 빈틈없이 타이트하게 짜인 사운드, 그보다 더 치열하게 밀어붙이는 김연우의 보컬, 그리고 절정에 다다른 유희열의 '이별 세계관'이 맞물려 발라드에서 좀처럼 경험하기 어려운 '후련한 감동'을 선사한다.

유희열은 이 곡이 실린 4집 《A Night in Seoul》을 두고 "이를 갈고 나온 앨범"이라 표현한 바 있다. '어떤날'의 조동익, '015B'의 정석원을 믹스앤드매치한 듯한 그의 음악적 문법은 그 자체로 이미 매력적이었지만, 〈거짓말 같은 시간〉에 이르러서는 두 선배가 시도하지 못했던 그만의 고유한 경계로 나아갔다. 한층 높아진 집중력과 정밀해진 편곡은 김연우의 목소리에도 그전까지 없던 긴장감을 불어넣는다. 다소 과잉된 듯 느껴질 수 있는 비비드함조차 이 노래에서는 강점이 된다. 그 결과, 후반부에 이르면 당시 어떤 발라드에서도 듣기 어려운 탄력적 보컬의 질주가 펼쳐진다. 임재범이나 박효신이 쌓아올린 태산과는 다른 의미에서, 이 노래는 또하나의 벽으로 남았다.

이 곡의 탁월함은 이야기가 그대로 소리로 옮겨져 청자의 머릿속에 장면을 그려낸다는 점에 있다. '믿을 수 없다'는 당황스러운 고백에서는 낯섦이, 불확실한 미래를 탓하는 구절에서는 자신 없음이 그대로 묻어난다. 한때의 행복을 한스럽게 회상하는 대목에서는, '서성이던 공간'과 '쏟아져내리던 햇살'이 실제로 눈부신 소리처럼 흘러내린다. 이야기와 음악이 단순히 어울리는 수준을 넘어, 서로의 결이 닮아 있다는 것은 사랑노래가 도달할 수 있는 보기 드문 경지다.

이 모든 것은 곧 유희열의 세계관을 통해 완성된다. 이별의 충격에 휩싸인 여린 마음, 상대를 탓하기보다 스스로를 돌아보는 성찰, 마지막 순간에 떠올려보는 찬란한 기억, 초라한 자신을 감추고 떠나는 연인에게 감사와 순응을 건네는 태도. 그러나 동시에, 그 햇살 하나까지 끝내 잊지 못하는 미련과 집착도 모두 유희열만의 것이다. 〈거짓말 같은 시간〉은 그 세계관의 총체면서, 동시에 한 편의 완결된 서사다. 모든 면에서 이보다 더 완벽할 수는 없다.

번질수록 진해지는 감정의 그러데이션

〈미장원에서〉 (2002년)

박정현

정석원 작사·작곡·편곡

발라드음악을 들으면서 귀가 노래의 압도적 질량과 밀도를 감당하지 못한다고 느껴진 때가 몇 번 있었다. 박정현이 남긴 가장 처절하고도 웅장한 파워발라드 〈미장원에서〉가 그중 하나다. 이 노래는 단순히 감성만을 건드리지 않는다. 설득하지도 않고 생각하게 만들지도 않는다. 멜로디와 사운드, 그리고 보컬이 가진 거칠고 간절한 힘으로 듣는 이를 저항할 틈도 없이 제압해버린다. 미국 팝음악이 탄생시킨 파워발라드가 한국에 건너와 이 노래를 통해 완성되었다고 해도 과언이 아닐 정도로 〈미장원에서〉는 장르의 '끝판왕'이다.

이 노래에서 박정현의 목소리는 그의 다른 곡에서 들어본 적이 없는 다이내믹한 소리의 너울을 선보인다. 단순히 비브라토나 리버브와 같은 기술적 요소의 문제가 아니라, 소리가 듣는 이의 몸을 울리는 듯한 고양된 기분을 이끌어낸다. 물론 이것은 빈틈없는 프로듀싱과 퍼포먼스의 조화를 통해 가능했다. 드라마틱한 구성과 변주를 통해 다소 변칙적으로 감동을 이끌어 냈던 〈꿈에〉에 반해 〈미장원에서〉는 완벽하게 정공법의 승부를 펼친다. 차분히 감동의 파고를 높여가는 박정현의 보컬, 세계적 연주자들의 빈틈없는 연주력, 모든 요소를 반드시 있어야 할 자리에 꼼꼼하게 배치한 송라이터 정석원의 솜씨가 어우러진다.

이 노래는 실연의 극복과 새로운 다짐 사이, 감정의 분기점을 머리를 자르는 행위라는 고전적 이미지로 묘사한다. 노래의 전반부는 내가 비로소 '새로운' 사람이 되었음을 강조한다. 기다림의 종료를 선언하는데, 거기에는 간절한 기도로도 바꿀 수 없는 사람의 인연에 대한 체념이 묻어난다. 하지만 자신에게 '두 가지 삶'이 있다는 메시지에서부터 음악적으로, 서사적으로 거대한 변화가 폭풍처럼 몰아친다. 방금 전까지 선언했던 새로운 삶이 내가 원하는 삶이 아니라는 때늦은 자각이 밀려오면서 노래는 마지막 절규를 향해 달려간다. 폭풍처럼 몰아치는 스트링과 기타 솔로가 그 마음을 절묘하게 묘사한다.

강해지겠다며, 이제 보내주겠다며, 묻지도 않은 그의 안부까지 챙겨가며 의연하던 주인공은 끝끝내 무너지고 만다. 되돌리기엔 늦었다는 걸 알지만 할 수만 있다면 되돌리고 싶은 주인공에게 다시 붙일 수 없는, 잘려나간 머리카락은 돌아오지 않는 상대처럼 야속하기만 할 것이다.

이 노래는 제목 선정에 제법 어려움을 겪었다. 원래 거론된 제목은 '머리를 자르고'였는데, 왁스의 〈화장을 고치고〉가 연상된다는 이유로 반려되었다. 그다음에는 자연스럽게 '미용실에서'라는 제목이 후보에 올랐는데, 이미 1997년 이승환이 《Cycle》 앨범에서 같은 제목의 노래를 발표한 바 있어 자연스럽게 탈락했다. 논의 끝에 '미장원에서'라는 다소 예스러운 제목이 낙점되었는데, 결과적으로 그 촌스러움이 가지는 애절한 정서가 노래의 비애감을 한층 더 강화해주지 않았나 싶다. 이 노래는 자타공인 빼어난 라이브 능력을 자랑하는 박정현조차 혀를 내두르는 난곡 중 난곡으로, 〈나는 가수다〉를 비롯해 그의 실연은 예외 없이 전설로 회자된다.

〈이제 그만〉 (2004년)

이소라

이소라 작사 | 이승환 작곡 · 편곡

이 노래는 이별 후 시간이 가면서 느끼는 슬픔과 분노를 역방향의 그러데이션으로 보여준다. 그래서 더 지극히 인간적이고 시리도록 아프게 느껴진다. 이소라라는 이름의 무게에 비해 얼핏 노래는 평범하게 들린다. 두 번의 벌스와 코러스, 브릿지, 그리고 마지막 벌스. 특별한 변화나 엄청난 도약 없이 얌전하고 논리적이다. 언뜻 별스럽지 않은 노래 같지만 그만큼 있을 것들이 빼곡히 들어차 있다.

〈이제 그만〉은 2000년대에 발표한 그의 노래치고는 가요적 형식미가 인상적이고, 어떤 특별한 은유나 암호 같은 표현이 없다. 하지만 노래를 따라가다보면 화자가 전하려는 슬픈 감정의 결이 매우 직선적으로 와닿는다. 첫번째 벌스는 처연하지만 담백하다. 차라리 만나지 말 걸 그랬다며, 그래도 다시 누굴 만나면 그만일 거란 말 속에선 담담한 극복의 정서마저 느껴진다. 그런데 두번째에서 그는 슬슬 슬픔에 대한 합리화를 시작하며 무거운 속내를 드러낸다. 지루하고 외롭지만 불안하고 의심하는 일보다는 낫다며, 우린 그저 서로를 못 참았다고 말한다. 그러고는 후렴에서 별안간 왜 내게 영원한 사랑을 맹세했냐고 질책한다.

그리고 곧바로 이어지는 서늘한 브릿지야말로 이 노래의 백미다. 낮고 음산한 목소리로 여전히 아직도 지난 사랑에 책임을 돌리고만 있는 자신을 책망하는데, 가스펠적인 숭고함이 감도는 곡의 멜로디에 마치 고해성사와 같은 성스러움이 깃든다. 물론 이 브릿지는 궁극의 결론을 얻기 위한 빌드업일지 모른

다. 그래서 그가 얻은 결론은 '다시는 마주치지 말자'라는 것. 이
승환도 〈천일동안〉에서 고백했듯, 가장 가슴 아픈 이별의 종착
역은—이 인연이, 이 기억이 애초부터 없었던 것이 될 수 없다
면—사랑했던 사람의 모습을 보지 않는 길뿐인 것이다. 마지막
코러스의 이소라는 그 마음을 더이상 억누르지도, 감추지도, 미
화하지도 않는다. 이별이 아름다워야 한다는 욕심 역시 그 사람
에 대해 버리지 못한 집착의 증거이기에.

이 노래는 가수 이승환과 동명이인인 작곡가 이승환이 썼다. 또 한 곡
의 클래식인 〈바람이 분다〉를 작곡한 인물이기도 하다. 그는 유희열과
마찬가지로 서울 음대 작곡과 출신으로 1990년대 후반 작곡 파트너
인 이은규와 함께 비운의 프로듀서그룹 'Story'의 리더로 데뷔, 김연우
의 데뷔앨범을 시작으로 수많은 곡의 건반 및 편곡에 참여했다.

더 송라이터스

이별 뒤, 우리의 일상은 여전히 그대로인가?

〈보통날〉 (2004년)

god

박진영 작사 | 박진영 · 권태은 작곡 | 권태은 편곡

이 노래는 아주 보통의 날을 살아내고 있는 어떤 남자의 시시콜콜한 '안물안궁' 일상의 기록이다. 라디오에서 흘러나오는 누군가의 사연에 무심코 귀를 기울이고, 스포츠 경기 결과에 일희일비하며, 아무렇지 않은 이야기에 깔깔 웃고, 지나가는 여성의 모습에 나도 모르게 눈길을 주는 그냥 너무도 평범한 누군가를 소개한다.

하지만 〈보통날〉은 누구나 예상 가능한 반전 아닌 반전의 코러스를 통해 세상에서 가장 가슴 아픈 사랑노래 중 하나로 변신한다. 사랑하는 이를 마침내 잊고 사는 자기 모습을 발견하고는 어떡하냐며 걱정스레 묻는 주인공의 마음에는 미묘한 회한이 스민다. '날 떠난 당신을 잊어도 괜찮냐'는 질문 속에는 죄책감인지 슬픔인지 모르겠는 묘한 쓴웃음이 배어 있다. 가슴 무너지는 이별이 남긴 생채기를 감내하다 원하던 일상으로 복귀했건만, 그 일상이 아직은 어색한, 아니 그 아무렇지 않음이 오

히려 더 야속한 어떤 사랑의 끝에 관한 이야기다.

영원히 사랑할 거라는, 죽어도 잊지 않을 거라는 약속을 지키지 못해 용서를 구하는 주인공이지만 그건 미안함이 아니다. 아무리 치열했던 사랑도 결국 그저 그런 어떤 날의 기억으로 남아버린다는 사실을 깨닫기 시작한 이가 느끼는 사랑 그 자체에 대한 서운함이다.

> 〈거짓말〉 〈길〉 〈하늘색 풍선〉 〈어머님께〉 등 수많은 히트곡을 만들어 낸 1세대 아이돌의 게임체인저. 당시 아이돌로서는 파격적인 언더도 그의 서사와 일상적 매력으로 god는 케이팝 아이돌의 새로운 이미지를 창조해냈다. 그래서 더 가능할 수 있었던 〈보통날〉의 평범한 슬픔. 조금은 오그라드는 랩과 그 감정의 과잉은 벌스와 코러스의 이야기를 절묘하게 대비시키는 영민한 송라이팅의 엑스팩터였다.

〈잠이 늘었어〉 (2005년)

조규찬

조규찬 작사·작곡·편곡

사랑의 치열함과 이별의 지독함을 토해내는 노래는 셀 수 없이 많다. 그러나 이별 이후, 감정의 소용돌이가 가라앉은 뒤 찾아오는 일상의 회복과 그 담담한 감정선을 그린 노래는 좀처럼 만나기 어렵다. 〈믿어지지 않는 얘기〉 〈그리움〉 등 조규찬의 대표적인 발라드곡들과 비교해보면 이 곡 〈잠이 늘었어〉는 유독 낮고 잔잔한 물결로 다가온다는 걸 알 수 있다. 그런데 어쩌면 그 잔잔함 때문에 더 서글프고, 더 시린 울림을 남긴다. 이는 이제 막 실연의 상처를 벗어났다고 믿고 싶은, 혹은 그렇게 믿고자 애쓰는 누군가의 고요한 독백이기 때문이다.

하지만 사랑을 완전히 잊은 순간이 찾아온 것을 어떻게 알 수 있을까? 새로 개봉한 영화가 보고 싶고, 아침 운동에 재미를 붙이고, 끼니를 거르지 않으며, 오랜만에 마주한 낯선 이성에게 무심히 시선을 주는 찰나들. 그 사람이 선물했던 물건을 '요긴하다'며 아무렇지 않게 사용하는 자신을 발견하는 순간, 마치 오래전의 '나'로 돌아온 듯한 착각 속에서 한편으로 안도하게 된다.

그러나 정말 다 지나간 걸까. 그 안도감, 그러니까 '슬퍼하지 않는 나의 모습이 보인다'라고 담담히 읊조리는 조규찬의 목소리는 오히려 묘한 씁쓸함과 처연함을 머금고 있다. 슬픔조차 무뎌지고 추억으로 퇴색해버린 현실 앞에서, 그조차 아쉽고 쓸쓸하게 느껴지는 건 아닐까. 〈잠이 늘었어〉는 사랑은 이별의 아픔보다 잊고 잊히는 서글픔이 더 힘들다는 사실을 아는 모든 이를 위한 노래다.

이 쓸쓸함이 더 깊게 사무치는 이유는 조규찬의 목소리 때문이다. 당대 최고의 보컬리스트 중 한 명으로 손꼽혔던 그는 팝과 록, 재즈와 R&B, 심지어 힙합까지 넘나들며, 한 사람의 목소리가 표현할 수 있는 거의 모든 스펙트럼을 치열하게 탐구했다. 그런 그가 여덟번째 앨범에서 내린 결론은 뜻밖에도 단정하고도 소박한 '비틀스풍의 팝'. 특별히 세련되거나 감정을 과장하지 않은 채 감정의 절정을 피하고 정제된 여운으로 메시지만을 아름답게 그려낸다. 담담하고도 달콤쌉싸름한 복고적 멜로디 속에서 조규찬의 목소리는 그가 커리어 내내 표현해온 어떤 격정보다 진한 아련함을 남긴다.

이별은 '사랑의 반대말'이 아니라 '사랑의 단계'다

〈괜찮냐고〉 (2018년)

헤이즈

헤이즈 작사 | 헤이즈·다비 작곡 | 다비 편곡

　　이별은 사랑의 반대말이 아니라 사랑의 단계다. 그래서 사랑만큼이나 비이성적이며 감정적일 수 있는 것이다. 어설픈 이별의 논리로 무장한 헤어짐의 통보 앞에 우리가 분노하는 이유도 거기에 있다. 실연 그 자체가 슬퍼서라기보다는 어떤 식으로든 바꿀 수 없는 그 마음이, 마치 결말이 정해진 어떤 드라마를 보는 것처럼 허탈하고 억울하기 때문이다. 헤이즈의 〈괜찮냐고〉는 이별의 현실을 이해하면서도 인정할 수 없는 마지막 순간, 모든 감정의 변화와 결을 마치 손에 잡힐 듯 풀어낸 단편소설 같은 작품이다.

　　연인의 납득할 수 없는 설명을 듣고 '다 알겠지만……'이라며 애써 이해하는 척 답답한 마음을 억누르는 화자의 대답으로 노래가 시작된다. 상대가 내세우는 논리는 이별서사의 영원한 클래식인 '널 위한 이별'. 첫 절이 끝나기도 전, 이해한다고 말하던 화자도 더이상은 갑갑함을 이기지 못하고 싱잉랩의 형식을 빌려 참았던 말들을 꾹꾹 누른 분노와 함께 빠르게 쏟아낸다. 여기서 이미 이성적 이해는 그 쓸모를 다한다. 어설픈 말투와 눈빛으로 납득할 수 없는 이유를 늘어놓는 상대를 코너로 몰아넣기는 하지만, 그 분노조차 자신의 본심이 아님을 깨달은 주인공은 이 협상의 가장 중요한 마지막 카드이자 어쩌면 절대로 써서는 안 되는 카드를 쓰기로 결심한다.

마지막을 재촉할 수 있음을 직감하면서도 내뱉지 않고는 못 배기는 그 말. '나 없이 괜찮겠냐고, 보고 싶고 만지고 싶을 텐데 그걸 참아낼 자신이 있느냐'고. 쿨함은 이미 먼 나라의 이야기가 된 주인공의 언사는 거침이 없다. 이해해주는 척이라도 했던 그는 어느덧 사라지고, 사랑하는 사람의 같잖은 변명을 비웃지 않고는 못 견디는 사람만 남았다. 허점으로 숭숭 뚫린 너의 '답정너'식 이별통보를 꾸짖던 화자는 '나는 괜찮아도 너는 이별을 견뎌내지 못할 거'라면서 꼭 하고팠던 말, 아니 실은 하지 말았어야 할 한마디를 위한 마지막 빌드업을 시도한다. 결국 괜찮지 않을 사람은 나였음을 토로하며, 제발 너도 괜찮지 않다고, 너도 내가 보고 싶을 거라고, 결국 너도 못 견딜 거라고 말해달라고 애원하는 것이다.

'괜찮냐고'가 '괜찮다고'로 변하면서 자연스럽게 의도한 결말을 내딛는 노래의 구성과 매칭되는 멜로디의 조화는 실로 절묘하다. 단순하지만 언제든 효과를 발휘하는 송라이팅의 매력이 가득한 이 노래의 멜로디는 마치 이 가사를 위한 것인 듯 자연스럽다. 마치 멜로디에서 글이 들리는 듯한 경험. 그건 역시 글과 곡을 같이 쓰는 사람들의 노래에서 느낄 수 있는 유기성이라 할 것이다. 헤이즈는 이 처절한 애원의 메시지로 아티스트로서의 껍질을 하나 깨고 나올 수 있었다.

〈괜찮냐고〉는 이별의 보고서와 같은 앨범 《바람》의 수록곡이다. 헤이즈는 〈비도 오고 그래서〉 〈헤픈 우연〉 등의 곡으로 기억되지만 《바람》이야말로 헤이즈의 가장 섬세하고 적나라한 감정의 결을 탁월한 음악적 감각으로 표현한 대표적 명반이다.

발라드 해시태그 3
#한걸음뒤엔 #내가있는데
#가질수없는 #흔들리는그대

짝사랑과 외사랑은 내 마음이 끝끝내 닿지 않은 곳에서 시작된다. 그 사람은 내가 아닌 다른 누군가를 바라보고 웃고, 나는 그 모습을 보며 하염없이 무너진다. 이제는 나를 잊은 그 사람의 마음은 저 먼 곳으로 사라졌지만, 나는 여전히 그 기억 속에 그림자처럼 남아 그 공간들을 서성인다. 스스로 더 비참해질 것을 알면서도, 그래도 나야말로 그 사람을 가장 사랑할 수 있다고 믿으며 끝끝내 사랑의 당위를 찾아 헤멘다. 이루어질 수 없지만 그래서 더없이 깊고 순수한 마음이라 믿게 되는 저릿한 그리움과 기다림, 그리고 그 속에서 꺼지지 않는 사랑의 불씨를 담아낸 노래들.

세상에서 가장 완벽한 사랑은 짝사랑이라는 말이 있다. 변심도, 배신도, 무뎌짐도, 누구의 허락이나 동의도 없는 이 안전지수 100퍼센트의 사랑은, 나만 괜찮다면 언제까지고 영원할 수 있으니까. 하지만 이는 관계의 불완전성에 대한 듣기 좋은 자기합리화일 가능성도 있다. 주고받음이 없는 일방적인 감정을 과연 정말 '사랑'이라 부를 수 있을까? 짝사랑은 누군가를 조건 없이 좋아하는, 혹은 그렇다고 믿는 '나'를 사랑하는, 일종의 자기애에 가깝지 않을까?

한 걸음 뒤에서 바라보고, 하염없이 기다리고, 나 아닌 누군가가 그 사람 곁에 있는 걸 보며 세상의 모든 고뇌를 다 짊어진 듯 가슴 아파하는…… 그런 이들의 이야기는 듣는 이에게 스트레스와 쾌감을 동시에 준다.

마치 〈나는 SOLO〉 시청자 패널이 된 듯, '그 사람은 네가 생각하는 만큼 좋은 사람이 아니야' '차라리 고백하고 끝내는 게 낫지 않아?' 하며 속이 답답해져 한마디 던지고 싶어지는 누군가의 마음도 어쩌면 당연하다.

이런 사랑은 가슴 아픈 이별이야기만큼이나 중독적이다. 비슷한 경험이 있는 사람이라면, 곧 내 이야기처럼 느껴진다.

몰입감 200퍼센트, 현실보다 더 현실 같은 감정의 시뮬레이션. 그래서 우리는 지금도 불멸의 짝사랑노래들에 귀를 기울인다.

'가질 수 없는 너'를 사랑하는 일

〈세상이 그대를 속일지라도〉 (1998년)

김장훈

이상호 작사 | 유영석 작곡 | 이상호 편곡

푸시킨은 "삶이 그대를 속일지라도 슬퍼하거나 노여워하지 말라"고 했는데, 김장훈의 〈세상이 그대를 속일지라도〉도 이를 차용해 어떤 순간에도 자신이 상대의 곁에 있다고 노래했다. 여기서 함정이 있다면 '세상이 그대를 속일지라도'가 뭔가 있어 보이는 문학적 제목처럼 들리지만, 실상은 특별한 의미를 지니지 않는다는 점이다.

아무리 귀기울여도, 그가 짝사랑하는 그녀가 '세상(이라 쓰고 '그놈들'이라 읽는)'에게 어떻게 속아왔는지 이 노래는 말해주지 않는다. '흔들리는' 같은 표현들을 통해 우리는 다만 어떤 막연한 상황을 짐작할 수 있을 뿐이다. 사실 삶이든 사람이든 무언가가 그대를 속일지라도 무언가를 하겠다는 문장은, 후렴에서

'나는 항상 당신 곁에 있겠다'라는 주인공의 다짐을 극적으로 강조하기 위한 멋들어진 수식일 뿐, 앞뒤의 스토리와 직접적으로 연결되는 내용은 없다. 일종의 트릭에 가깝다. 하지만 때로 음악에는 그런 장치가 필요하다. 뻔한 눈속임이라 해도 그것이 감동과 호소력을 자아내고, 사람들로 하여금 이 이야기를 특별한 것으로 기억하게 만든다면 말이다.

그리고 이 이야기를 떠받치는 멜로디의 구조는 실로 완벽하다. 흔들리는 그대를 바라보는 장면으로 시작하는 잔잔한 도입부, 사랑하는 이와 다른 사람의 만남이 잘되지 않길 바란다는 솔직한 마음으로 이어지는 B파트(혹은 프리코러스), 후렴, 김세황의 애절한 기타 솔로가 흐르는 간주, 그리고 다시 반복되는 B파트와 후렴의 변주. 이 노래는 마치 바둑 고수가 다음 수를 두듯 너무나도 자연스럽게, 응당 그래야 할 듯한 음의 길을 따라간다. 그걸 나는 '멜로디의 논리성'이라 부르고 싶다. 의심의 여지 없이, 작곡가 유영석이 만들어낸 가장 아름다운 멜로디다.

《#1998 Ballads For Tears》는 제2의 김현식을 꿈꾸며 언더그라운드에서 활동하던 김장훈이 제도권에서의 성공을 노리고 작심해 만든 대중적 음반이자, 김장훈 커리어 사상 최고의 히트작이다. '푸른하늘'

의 유영석이 5분 만에 완성했다고 전해지는 〈세상이 그대를 속일지라도〉는 수록된 앨범의 타이틀곡인 〈나와 같다면〉과 달리 히트를 생각하지 않고 녹음했다고 한다. 의도야 어쨌든 이 앨범의 대중적 성공을 견인한 뜻밖의 히트곡이 되었고, 지금까지도 가장 많이 회자되는 김장훈의 노래이기도 하다.

〈가질 수 없는 너〉 (1995년)

뱅크

강은경 작사 | 정시로 작곡·편곡

정시로의 호소력 있는 목소리와 파워풀한 고음이 전해주는 소심한 한 남자의 이야기는, 1990년대를 넘어 지금까지도 이어지는 짝사랑의 영원한 전설이 되었다. 길어야 고작 4분 40초에 불과한 시간 속에서도, 훌륭한 이야기꾼은 대중가요의 시간적 제약을 마치 네 시간짜리 드라마처럼 늘려 쓰는 마법을 부린다. 작사가 강은경의 이야기다. 익숙한 멜로드라마의 줄거리와, 그 줄거리 속에 숨겨진 또다른 이야기들이 이 노래 속 두 번의 벌스와 반복되는 코러스에 담겨 있다. 짧은 몇 줄뿐이지만,

우리의 타고난 N적 감수성은 이 관계의 실체와 운명을 어렵지 않게 감지해낼 수 있을 것이다.

술에 취해 위로받고자 주인공을 찾는 그녀, 그리고 그녀가 털어놓는 헤어진 연인에 대한 이야기는 화자를 예견된 비참함 속으로 밀어넣는다. 그가 할 수 있는 일이라곤, 괴로워하는 그녀를 다독여주는 것뿐. 그녀는 사랑의 또다른 이름은 아픔이라 말하며 그를 필요로 하지만, '그것만으로 충분하다'며 애써 스스로를 위로하는 그의 마음속엔 일말의 기대조차 아닌, 아무리 애써도 '갖기 어려운 사람이 있다'는 결론이 남는다.

이 가사의 천재성은 바로 여기에 있다. 그가 홀로 되뇌는 그 말은 원래 그녀에게 해주고 싶었던 말이자, 동시에 자신의 내면에서 끌어낸 결론이기도 하다. 같은 처지 속에서 서로 다른 곳을 바라보는 엇갈린 '사랑의 작대기'. 대부분의 사랑노래가 사랑 그 자체의 존재에 대한 확인으로 귀결된다면, 이 노래는 사랑만으로는 부족한 사랑이 있다는 서글픈 깨달음을 우리에게 상기시킨다.

음악적으로 이 곡은 담담한 도입부에서 시작해 악기들이 하나둘 더해지며 이야기에 밀도를 더하고, 목소리와 서사가 절정을 이루는 후렴에 이르기까지 매우 논리적 구조를 띤다. 그 논리성은 음악적 설득력으로 이어진다. 이야기의 전개 속도와 그에 어울리는 선율이 하나의 방향성과 리듬으로 맞물릴 때, 청자는 그 안에서 깊은 감정의 쾌감을 느끼게 된다. 특히 후반부에 꾹꾹 눌러 담은 마음을 폭발시키는 순간, 정시로의 보컬은 대중 음악에서 노래의 호소력과 정서적 깊이는 글과 음만으로는 이루어지지 않는다는 사실을 보여준다.

1995년 데뷔한 뱅크는 〈가질 수 없는 너〉, 드라마 〈파파〉의 주제곡 〈이젠 널 인정하려 해〉 등으로 단숨에 주목받았다. 라이브에서 특히 강점을 발했던 정시로의 목소리가 그 인기의 핵심으로, 음반과 다름없는 고음을 안정적으로 소화하던 그의 라이브 능력은 혀를 내두르게 했다.

〈보이지 않는 사랑〉 (1991년)

신승훈

신승훈 작사·작곡 | 김명곤 편곡

혼자만의 사랑, 그래서 결코 이루어질 수 없는 사랑. 수많은 송라이터가 다양한 언어로 노래한 이 짝사랑과 외사랑의 비극미는 신승훈에 의해 〈보이지 않는 사랑〉이라는 제목으로 가장 극적이면서 운치 있게 형상화되었다. 나에게 마음이 없는 상

대가 부담을 갖지 않도록, 멀지도 가깝지도 않은 거리에서 조용히 이어가고자 하는 '숨은 사랑'의 덧없는 의지가 엿보인다. 당시로서는 파격적이었던, 울음을 머금은 듯한 감정선은 신승훈의 절창으로 마지막까지 비애미를 잃지 않는다.

놀라운 점은 이 노래가 베토벤의 가곡 〈부드러운 사랑〉(Zärtliche Liebe, 흔히 'Ich liebe dich'로 알려져 있다)으로 시작된다는 것이다. 사랑의 포근함과 위안을 노래하는 베토벤의 낭만적 선율이 밝은 장조로 흐르다가, 갑작스럽게 조가 전환되며 처절한 외사랑의 본보기인 〈보이지 않는 사랑〉의 첫 구절로 이어질 때, 그 극적인 감정의 대비는 언제 들어도 소름이 돋는다. 의심의 여지 없이, 한국 발라드 역사상 가장 참신하고 대담한 인트로다.

살펴보면 이 외사랑은 제법 논리적인 자기객관화 속에서 이루어진다. 사랑의 현실적인 제약들이 사랑해선 안 될 것들이라면, 상대의 마음에 머물지 못하는 현실은 가장 슬픈 고통이다. 그러면서 그 비참한 외사랑 한가운데서도 사랑과 사람을 배워간다. 붙잡을 수는 없지만 떠나지 않기를 바라는 모순된 마음을 마주하고 눈물을 감춰 보이지 않게 사랑하는 헌신을 보인다. 어쩌면 화자는 이를 통해 비로소 자신이 얼마나 사랑에 헌신적인 존재인지를 깨닫게 될지도 모른다. 어쨌든 그게 어쩔 수 없는 나만의 사랑으로 귀결되어야 한다면 결국 그 당위성은 스스로 찾아야 하는 것일 테다.

후렴은 사랑노래의 고전적인 감정선, 즉 사랑－이별－그리움의 3단계를 정석적으로 따른다. 뜨겁던 사랑은 어느새 차가운 이별로 덮이고, 그만큼 한스러운 눈물의 농도는 짙어진다. 그러나 이 사랑이 슬픈 이유는 단지 흐르는 눈물 때문이 아니다. 아무리 울어도 다시는 그 사람을 볼 수 없다는 것, 바로 그 끝나지 않을 그리움이 비극의 모든 것이다. 그 사람이 아니면 어떤 것으로도 영원히 누그러뜨릴 수 없다는 절망감과 함께.

세상에서 가장 슬픈 사랑

〈어떻게 사랑이 그래요〉 (2006년)

이승환

이승환 작사 | 이승환·황성제 작곡 | 황성제 편곡

사랑노래라고 다 같은 건 아니다. 애절함과 간절함이 마치 거대한 소용돌이가 되어, 감성이 아니라 실제 몸의 구석구석을 쓸고 지나가는 듯한 느낌을 주는 곡들이 있다. 소박하고 잔잔한 음악들에서는 느낄 수 없는, 소위 '대곡' 스타일의 발라드들이 그렇다. 만약 이런 걸 장르라 말할 수 있다면 그 장르의 원조는 분명 이승환일 테다. 적어도 4집 타이틀곡 〈천일동안〉 이후 이승환의 미션은 스스로 만들어놓은 그 '대곡' 발라드의 한계를 뛰어넘는 것이었다. 그리고 〈천일동안〉이 발표된 지 11년 만에 그는 드디어 커리어를 새롭게 쓸 또하나의 위대한 발라드를 완성해낸다.

〈어떻게 사랑이 그래요〉라는 말에는 두 가지 의미가 담겨 있다. 하나는 '사랑한다면 어떻게 그럴 수 있느냐'라는 원망의 의미다. 그리고 또하나는 그가 영감을 받았다고 알려진 MBC 〈휴먼다큐 사랑〉의 한 에피소드, 시한부 인생을 사는 대학생 여자친구를 지키는 한 남자의 지고지순한 사랑을 보고 느낀 '사랑이 어떻게 저렇게까지 헌신적일 수 있을까'라는 경외심이다. 다른 이를 사랑하지 말라며 울부짖는 화자의 목소리에는 당연히 전자의 의미가 자연스럽게 와닿는다. 그런데 그 의미를 후자로 바꾸어도 노래가 말하고자 하는 영원히 한 사람만을 향하는, 변치 않는 사랑에 대한 이야기에 충분히 어울린다.

이승환의 수많은 노래가 그렇듯, 이 노래는 사랑 앞에서 무기력해지며 나약해지는 스스로에 대한 자각과, 그럼에도 불구하고 수만 번을 다시 되돌린대도 똑같이 '사랑'을 선택하고야 마는 '답정너' 사랑꾼의 결론을 애틋하게 담고 있다. 원망스럽지만, 억울하기도 하지만, 그럼에도 사랑하는 사람의 뒷모습을 바라보며 미안함을 품는 그 모습은 이승환식 사랑노래의 태도를 보여주는 상징적 라인이라 할 만하다.

노래 후반부에 그는 어떤 '약속'을 거듭 강조한다. 누구도 알지 못하는 그와 나의 '은밀한' 약속. 그 약속은 지켜져야 한다. 마음이 변한 것이 아니라 '약속'이 지켜지지 않았다는 사실에 더 큰 서글픔을 느끼는 이 화자는, 사랑을 단순히 호르몬의 작용이 아닌, 정신적이고 운명적인 맺음이라 생각한다. 원래부터 그런, 당연히 그래야 하는 약속말이다. 그런 사랑이 깨어질 수는 없다. 어떻게 사랑이 그래요.

〈방백〉 (2013년)

샤이니

황현 작사·작곡·편곡

가장 슬픈 사랑은 어긋나 이루지 못한 사랑도, 깊은 상처만을 남기고 사라진 사랑도 아니다. 누군가와 함께 웃고 있는 그 사람을 조용히 바라보며, '만약 저 사람이 아니라면, 그다음 차례는 나일까'라는 허무하고도 간절한 바람을 품는 마음. 케이팝 최고의 작곡가 중 하나인 모노트리의 황현이 만들어낸 이 곡은 그런 불완전하고 기약 없는 사랑을 이야기한다.

　　　　　　　　　　　　　　　　더 송라이터스

진정 그 사람을 사랑하고 행복하게 해줄 수 있는 건 나뿐이라는(혹은 그렇게 믿고 싶은) 마음과, 고백 후의 일들을 감당할 자신이 없어 그저 바라보는 것만으로도 충분하다고 스스로를 위로하는 체념과, 그래도 어쩔 수 없이 품어지는 희망 사이에서 길을 잃은 사랑. 경쾌한 리듬 위에 얹힌 예쁜 멜로디와 서글픈 가사는 그 사람을 바라보며 느끼는 설렘과 그 끝에 서 있는 쓸쓸함, 그 이중적인 결과 복잡한 속내의 모순을 음악적으로 잘 구현해냈다. 무엇보다 이 곡의 진가는 제목인 '방백'에서 드러난다. 차마 목소리로는 건네지 못하고, 마음속으로만 되뇐 말들. 들려줄 수 없는 독백처럼, 가사 하나하나가 마치 꾹꾹 눌러 담은 편지처럼 읽힌다.

〈방백〉은 그야말로 제목부터 가사, 멜로디, 정서에 이르기까지 모든 것이 너무도 섬세하게 엮이고 조율된 작품이다. 케이팝 안에서도 실험적인 일렉트로닉 사운드의 아이콘이던 샤이니에게 이토록 감미로운 청춘의 멜로디를 안겨주며, 아이돌 음악 안에서 '청량'과 '아련'이라는 감각을 새롭게 정의하고 완성한, 이제는 아이돌팝의 고전이라 불러도 손색없는 명곡으로 남아 있다.

일명 '황토벤'이라 불리는 송라이터 황현은 케이팝에 '황현류'라고 하는 세련되고 서정적이면서도 한국적인 작풍을 개척한 중요한 작가다. 소녀시대, 태연, 태민, 세븐틴, 이달의소녀 등 최고 아이돌들의 가장 빛나는 레퍼토리를 함께 장식했다. 특히 메인 프로듀서로 활약한 온앤오프와의 긴밀한 파트너십은 케이팝 아이돌 프로덕션의 가장 모범적인 사례 중 하나로 꼽을 수 있다. 〈방백〉과 비슷한 뉘앙스를 주는 황현 표 '청량아련'을 찾는다면 이달의소녀 1/3의 〈지금, 좋아해〉와 온앤오프의 〈Message〉를 추천한다.

발라드 해시태그 4
#하늘만이 #허락한사랑
#꿈에서라도 #영혼이라도

　　사랑은 모든 것을 초월한다. 그리고 운명은 시공을 초월해, 못다 이룬 사랑의 한을 끝끝내 풀고야 만다. 발을 딛고 있는 이 세상이 그 사랑을 허락지 않는다면 언젠가 저 하늘에서라도 이루고 싶은 마음. 이제는 더는 닿을 수 없는 곳에 있기에, 꿈에서라도 다시 만나길 바라며 애타게 비는 마음. 내 애타는 그리움을 하늘은 알아주겠지 믿으며, 내 애원이 그 사람이 있는 곳까지 가닿기를 기도한다. 심지어 먼저 떠난 그 사람을 원망하며 그리고 염려하며 하늘을 향해 울부짖기도 한다. 누군가는 헛되다 말

할 수 있지만 그 절절함을 느껴본 사람들에게는 숭고하기 이를
데 없는 그 초월적 마음. 현실에선 닿을 수 없지만 여전히 이어
져 있는 그리움과 염원의 마음을 담은 노래들이다.

그리움을 담아내는 새로운 음악들

〈영원〉 (1994년)

서태지와 아이들

서태지 작사·작곡·편곡

플루트와 하프의 애달픈 이중주와 뒤를 아련하게 떠받
치는 오케스트라의 앙상블은, 우리를 서태지가 만들어낸 가장
아름답고도 슬픈 동화 속으로 데려갈 준비를 마친다. 영원永遠,
영어로 Eternity는 단순히 오랜 시간이 지나도 끝나지 않음을 의
미하는 게 아니라 시간의 개념을 초월해 늘 변하지 않는 상태를
뜻한다. 그것은 마치 신이나 진리의 존재처럼 어느 시간대에도
동일한 모습으로 적용되는 보편적인 것이다.

우리가 생각하는 불멸의 사랑이란 바로 그런 모습일 것
이다. 하지만 서태지의 영원은 시간 그 이상을 넘어서는 사랑을
말한다. 바로 삶과 죽음의 경계, 다시 말해 이승과 저승의 경계

를 초월해 연결되어 소통하는 마음 말이다. 그리고 그 연결고리는 추억을 통한 그리움이다. 이야기는 우리가 서로 멀리 있지만 '나의 그리움이 언제나 당신을 지킨다'라는 메시지로 시작된다. 세상을 떠난 자신을 위해 아직도 무덤가에 앉아 울고 있는 누군가를 지켜보며 이제는 함께할 수 없지만 '잠깐씩 머무는 일은 가능하다'고 말한다.

이제 노래는 환상과 꿈의 어느 지점을 향한다. 물리적으로 불가능한 소통이지만 화자는 두 눈을 감고 자신을 안아보라고 제안한다. 노래는 마치 왈츠를 추듯 꿈결처럼 유영한다. 마치 〈사랑과 영혼〉이나 〈인터스텔라〉의 주인공들처럼, 측정할 수 없지만 강력한 힘을 가진 간절하고 애달픈 그리움을 통해 잠시나마 그 둘의 영이 하나로 이어진다.

하지만 만남도 잠시, 이 육체적 연결이 영원한 것일 수 없음을 자각한 화자의 마음을 따라 노래는 차분하게 잦아들며 쓸쓸하고 간절한 당부로 마무리된다. 널 안아주던 따뜻한 내 마음만을 기억해달라며, 저 먼 곳에서 영원히 기다리겠다는 말과 함께 노래는 저 먼 곳으로 흩어져간다. 영원은 만남의 영속성이 아니라 순간의 기억이 변치 않는 것임을 암시하며.

애니메이션에 어울릴 법한 이 아름다운 판타지는 실은 서태지가 은퇴를 생각하며 만든 팬송이라고 한다. 초월성과 불멸성을 믿는 모든 이에게 삶과 죽음, 나아가 시공이 제한할 수 없는 사랑의 실체를 다시금 생각하게 만드는 가장 일상적인 경험 중 하나는 음악으로 맺어진 아티스트와 팬의 관계일지도 모르겠다.

서태지는 랩음악, 메탈, 크로스오버 등 온갖 파격적 음악으로 충격을 주었지만 난 늘 그의 섬세한 면들이 좋았다. 가령 1집의 〈이제는〉〈너와 함께한 시간 속에서〉, 2집의 〈너에게〉 같은 곡들. 아이들과 함께한 4집의 〈Good Bye〉도 빼놓을 수 없겠다. 발라드 앨범을 내도 충분히 성공했을 것 같은 섬세한 감수성의 소유자. 하지만 〈영원〉은 비교할 수 없는 충격이었다. 당시만 해도 가요에서는 사실상 전무하다시피 했던 뮤지컬풍의 가요로, 유재하 이후 본격적으로 클래식 오케스트레이션을 도입한 흔치 않은 곡이기도 하다. 온통 파격적인 실험으로 짜여진 서태지와 아이들의 세번째 앨범에서도 어쩌면 가장 이질적이며 독특한 작품이라 할 수 있을 것이다. 그리고 그걸 만든 사람이 서태지라니. 아마 이런 충격은 나만 느꼈던 것은 아니었던 듯하다. 김동률도 이 노래는 여러 번 극찬한 적이 있는데, 특히 관현악으로 이루어진 편곡과 중간에 왈츠 리듬으로 넘어가는 부분에 굉장히 놀랐다고 알려져 있다. 당시 발라드를 주 종목으로 삼고 있던 많은 사람도 아마 비슷한 충격을 받았을 것이다. '이탤리언 레스토랑에서 김치찌개마저 잘 끓인

대하드라마 같은 감정의 소용돌이

〈꿈에〉 (2002년)

박정현

정석원 작사 · 작곡 · 편곡

마치 한 편의 영화나 애니메이션을 본 것 같은 웅장한 스케일과 압도적 감정의 소용돌이가 특징인 이 곡은 박정현뿐 아니라 케이팝의 역사, 그중에서도 가창의 역사를 새로 쓰게 만든 곡이다. 로커 출신 남성 가수의 전유물이었던 파워발라드(혹은 록발라드)를 여성 가수의 영역으로 끌고 왔을 뿐 아니라 이전까지 소박하고 사랑스러운 R&B발라드의 대표주자로('R&B의 요정') 인식되었던 박정현을 패티김이나 윤복희와 같은 '디바'로 격상시킨 작품이기 때문이다. 한때는 가수가 되고자 하는 여성 아마추어 보컬 지망생들의 필수곡이었고, 너무 유명한 만큼 과소비되어 감각이 무뎌진 감도 있지만 그 광범위한 영향력은

20여 년이 지난 지금까지도 여전하다.

　　꿈은 길어야 5분을 조금 넘을 뿐이다. 그런데 왜 그 꿈은 마치 몇 부작짜리 대하드라마처럼 경험되는 걸까. 그것은 꿈 속에서는 시간의 개념이 왜곡되기 때문이다. 그래서 우리의 뇌는 시공의 제약에 묶여 있는 현실에서는 불가능한 온갖 일을 꿈이라는 가상현실(혹은 증강현실) 기술을 빌려 풀어내곤 한다. 흥미로운 것은 노래 역시 마찬가지라는 사실이다. 노래는 기껏해야 5분 정도의 길이를 갖고 있지만 그 안에는 몇 시간 혹은 수십 년의 세월을 압축하는 힘이 있다. 짧은 시간만을 허락받은 〈꿈에〉는 시공의 제약을 가뿐히 무시하는 꿈이라는 이중의 눈속임을 통해 '영원'을 갈망한다.

　　놀랍게도 노랫말은 이미 꿈인 걸 자각하는 화자의 모습부터 시작한다. 현실에서는 만날 수 없는 어떤 인연을 꿈에서 만나게 되는데, 연결될 수 없는 세계를 초월한 만남 속 그 둘은 예전 그대로의 모습을 하고 있다. 너무도 변하지 않은, 그럴 리 없는 그 모습에 꿈속의 자아는 이게 꿈임을 직감한다. 하지만 영화 〈인셉션〉에서 꿈을 자각하지 못하는 자아들처럼 깨지 않는 이 시간이 현실을 대체해 영원하기만을 소망한다. 그 사람은 야윈 나를 보며 위로하고, 나는 그 사람이 이게 혹 꿈인 것을 깨닫지 않을까 두려워 조심스럽게 시간을 어루만진다.

이 노래의 폭발적인 감동은 예상치 못한 스토리의 발전을 통해 절정으로 치닫는다. 그 사람이 나에게 마지막으로 작별을 고하며 안쓰러운 미소를 짓는 것이다. '먼저 간다'라는 말을 남기고 그는 주인공을 따뜻하게 안아주며 마지막 인사를 전한다. 이제야 주인공은 깨닫는다. 마치 핸드폰에 녹화된 짧은 동영상처럼 아무리 수천 번 그 모습을 반복재생한다고 해도, 시공을 거슬러 시간을 돌릴 방법은 결코 없다는 것을. 그리고 이제는 정말 그를 놓아주어야 한다는 것을. 그래서 그의 마지막 말은 이렇다. 다시는 찾아오지 말라고.

크게 다섯 부분으로(!) 이루어진 이 곡의 멜로디는 미묘한 변주와 배치를 통해 곡이 계속적으로 확장한다는 느낌을 준다. 단출한 밴드 구성에도 불구하고 템포와 보컬의 강약조절과 코러스의 다채로운 보컬배치를 통해 큰 스케일로 느껴지도록 만든다. 물론 그게 가능한 이유는 곡의 압도적 스케일을 완전히 통제하는 박정현의 괴물 같은 보컬이 있기 때문이다. 섬세함과 강렬함 사이의 엄청난 낙차를 활용해, 복잡하지 않은 서사를 대하드라마로 만들 수 있는 목소리의 힘은 발라드라는 형식을 어떤 새로운 경지로 이끈다. 맹세컨대 단 한 번도 들어본 적이 없는 충격이었다.

박정현은 4집 앨범을 준비하며 이제껏 해본 적 없었던 새롭고 실험적인 음악을 시도하고자 했고, 그가 실험의 파트너로 택한 프로듀서는 015B의 정석원이었다. 그 계기가 재미있는데, 새로운 프로듀서를 찾고 있던 그에게 누군가가 몇 장의 앨범을 추천했고 그중 하나가 바로 015B의 6집 앨범 《The Sixth Sense》였던 것이다. 이 음반은 저주받은 걸작으로 불리는 작품으로 꽤나 파격적인 디스토피아적 사운드로 가득한 앨범이다. 박정현은 이 음반의 분위기와 사운드가 마음에 들어 정석원에게 작업을 의뢰했고 그렇게 박정현의 4집 작업이 시작된다.

이 둘은 박정현의 커리어 사상 가장 파격적인 앨범을 만들어내는데 특히 오프닝 곡이자 박정현의 3대 '광곡' 중 하나라고 불리는 〈상사병〉이 준 충격은 어마어마했다. 그런데 정작 훗날 자신의 커리어에서 가장 중요한 곡이 될 〈꿈에〉에 대한 박정현의 첫인상은 회의적이었다고 한다. 자신과 잘 맞지 않는 음악이라고 판단해 끝까지 주저했지만 정석원의 끈질긴 설득 끝에 결국 타이틀곡으로 낙점했다.

후에 정석원의 친형이기도 한 015B의 멤버 장호일이 SNS를 통해 밝힌 바에 의하면, 이 노래의 가사는 만화《총몽》의 스토리에 영감을 받아 쓴 것이다.《총몽》에서 주인공 '알리타'는 그리워하던 '이도'를 만나지만 그게 자신을 속이기 위해 연출된 꿈인 것을 깨닫고 헤어짐의 슬픈 운명을 받아들이기에 이른다.

〈그 후로 오랫동안〉 (1994년)

신승훈

신승훈 작사·작곡 | 김형석 편곡

신승훈은 1990년대를 통틀어 누구보다 많은 발라드를 불렀고, 그 모두가 누구나 쉽게 따라 부를 만큼 히트곡으로 자리 잡았다. 통속적인 발라드음악의 운명이 응당 그런 것이기도 하지만 신승훈의 음악은 그 인기만큼의 음악적 평가를 받는 데는 실패했는데, 흥미롭게도 그건 정확히 동시대에 같은 기획사(라인음향) 소속인 또 한 명의 위대한 보컬리스트 김건모의 운명과도 묘하게 닮아 있다.

세 장의 앨범을 연이어 히트시키며 실패를 모르던 신승훈에게 4집은 중요한 분기점이었다. 〈보이지 않는 사랑〉과 〈널 사랑하니까〉로 대표되는 최루성 짙은 슬픈 발라드의 이미지가 고착되는 와중에, 그는 대중이 기대하는 신승훈이라는 '공식'을 완전히 무너뜨리지 않는 범위에서 변신을 꾀해야만 했다. 그런 고민을 담은 〈그 후로 오랫동안〉은 그가 구축한 발라드의 미학을 벗어나지 않으면서 한층 더 성숙하게 정제한 결과물이다. 쥐어짜지 않아도 슬프고, 과장하지 않아도 마음을 움직일 수 있음을 깨달은 그의 목소리는 담담하면서도 충분히 애절하게 울렸고, 세련되면서 절제된 선율은 잔잔하면서 깊었다. 그렇게 신승훈의 가장 아름다운 팝발라드가 탄생한 것이다.

가사의 전개는 비에 자신의 감정을 투영하는 전통적인 방식이다. 이는 팝과 가요를 막론하고 대중음악에서 가장 고전적인 서사 중 하나지만, 그래서 더더욱 효과적이다. 개인의 슬픔이 자연이라는 더 큰 질서 속에서 해석과 의미를 찾을 때, 화자의 감정이 위로받는 동시에 듣는 이에게 묘한 공감을 불러일으키기 때문이다. 화자는 어느 비 오는 날, 떠나간 그녀의 눈물을 외면했던 지난날을 떠올린다. 그리고 그날처럼 비가 오는 지금, 그는 하늘을 향해 회한의 눈물을 흘린다. 그리고 문득 묻는다. 지금 이 순간, 너도 나처럼 울고 있는 건 아닐까…… 사람의 힘으로 어찌할 수 없는 운명의 벽에 좌절한 그는 간절한 마음을 담아 하늘에 기적을 청한다. 그것이 얼마나 덧없는 소망인지를 알면서도.

신승훈은 훌륭한 발라드 가수로 알려져 있지만 사실 탁월한 송라이터이기도 하다. 데뷔곡 〈미소속에 비친 그대〉를 시작으로 〈보이지 않는 사랑〉 〈널 사랑하니까〉 〈나보다 조금 더 높은 곳에 니가 있을 뿐〉 등 히트곡들뿐만 아니라 앨범의 거의 모든 곡이 신승훈의 작품이다. 이는 이문세-변진섭-신승훈-조성모-성시경 등으로 이어지는 대표적

 더 송라이터스

〈To Heaven〉 (1998년)

조성모

이승호 작사 | 이경섭 작곡·편곡

노래의 첫 두 마디 속에 담긴, 간절함을 머금은 조성모의 풋풋한 떨림. 거창한 설명 없이도 누구나 발라드의 새로운 시대가 열리고 있음을 감지할 수 있었을 것이다. 1980년대 스타일의 통기타발라드, 그리고 1990년대 초반의 록발라드와 완전한 결별을 선언하는 듯한 투명한 미성과 담백한 비브라토. 비유하자면 멜로드라마에 새로운 촬영기법이 도입된 것을 넘어서, 새로운 기법을 통한 새로운 형태의 멜로드라마가 등장한 것 같은 느낌이랄까? 조성모의 〈To Heaven〉은 정말 새롭게 불어온 청량한 '바람' 그 자체였다.

아이러니하게도 '천국으로 보낸 편지'라는 부제가 암시하듯이 〈To Heaven〉은 담백함과는 거리가 먼 과잉된 드라마를 표방하고 있다. 이 같은 주제의식과 표현양식이 이 노래를 통해 갑자기 등장한 것은 아니었다. 1990년대 이래로 발라드에서 멜로드라마적 신파는 제법 흔한 레퍼토리였다. 처절한 신파적 주제의식을 말하자면 윤종신은 〈너의 결혼식〉에서 결혼하는 전 여친에게 '너를 그 사람에게 맡겼다'라는 선언을 남긴 바 있고, 이승과 저승을 넘나들며 전해지는 사랑의 마음은 판타지적 발라드인 김민종의 〈귀천도애〉, 그리고 2년 뒤에 발표된 김경호의 〈나의 사랑 천상(天上)에서도〉 등에서 더없이 처절하게 표현된 바 있다.

하지만 중요한 차이가 존재했는데, 조성모의 노래는 신파적 서사의 촌스러움을 누그러뜨리는 산뜻함이 있었다는 것이다. 이는 몇 가지 세심한 음악적 선택으로 가능했다. 먼저 조성모의 미성을 살리기 위해 록발라드의 성격을 가진 이 노래를 섬세한 팝발라드에 가깝게 소화했다는 것이다. 실은 대단히 파워풀한 목소리임에도 그것을 철저히 미성으로 숨겼는데, 이는 곡이 가진 '나이'를 훨씬 낮추는 동시에 신인가수(그것도 얼굴 없는 가수)의 신비로움과도 완벽히 들어맞았다. 곡은 슬프디슬픈 마이너키 대신 산뜻한 C메이저를 택했는데, 편지 형태로 적힌 이승호의 가사와 함께 곡의 분위기를 처지지 않게 도와준다.

상대적으로 부족할 수 있었을지 모르는 신파는 본격 '드라마타이즈' 뮤직비디오를 표방한 이 곡의 영상이 채워줬다. 초호화 캐스팅, 드라마를 방불케 하는 몰입감 높은 이야기 전개, 누구나 예상하는 약속된 비극적 운명까지. 〈To Heaven〉은 한창 전성기를 누리던 케이블TV 뮤직비디오 채널과 온갖 판타지적 서사로 넘쳐났던 세기말 분위기에 더없이 잘 맞는 사랑노래였다.

대부분의 사랑은 어떤 기억에 대한 감정이다. 현재의 감정을 묘사하는 것 같은 노래들도 따지고 보면 이미 그 감정이 글로 표현되는(혹은 노래로 불리는) 시점에 이르러서는, 다만 몇 주 몇 달 전이라도 과거의 이야기들일 것이기 때문이다. 그런데 종종 어떤 곡들은 정말 기억 그 자체를 노래한다. 이미 불타는 열정은 사라졌지만, 사랑이었는지 아닌지 확신도 없지만, 때로는 또렷하게 때로는 희미하게 떠오르는 옛 인연들과의 추억이 담긴 사진첩이나 일기를 들춰보듯이 이야기하는 것이다. 물론 그 노래들의 기본 정서는 상실이다. 지금은 볼 수 없는 그 사람, 소식이 궁금하지만 만날 수 없는 누군가, 이제 오로지 기억에만 남아 있는 향기와 빛깔마저 또렷한 어떤 순간들.

기억으로 남겨진 사랑의 순간들

〈김성호의 회상〉 (1992년)

김성호

김성호 작사 · 작곡 · 편곡

추억하고, 그리워하고, 또 한스러워하는 그 마음이야 어찌 특별하다 할 수 있을까. 그냥 회상이 아니라 '김성호의 회상'이라 명명되어 있지만 그걸 특별한 헤어짐이라 느끼고 간직하는 건 오직 김성호 본인뿐일 것이다. 어쩌면 그래서 예술이 위대하고 매력적인 것인지 모른다. 평범한 이별도 아름다운 음악으로 승화되면 특별한 이야기가 되곤 하니까. 〈김성호의 회상〉으로 노래된 다음에야 실은 뻔하디뻔한 그 사연과 유사한 우리 모두의 헤어짐이 비로소 영화 속 한 장면처럼 특별한 의미로 회상될 수 있기 때문이다.

이 노래에 담긴 그리움의 대상은 노래가 전해주는 애절

한 감수성에 비해 그다지 특별한 사람은 아닐 것 같다는 생각이 든다. 그런 생각을 갖게 하는 실마리들이 가사 속에 담겨 있다. 원망도 했지만 그런대로 좋았던 사람. 아니, 다시 생각해보니 나를 마음 아프게도 했던 사람. 어색한 미소를 짓다 결국 눈물을 흘리며 떠난, 그리고 내가 잡지 못했던 사람. 이 사랑이 특별한 사랑노래의 한순간으로 자리할 수 있게 된 건 너무 쉽게 보냈고 그래서 그 사랑의 완성을 보지 못했다는 것, 그뿐이다.

너무 어렸기에 누군가가 얼마나 소중한 존재인지를 제대로 알 수 없었다는 깨달음도, 모두 다 좋지는 않았기에 그냥 그렇게 보냈지만 이제 와 밀려드는 보고픔 앞에서 내가 할 수 있는 건 그저 떠올리고 한없이 그리워하는 것뿐이라는 고백도 너무 당연해서 더 솔직하게 느껴진다.

이 노래에서 그 그리움과 회한을 가장 진솔하고 아름답게 그리는 구절은 바로 '찢어진 사진 한 장 남기지 못했다'며 아쉬워하는 부분이다. 결국 〈김성호의 회상〉을 지배하는 한스러운 그리움의 실체는 그리움의 소멸에 대한 두려움일지도 모른다는 생각이 든다. 나의 회상을 도와줄, 내 추억을 미화해줄 작은 사진 하나 없는, 점점 연해져가는 기억 속 몇몇 장면으로만 추억되는 그 옛사랑의 필연적 바램. 그래서 그 사람은 오히려 영원할 수 있지만 동시에 그 선명함은 영원히 조금씩 연해져만 갈 것이기도 하다.

담백한 듯하면서도 숭고한 느낌도 깃든 이 노래의 편곡과 분위기는 언뜻 영국의 프로그레시브록그룹 프로코 하럼의 걸작 〈A Whiter Shade of Pale〉을 떠올리게 한다. 두 곡 모두 사랑과 상실이라는 주제의식을 공유하고 있기도 하다. 김성호는 작곡가로서 그다지 많지 않은 레퍼토리 속에서 빛나는 히트곡들을 보유하고 있다. 김지연의 〈찬바람이 불면〉, 박영미의 〈나는 외로움 그대는 그리움〉, 박준하의 〈너를 처음 만난 그때〉 등 서정적인 발라드가 대표적이지만 그 외에도 다섯손가락의 〈풍선〉, 박성신의 〈한번만 더〉, 황규영의 〈나는 문제없어〉 등 한국적 호소력을 지닌 히트곡을 여럿 남겼다.

하나는 숭고하고, 하나는 쓸쓸하다

〈시청앞 지하철 역에서〉 (1990년)

동물원

김창기 작사·작곡 | 조동익 편곡

〈시청앞 지하철 역에서〉는 그보다 2년 전 발표되었던 동물원의 또다른 명곡 〈혜화동〉의 마지막 장면으로 우리를 데려간

다. 이제는 외국으로 멀리 떠나야 하는 친구를 만나서 오랜만에 찾아간 그 동네, 잊고 지낸 어떤 소중한 것들에 대한 애수. 노래는 그 이상의 이야기를 들려주지 않았지만, 노래가 주는 위대한 힘은 우리의 머릿속에 수없이 많은 후속편과 결말을 그리도록 만들었다. 그리고 그 이야기는 이제는 추억이 된 지하철역 플랫폼 앞 신문가판대 앞에서 계속된다.

엄밀히 말해 이 두 노래는 독립된 이야기다. 〈혜화동〉은 오랜 친구와의 우정에 대한 노래고, 〈시청앞 지하철 역에서〉는 옛 여자친구와의 재회에 관한 노래다. 하지만 두 노래의 서사를 연결하고 싶은 우리의 마음은 〈혜화동〉을 사랑에 관한 노래로, 〈시청앞 지하철 역에서〉를—김창기의 동의 없이—〈혜화동〉의 후속편으로 만들고야 만다.

노래는 지나칠 정도로 만남의 순간을 자세히 묘사한다. 신문을 사려 돌아서며 처음으로 그녀를 다시 본 순간, 누군가의 발을 밟고 미안하다 말해야 했었다는, 어쩌면 TMI에 가까운 에피소드는 이 노래의 진정성을 높여주는 결정적인 한 구절이다.

십여 년의 세월이 흘렀을까? 누군가를 다시 만나면, 그것도 지하철 안에서 만난다면 그 짧고 어수선한 순간에 우리는 무슨 말을 들려줄 수 있을까. 정작 해야 할 말은 뒤로한 채, 뻔한 말로 이루어진 짧은 대화들은 어린 시절의 아름다운 추억을 현실의 각박함으로 뒤덮어버린다.

'가끔 생각해'라는 뻔한 말을 던지려던 화자는 문득 사랑했던 그녀에 대한 궁금증이나 어떤 미련이 아니라 스스로에 대한 부끄러움에 사로잡힌다. 언젠가 다시 만나는 날, 꿈을 이루어 서로의 앞에 서겠다던 약속, 그녀에게 자랑스러울 수 있는 사람이 되겠다던 다짐, 그리고 그때쯤이면 가능할 것이라 믿었던 함께 만들어가고픈 미래는 이제 다 어디로 간 걸까. 어딘가 있을 무언가를 여전히 찾고 있는 주인공의 마음은 그래서 더더욱 허탈하다.

그럼 〈시청앞 지하철 역에서〉는 새드엔딩일까? 아마도 그렇지 않을 것이다. 두 아이의 엄마가 된 그녀, 아직 못 이룬 꿈을 실현해 지난한 삶을 헤쳐나가야 할 주인공. 이 노래는 오랜만에 그런 아름다운 추억과 인연이 있었음을, 하지만 이제는 그 또한 추억으로만 간직해야 함을 깨달은 여름날의 에피소드다. 영원히 우리에게 또다른 결말과 속편의 작가가 될 기회를 남겨둔 채.

〈흩어진 나날들〉 (1991년)

강수지

강수지 작사 | 윤상 작곡·편곡

가사 어디에도 '흩어진'이라는 단어는 등장하지 않는다. 화자에게 현재는 여전히 '힘겨운' 날들일 뿐이다. 어쩌면 그편이 더 이해하기 쉬울지도 모르겠다. 따라서 제목의 '흩어진'은 노래 속 화자의 감정보다는, 이 노래를 쓰고 부른 시점에서 느낀 회고의 정서가 더 짙게 드리워 있다. 만약 제목이 '힘겨운 나날들'이었다면 이 곡이 지닌 성긴 쓸쓸함과 허전한 여백의 정서가 온전히 전달될 수 있었을까? 이 노래의 지배적 정서는 북받치는 슬픔보다 허무와 스산함에 가깝다. 결국 모호하게 표현된 '흩어진' 날들이라는 말이 이 곡에 더 깊은 정서를 불어넣는다. 단어 하나에 집착하는 듯 보이지만, 정말 절묘한 선택이다.

박주연, 박창학 등 당대 최고의 작사가들과도 작업했던 윤상이지만, 본인의 앨범을 제외하고 다른 가수의 음악에서 하나의 일관된 '세계관'을 구축해낸 경우는 강수지와의 협업이 유일하다. 단순히 목소리와 곡이 잘 어울렸다기보다는 강수지의 글과 윤상의 음악이 새로운 캐릭터와 서사를 만들어냈다고 말하고 싶다. 작곡가와 가수라는 관계에서는 언뜻 이영훈과 이문세 콤비가 떠오르기도 한다. 하지만 이영훈의 지극히 개인적인 기억을 흡수해 자신의 체험처럼 연기한 이문세와 달리, 강수지는 윤상의 음악(정확히는 사운드)에 잠재된 정서를 발견해 자신의 사랑이야기에 녹여내며 하나의 서사를 완성했다.

이 노래의 힘은 단순히 송라이팅의 기술이나 구조에서 비롯되지 않는다. 그것을 연기하는 페르소나, 곧 강수지라는 캐릭터에서 나온다. 우리는 이 노래를 듣는 순간만은 이야기가 곧 그의 것, 더 정확히는 그의 목소리에 속한 것임을 믿는다. 그러니까 강수지는 노래의 감동을 이끌어내는 훌륭한 가수이기도 하지만, 그보다는 이야기 속 캐릭터를 만들어내는 목소리 자체다. 특유의 또렷하고 고운 발음('사람들처럼' '상관없는')에는 불필요한 감정과잉이나 플러팅이 없고, 청아한 톤에는 결코 꺾이지 않는 힘이 서려 있다. 무너짐 속에서도 안간힘을 다해 버텨내지만, 결코 나약하지 않은 인물. 윤상의 도시적이고 서늘한 사운드와 강수지의 투명하고 쓸쓸한 음색이 어우러져, 우리는 '힘겨운' 날들을 지나야 하는 주인공의 여린 마음을 조용히 응원하게 된다.

〈가려진 시간 사이로〉 (1992년)

윤상

박주연 작사 | 윤상 작곡·편곡

유재하는 가리어진 길을 밝혀줄 사랑의 위대함을 말하고, 윤상은 시간 속에 가리어진 사랑의 덧없음을 노래한다. 하나

는 숭고하고, 다른 하나는 쓸쓸하다.

수많은 발라드 명인이 있지만 윤상의 음악에는 설명하기 어려운 묘한 정서가 있다. 또다시 새로운 사랑을 경험하면서도 늘 추억의 첫사랑에서 벗어나지 못해 맴도는, 어떤 동심을 간직한 도시남자들의 (종종) '자가발전하는 외로움'이라 표현할 수 있을까? 어떻게 보면 조금은 간지러울 수 있는, 이 턱없는 '어른스러운 순수함'이 설득력을 갖는 데에는 윤상의 음악이 풍기는 차가우면서도 따뜻한 도회적 사운드뿐 아니라 아티스트 윤상의 쓸쓸하면서 연약한 남성미도 중요한 역할을 한다.

하지만 노랫말이 주는 '채워지지 않는 동경과 외로움' 또한 결코 빼놓을 수 없을 것 같다. 박주연이 쓴 〈가려진 시간 사이로〉의 노랫말은 향후 수없이 반복되고 변주될 윤상의 '동경'과 '그리움'에 대한 프로토타입이다. 또 주제적인 면에서는 당시 가요에서 찾아볼 수 없었던 종류의 사랑노래로, 감성적이면서 여전히 상업적인 대중음악 송라이팅의 정점을 보여주는 곡이다.

윤상 스스로 '사랑을 몰랐던 시절의 사랑'에 대한 이야기라고 밝힌 이 노래는 저녁 무렵의 노을에 물든 교정이라는, 발라드의 배경으로선 이례적인 장소를 그 출발점으로 택한다. 귀 기울여 듣지 않으면 그저 '향수'에 대한 이야기라고 오해하기 쉬운 이 노래에서 사랑을 암시하는 부분은 '설레임'이라는 단어 하나뿐이다.

철두철미한 완벽주의자인 윤상답게 편곡과 연주는 이 노랫말을 더없이 아름답고도 정돈된 사운드로 빈틈없이 구현해 낸다. 영롱한 신시사이저 연주는 때묻지 않은 동심을 의미하며, 간주부의 청아한 색소폰 소리와 멀어져가는 기타 사운드는 말 그대로 이제는 '가려진' 기억 속 잡힐 듯 잡히지 않는 숨바꼭질 같은 아련한 대상을 묘사한다.

사랑에도 순도가 있다면 가장 순수한 사랑은 사랑인지를 의식하지 못하는 미완성의 감정일 수 있음을 이 노래는 말하는 것 같다. 사랑이 아니었던 시절의 사랑이 때로는 가장 아름답고 위대한 사랑이 될 수도 있는 것이다.

Ⅱ

사랑노래인지 아닌지 긴가민가한 이 곡의 노랫말은 윤상의 음악적 동반자이자 공동 프로듀서이기도 한 박창학이 아니라 당대 최고의 히트곡 메이커 박주연이 썼다. 그는 윤상의 데뷔곡 〈이별의 그늘〉을 쓴 작사가이기도 하다. 흥미로운 건 거의 비슷한 시기에 박창학이 지은 윤상의 또다른 곡 〈소년〉 역시 흡사한 주제의식을 담고 있다는 점이다. 〈가려진 시간 사이로〉는 윤상의 2집 파트 1에 〈소년〉은 파트 2에 실렸다. 파트 1이 대중적인 히트를 의도했다면 파트 2는 어린 시절부터 함께해온 그의 밴드 페이퍼모드와의 음악적 실험을 담으려는 의도로 만들어졌는데, 흥미롭게도 두 앨범을 관통하는 핵심적 주제의식 중 하나가 '어린 시절'과 '순수'였던 셈이다.

때로 추억은 사랑보다 아름답다

〈오래전 그날〉 (1993년)

윤종신

박주연 작사 | 윤종신·정석원 작곡 | 정석원 편곡

1993년, 랩과 팝발라드가 전성기를 누리던 시기에 불쑥 등장한 이 어쿠스틱 포크발라드는 동시대 어느 사랑노래에서도 느낄 수 없던 고풍스럽고 짙은 회고의 정서를 자아냈다. 그것은 장르적 의미의 레트로가 아닌, 훨씬 더 본질적인 감각이었다. 도회적 남녀의 사랑을 노래하던 1990년대 발라드는 이 곡을 통해 '먼 기억과 추억을 불러일으키는 장치'로 다시 주목받게 된다. 게다가 그것이 신세대 음악의 선두주자였던 015B 출신 윤종신과 정석원의 곡이라는 점에서 충격은 더욱 컸다. 이문세와 동물원의 그림자가 드리운 회고적 정서는 단숨에 윤종신을 새로운 유형의 발라드 싱어이자 송라이터로 자리매김하게 했다.

이 노래 제목을 '오래전 그날'이라 한 건 신의 한 수였다. 노래와 화자의 분위기로 미루어 볼 때 어림잡아 10여 년 정도의 과거를 이야기하는 것일 텐데, 노래의 고즈넉하면서 쓸쓸한 분위기 때문인지 그보다 훨씬 더 먼 과거에 대한 회상처럼 들린다. 물론 시간은 똑같이 흐르지 않는다. '교복을 벗고' 이제 막 성인이 된 그들과 이제 막 누군가의 사람이 되어 그 시절을 회상하는 주인공의 사이에는 너무도 많은 변화가 존재하며, 그 어린 시절 한창때의 10여 년은 어른들의 수십 년처럼 느껴지기도 할 테니 말이다.

노래는 의외로 많은 이야기를 전해주지 않는다. '교복'과 '새 학기'라는 말 속에 풋풋한 스물 남짓의 청춘이 그려지고, '제대하기 얼마 전'이라는 표현에서 시간의 흐름과 헤어짐이 암시될 뿐이다. 하지만 이 노래를 들으면 마치 그 시간 속 모든 이야기가 낱낱이 그려지고 떠오르는 듯한 느낌을 받는다. 그건 이 서사가 가진 놀라운 보편성이 우리로 하여금 노래에 쓰여 있지 않은 단어와 문장을 떠올려, 그 틈을 스스로 메우도록 만들기 때문이다.

오랜 시간이 흘렀지만 마음 한편 깊게 각인된 애타는 한 시절은 그를 그때 그 길로 종종 이끈다. 하지만 그 길이 보여주는 건 찾고 싶은 옛사랑의 흔적이 아니라 순수했던 시절을 그리워하는 나에 대한 연민이다. 몇 년이 지나 그렇게 보고 싶던 그 사람이 한층 더 아름답게 나이든 모습을 보며 안도하고, 지금 내 곁에는 '나를 믿고 있는'('내가 사랑하는'이라 쓰지 않은 박주연의 선택에 소름이 돋는다) 한 여자가 있다. 화자는 아내가 알 리 없는 오래전 그 추억이 담긴 노래를 들으며 잠을 청한다. 모두 제자리를 찾은 것 같은데, 왜 마음 한구석이 저릿한 걸까. 그래서 추억은 미련의 다른 이름인지도 모르겠다.

II

오늘 난 감사드렸어

몇 해 지나 너를 봤을 때

누군가 널 그처럼 아름답게

지켜주고 있었음을

그리고 지금 내 방에

나만을 믿고 사는 한 여자와

잠 못 드는 날 달래는

내 아기의 숨소리만이

_〈오래전 그날〉 초기 가사

〈아름다운 사실〉 (2003년)

부활

김태원 작사·작곡 | 부활 편곡

때로 추억은 사랑보다 아름답다. 추억이 머금고 있는 감정의 파편들은 때로 그 사랑의 전모보다 더 크고 진하며, 그 벅찬 하이라이트 영상은 수십 년이 흘러도 마음속에서 늘 똑같이 재생되기 때문이다. 언젠가 필름카메라로 찍어 딱 한 장만 남아 있는 바랜 사진처럼, 어떤 이야기였는지 기억은 나지 않지만 그 사람의 웃는 모습만이 반복재생되는 gif 파일처럼, 아름다운 기억의 파편들은 계속 추억의 강 속에서 흐르고 멈추기를 반복하면서 그리움의 흔적과 퇴적물을 남긴다. 그래서 추억 속 사랑은 슬프도록 아름답게 느껴지나보다.

김태원은 그런 추억과 기억의 파편들을 가장 아름답고 소중하게 간직하고 표현할 줄 아는 섬세한 송라이터다. 그에게 사랑은 기억이 간직한 하나의 아름다운 이야기로서만 존재하며, 몇 번을 다시 끄집어내어도 그 순수한 아름다움이 결코 바래지 않는 불멸의 속성을 가진다.

노래 속 화자는 사랑하는 이에게 그의 마지막 고백을 들어달라고 부탁한다. 틀림없이 숨겨둔 그의 진심일 것이다. 그런데 그가 꺼낸 건 뜻밖에도 사랑한다는 고백이 아니라 사랑했던 순간들에 대한 몇 가지 이야기다. 아마도 현실에서는 이미 빛바래버렸는지 모를, 혹은 실재했는지조차 알 수 없는 전설처럼 느껴지는 '사랑'의 존재에 대해 기억의 힘을 빌려 확인시켜주고 싶은 마음인지도 모른다.

하지만 그 아름다운 추억 속에서도 사랑이란 설명할 수 없이 그저 어렴풋이 느껴지는 어떤 것이다. 그리고 그 추억의 대상은 실체적 경험이라기보다는 내 기억 세포가 정서와 느낌으로만 저장해놓은 아련한 그리움의 감정이었다.

날 바라보는 그 사람, 아련하게 비치는 꿈속의 네 모습은 모두 내 기억 속에 머무는 어떤 이미지다. 그렇게 생각해보면 2절에서 묘사된 상대의 머리칼과 눈빛의 이미지도 그 의미가 보다 명확하게 드러난다. 화자는 그 시절의 어떤 경험을 회상하는 것이 아니라, 자신이 영원히 안고 갈 마지막 기억을 다시 떠올려 재구성하고 있는 것이다. 이제는 돌이킬 수도 되살릴 수도 없는 동화 같은 어떤 이야기가 분명히 존재했음을 믿으며. 그래서 그가 사랑하는 건 꿈속의 그도, 그리운 시간의 너도 아닌, '그리운 내 기억'이 되는 것이다.

이 노래는 〈Never Ending Story〉로 큰 성공을 거둔 부활이 이승철과 다시 작별하고 보컬리스트 정단과 함께 내놓은 9집 《Over the Rainbow》의 타이틀곡이다. 〈Never Ending Story〉 역시 그리움과 추억에 대한 노래지만 훨씬 동화 같은 아름다움이 있다면 〈아름다운 사실〉은 조금 더 무겁고 서글픈 느낌을 준다. 〈아름다운 사실〉의 원제는 '아름다운 비밀'이었다. 그러고 보니 김태원의 노래에는 '비밀'이라는 주제의식이 종종 등장한다. 비밀의 본질은 숨긴다는 것도 있겠지만 핵심은 홀로 간직한다는 것에 있다. 건강이 좋지 않았던 김태원은 이 노래를 유작으로 생각하고 만들었다고 하는데, 그래서인지 오랫동안 간직해온 비밀을 털어놓아야 하는 순간의 서글프고 회한스러운 감정이 담겨 있는 듯하다.

발라드 해시태그 6
#겨울이봄되듯 #내맘같다면
#찾아와줘 #부질없다

아름다운 사랑노래의 대부분은 실은 슬픈 이별노래다. 사랑할 때는 미처 몰랐던, 떠나고 나서야 알게 되는 그 사람의 소중함, 그리고 그대 없이 나는 아무것도 아니라는 깨달음은 늘 이별 후에 찾아온다. 때로는 울부짖지만 때로는 그저 조용히, 그러나 간절히 그 사람이 돌아오기를 기도하는 마음. 지금은 곁에 있지 않지만 언젠가 두 마음이 다시 원하기만 한다면 다시 꼭 만나리라는 믿음, 때로는 헛된 소망이 되기도 하는 그 믿음마저 이제는 사랑이 되어버린 마음. 때로는 폭풍 같고 때로는 고요하지만, 그 안에는 늘 간절함과 애틋함이 담겨 있다.

당신 앞에 꺼내는 맑고 깨끗한 바람

〈그대 내게 다시〉 (1992년)

변진섭

노영심 작사 | 김형석 작곡·편곡

영화 〈원스 어폰 어 타임 인 아메리카〉의 OST 〈Deborah's Theme〉가 인용된 피아노 전주가 흐르고, 웅장한 오케스트레이션과 함께 가요 역사상 흔치 않은 우아한 오프닝이 완성된다. 변진섭은 그의 장기인 슬픔을 담담하게 머금은 목소리로 곡의 제목이자 노래의 주제이기도 한 "그대 내게 다시"라는 첫 소절을 읊조린다.

여기서 멈춰도 이 노래가 갈 길과 분위기를 짐작할 수 있을 정도로 오프닝의 모든 시퀀스는 완벽하다. 더 놀라운 건 드라마틱한 편곡에 비해 노래는 의외로 간단하고 명료한 구성이라는 사실. 단 열여섯 마디로 모든 음과 메시지가 완전히 소개되는 송라이팅은 대단히 고전적이라 할 수 있다.

이 소박한 구성을 드라마틱하게 펼쳐내는 데에서 솜씨

있는 가수와 송라이터들의 전통적 기술을 발견한다. 변진섭은 그의 과거 히트곡, 그러니까 〈너에게로 또다시〉나 〈너무 늦었잖아요〉보다 훨씬 더 드라마틱한 창법을 선보인다. 숨이나 발성이 일정하지 않게 느껴지며, 들숨과 날숨이 어떤 곡들보다 명료하게 포착된다. 그의 장기인 고백조의 미드레인지 보컬이 지닌 드라마가 극대화된 보컬 어레인지는, 담백하지만 동시에 절실하게 '돌아옴'을 맞이하는 곡의 메시지와 정확히 일치한다.

〈그대 내게 다시〉는 '재회에의 염원'을 담은 노래다. 사랑의 고백도, 이별의 변명도, 미련이나 회한도 없는 그저 맑고 투명한 바람. 하지만 그 짧은 글 속에는 모든 것이 담겨 있다. 이미 확인된 사랑에는 더이상 사랑한다는 고백이 필요 없음을 아는 화자는 '그저 내게 오면 된다'고 말한다. 이별은 아침을 기다리는 긴 밤으로, 사랑하는 이를 떠나보낸 괴로운 날들을 서성인 것으로 표현된다. 지난 수많은 갈등과 슬픔은 당연히 지울 수 없는 흔적으로 남을 것이다. 하지만 간절히 그리워하는 한 결국 우리는 다시 만나야만 한다는 운명적 사랑 앞에선 작은 에피소드에 불과하다. 겨울의 눈이 녹아 봄이 되듯이.

소위 말하는 '고점'만을 논한다면 변진섭은 가장 짧은 시간에 가장 폭넓은 대중에게 가장 폭발적인 인기를 누렸던 가수다. 언뜻 그 비교 대상조차 떠오르지 않을 정도다. 발라드음악의 대중화에서 그의 역할 역시 절대적이었다. 변진섭은 '발라드'라는 장르를 확립한 인물로 본인을 꼽는데, 엄밀히 보아도 틀린 말이 아니다. 변진섭의 등장 이전까지 발라드는 그렇게 유력한 장르도 아니었고, 쎄시봉이나 언더그라운드 포크의 파생장르처럼 여겨지는 경향이 강했다. 음악적으로 이 틀을 깬 것은 이영훈과 유재하였지만, 발라드를 전면에 내세워 명실상부 가요계의 정상에 오른 최초의 인물은 변진섭이었다.

〈홀로 된다는 것〉〈너무 늦었잖아요〉 등 히트곡이 즐비한 1집 앨범은 발라드라는 새로운 음악이 대중에게 본격적으로 각인된 이후 가장 성공한 앨범이었고, 〈너에게로 또다시〉가 수록된 2집은 한국 대중음악 역사상 발라드 가수가 발매한 가장 큰 히트작이다.

이후 그의 커리어는 아쉽게 내리막을 걷게 되었다. 데뷔 연도도 큰 차이가 없고 사실 비슷한 연배였음에도 불구하고, 신승훈과 이승환의 등장 이후 변진섭은 이전 세대의 가수로 인식되었다. 그 때문인지 3집 이후의 음반들은 높은 완성도에도 불구하고 그의 가장 큰 지지자들인 소녀팬들의 취향과는 조금씩 멀어지기 시작했다. 〈그대 내게 다시〉 역시 발매 당시에는 큰 반응을 얻지 못했으나, 꾸준히 재발견되어 이제는 변진섭의 대표곡 중 하나로 기억되고 있다.

슬픈 혼잣말을 해본 적이 있다면

〈나와 같다면〉 (1995년)

박상태

박주연 작사 | 이동원 작곡 | 최태완 편곡

어떤 노랫말은 흐름이 너무도 자연스러우면서 매끄러워, 글쓴이가 단숨에 리듬을 타고 써내려간 듯한 느낌을 준다. 대개 거창한 수사보다는 단출한 진심이 담기기 마련이고, 듣는 이도 복잡한 해석 없이 감정의 결을 따라 자연스럽게 노래에 스며든다. 가요 역사상 가장 위대한 작사가 중 한 명인 박주연과, 임창정의 〈소주 한잔〉을 만든 작곡가 이동원이 함께한 이 세심한 발라드 〈나와 같다면〉은 소박함과 자연스러움이 만드는 감동과 쾌감을 우리에게 선사한다.

이 노래의 가장 놀라운 점은 그 안의 표현들이 놀라울 정도로 평범하고 아무렇지 않다는 데 있다. 누구의 일기에서도 흔히 찾을 수 있을 법한, 그 자체만으로는 어떤 감동을 느끼기가 어려운 어휘들이 등장한다. 하지만 그 별것 아닌 듯한 일상의 어휘들이 소환하는 감정들이 너무 보편적이어서, 마치 공유된 추억 폴더를 함께 열어 들여다보는 느낌이 든다.

아무 약속이 없는 평범한 날은 네가 없다는 이유로 더 허전하게만 느껴지고, 너도 나처럼 이 익숙한 공백 속에서 문득 내 생각을 하고 있을까 궁금해진다. 마치 나의 이야기를 누군가 그대로 옮겨놓은 듯한 글에 마음은 한껏 젖어든다.

압권은 두번째 벌스다. 방안의 물건들을 정리하다가 내 사진이 나오면 과연 바로 찢어버리는지, 아니면 한참을 들여다보는지, 라고 말하는 화자. 여기서 이 노래가 말하고 싶은, 가장 중요한 감정의 결이 담겨 있다. 상대방에게 묻는 것처럼 들리지만 실제로는 그저 내 마음과 내 행위를 묘사하고 있는 것이다. 아직 떨쳐내지 못한, 아니 다시 돌아가고 싶은 미련의 마음을 군더더기 없는 담백함 속에 직관적으로 그려내고 있는 것이다.

곡의 모든 구절은 그 길이, 발음, 운율에 맞추어 재치 있게 결합되어 있다. 박주연은 프리코러스 파트에서 '또' '음' '늘'이라는 별 뜻 없는 단음절 단어들로 멜로디의 리듬감을 살려가는데, 솜씨 좋은 작가들이 보여줄 수 있는 송라이팅의 노하우가 유감없이 발휘되어 있다. '나와 같다면'이라는 제목 역시 그렇다. 곡을 듣지 않은 누구라도 쉽게 짐작할 수 있는 어떤 감정, 화자의 마음상태, 그리고 돌아와달라는 결론을 위한 가장 중요한 전제가 평범하기 그지없는 다섯 자로 표현된다. 물론 이는 확인할 수도 기약할 수도 없는, 그래서 간절하지만 어쩌면 비극적일 수 있는 슬픈 혼잣말임을 우리는 안다.

> 〈나와 같다면〉은 김장훈의 곡으로 널리 알려졌지만 1995년 박상태라는 가수에 의해 발표되어 잔잔한 반응을 얻은 곡이다. 흥미롭게도 박상태의 원곡과 김장훈의 리메이크 버전은 노래의 흐름과 뉘앙스에서 차이를 보인다. 원곡은 두 번의 벌스를 이어 부르며 원래 글쓴이가 의도한 감정선과 리듬감이 보다 자연스럽게 전달된다. 반면 김현철이 편곡한 김장훈의 리메이크 버전은 원래 이어져 있는 두 벌스부를 1, 2절로 나누고 코러스의 멜로디를 옥타브를 낮추어 불렀는데, 첫번째와 대비되는 두번째 코러스의 호소력 있는 고음은 가사의 구조보다는 곡 자체의 드라마틱한 구성을 더 강조한다.

〈내 곁에서 떠나가지 말아요〉 (1991년)

빛과소금

한경훈 작사·작곡·편곡

세상에 있는 아름다운 말을 모두 끌어와도 부족하게 느껴지는 것이 사랑이라는 마음이지만, 원치 않은 이별 앞에서만

은 모든 꾸밈이 무의미해진다. 하지만 그래서 에두르지 않은 애원은 더 절실하게 느껴진다. 〈내 곁에서 떠나가지 말아요〉는 그런 노래다. 딱 저 한마디를 위해 존재하는 우직하고도 미련한 마음.

세련된 도시적 감수성이 빛과소금의 음악이 지닌 특징이지만 이 노래는 투박한 고백으로 호소한다. 어떤 에두름도 없이 결론부터 시작해 보잘것없는 이유를 하나하나씩 꺼낸다. 재밌는 부분은 상대가 얼마나 소중한 사람인지는 설명하지 않는다는 점이다. 철저히 자기감정이 중심이 된 애원은 그래서 조금은 어리광처럼 들리기도 한다.

그대의 의미나 나의 잘못은 이 노래의 관심이 아니다. 그저 혼자 지내는 밤이 쓸쓸하고, 너무도 나약해서 하찮게까지 느껴지는 나라는 존재는 그대 없이는 더더욱 아무것도 아니라는 깨달음에 눈물을 흘릴 뿐이다. 하지만 마음이 돌아오지 않으리라는 슬픈 확신 속에 노래는 체념으로 쓸쓸히 마무리된다. 간절하지만 소극적인, 반복도 울부짖음도 없는 이 연약함은 소용없다는 말 속에 모두 담긴다.

이보다 더 애절하고 이보다 더 나약한 사랑노래가 또 있을까. 마치 수화기 건너편 상대방의 목소리가 끊긴 것을 알면서도, 아니 알고 나서야 혼잣말처럼 되뇌는, 오직 끝을 확신한 순간에만 부를 수 있는 무의미한 애원의 독백이다.

이 곡을 만든 한경훈은 빛과소금의 원년 멤버로, 실은 장기호와 함께 그룹의 출발점이기도 했다. 동료 장기호의 회상에 따르면 한경훈은 음악적인 능력과 감수성이 대단했으나, 짧은 활동 때문에 그 재능이 완전히 꽃피지 못했던 뮤지션이다. 빛과소금의 두번째 앨범에 수록된 이 노래는 정작 당시에는 대중적으로 크게 각인되지는 못했다. 〈내 곁에서 떠나가지 말아요〉가 새롭게 발견된 건 이소라가 세번째 앨범에서 이 곡을 리메이크하고 나서인데, 심지어 같은 1990년대 곡임에도 많은 이가 이 노래를 이소라의 오리지널로 기억한다.

〈야상곡〉 (2004년)

김윤아

김윤아 작사·작곡·편곡

　　타임리스. 클래식. 이 음악을 들으면서 떠오르는 단어들이다. 모든 음악은 컨템퍼러리의 속성을 가지고 있지만 동시에 고전으로서의 가능성을 내포하고 있기도 하다. 김윤아의 〈야상곡〉은 마치 클래식의 운명을 가진 듯한 노래다. 고상하면서 우아한, 하지만 어떤 세속적 발라드만큼이나 애절하고 처연한 이 노래는 김윤아라는 뮤지션이 지닌 드넓은 음악적 스펙트럼과 미스터리한 카리스마의 한 단면에 불과하다.

김윤아의 〈야상곡〉에서는 한국 고전가요들의 고색창연함이 포착된다. 윤심덕의 〈사의 찬미〉나 정훈희의 〈안개〉, 혹은 김추자의 〈님은 먼곳에〉 같은 한 서린 슬픔과 억누른 감정. 아마 그런 클래식한 감성을 의도했을 이 노래는, 그래서 선택한 단어 하나하나와 감정의 결을 전달하는 방식이 모두 고풍스럽기 그지없다.

어느 늦은 봄, 끝날 것 같지 않은 오랜 기다림, 사랑의 열병 아닌 기다림의 열병에 빠져 있는 주인공. 하루가 몇 해 같은 그 시간의 지난함과 막연함을 빗댄 표현은 송라이터 김윤아의 소름 돋는 통찰을 잘 드러내주는 오프닝이다. 지는 꽃은 내 사랑 혹은 그리움의 끝을 말하는가, 아니면 님이 돌아오실 날이 가까워짐을 말해주는가. 그 혼란스럽고 불길한 마음은 처연한 피아노 소리와 마음을 에는 듯한 현의 치찰음에 실려 밤을 더 깊고 슬프게 채워간다.

사랑 앞에 비이성적으로 나약해지는 인간적인 마음을 부질없는 인연이라 부른 것은 이 노래의 가장 결정적인 순간으로, 소월이나 만해의 시에서 느껴지는 회한과 체념의 정서가 마치 2000년대에 김윤아라는 작가를 통해 되살아난 듯한 착각마저 들게 한다. 놀라운 사실은 그럼에도 불구하고 이 노래에 어떤 '척'도 없다는 것이다. 노래의 마지막 음이 사라지기 전까지 수없이 많은 도약과 폭발의 순간들이 잠재되어 있지만, 김윤아는 단 한 번도 폭발시키지 않는다. 어느 쪽이 더 슬픈지를 알기 때문일 것이다.

〈나의 외로움이 널 부를 때〉 (1997년)

장필순

조동희 작사 | 조동익 작곡·편곡

이 노래는 정말 가만히 다가온다. 10초도 채 되지 않는 짧은 도입부를 채우는 따뜻한 어쿠스틱기타 소리와 연하디연한 스트링 세션은 화려하고 애절한 발라드와는 거리가 멀다. 너무 촘촘하지도 그렇다고 성기지도 않은 외로움의 결을 가만가만 풀어놓기 시작하는 장필순의 목소리도 관조적이다. 그가 말해주듯 '식어가는' 감정을 마치 꺼져가는 장작불을 바라보는 듯한 느낌으로 가만히 응시한다.

노래는 어느새 조용한 전환을 만들어낸다. '서늘한 바람'

과 함께 정말로 음표 사이로 바람이 불어오기 시작한다. 식어가는 줄 알았던 그 마음이 되살아난다. 그런데 그건 한순간의 되살아남이 아니라 계절이 가져다주는 감정의 반복이다. 그래서 노래는 불어올 '때쯤에'라고 말한다. 언제라고 인식하지 못하지만 오로지 감정의 온도로만 깨닫게 되는 그즈음.

이 노래는 멜로디, 편곡, 그리고 가사의 내용이 완벽하게 하나의 이야기를 들려주는, 설명할 수는 없어도 몸이 납득하는 합일의 쾌감이 무엇인지를 알려준다. 고요히 떠오르며 마음의 세포를 깨우는 듯한 선율, 거기에 긴장감을 더하는 스트링의 과하지 않은 고양감, 무엇보다도 조동희의 아름다운 표현들 덕에 다소 메마른 듯한 장필순의 목소리에도 미묘한 생기가 더해져간다.

'서늘한'과 '살아나'라는, 비슷한 음가를 가졌지만 사뭇 다른 온도의 두 단어를 맞붙인 참신함, 모든 게 퇴색되어가는 계절에 거짓말처럼 되살아나는 따뜻한 그리움을 발견하는 섬세한 언어적 감수성은 감정에 온기를 불어넣어주는 듯한 악기들의 소리와 어울려 노래를 절정부로 이끈다.

단지 외로울 때가 아니라, 혹은 외로움이 느껴질 때가 아니라, 외로움이 널 '부를 때'라는 표현은 언어적 기술이라기엔 그 말이 담은 감정이 애달프다. 돌아와달라고 애원하는 노래들

은 체념 속에서도 늘 미련을 담고 있지만, 이 노래 속 그 사람은
내가 기억하는 아름다운 모습으로 영원하다는 것. 늘 그리운 것
은 아니지만, 그리움도 언젠가는 점점 옅어지겠지만, 아무리 막
으려 해도 계절의 온도가 야속하게도 외로움을 데리고 다시 찾
아오면 그때만이라도, 아주 '가끔씩'이라도 그리움을 내 마음에
허락하고픈 것이다.

발라드 해시태그 7
#지금은알수없어 #누굴위한건데
#할말하않 #안물안궁

이별의 이유를 속시원히 설명할 수 있다면 얼마나 좋을까. 왜 잘못되었는지, 왜 나는 그의 곁을 떠나야만 하는지, 왜 그 사람의 마음이 변했는지 끝내 알 수 없는 이야기들. 너무 사랑했기에, 그 사람에게 어울릴 수 없다는 걸 알기에, 그 사람에게 더 좋은 사람이 생겼기에 보내줘야 했던, 야속하고 비참했던 그 사랑의 기억들. 이 노래들은 바로 그런 이별이 가진 미스터리한 본성에 대해 실마리를 던져준다. 이유를 알 수 없는 상실과 그래서 더 막막한 심정으로 그 안에서 겨우 숨 쉬며 버텨내야 했던 마음을.

비록 사랑이 아련한 수수께끼만을 남길지라도

〈세월이 가면〉 (1988년)

최호섭

최명섭 작사 | 최귀섭 작곡 | 김명곤 편곡

노래가 영화라면, 노래 속 사랑과 이별이야기의 장르는 로맨스가 아니라 미스터리에 더 가까울지 모른다. 왜 좋아졌는지, 왜 떠나야 했는지, 그 웃음과 눈물의 의미를 단 몇 문장으로 정확히 파악할 도리는 없다. 어쩌면 누군가에게는 마지막 눈감는 순간에도 떠오를 짧은 한 장면이, 결국은 노랫말을 곱씹는 모든 이의 기억이 되어 영원히 미스터리로 남는다는 것, 그것은 창작자들만이 가진 특권이면서 오로지 그들에게만 허락된 중독적 쾌감인지도 모르겠다.

1980년대를 대표하는 가장 아름다운 발라드 중 하나이자, '원히트원더'의 상징처럼 회자되는 〈세월이 가면〉은 해리 포터의 펜시브 마법처럼 아스라하게 바랜 기억 속 이별의 한 장면으로 우리를 소환한다. 허스키하고도 나지막한 최호섭의 목소리에 이끌려 우리는 허탈한 웃음을 지으며 돌아서는 그녀의 뒷모습을, 눈물을 감추지 못한 화자의 마음을 경험한다.

그런데 노래는 그 장면을 생각보다 정밀하게 묘사하지 않는다. 이유를 찾는 우리에게 남겨진 단서란 겨우 이어지는 벌스의 한 부분뿐이다. 흘러가는 시간을 핑계삼아 체념해보지만, 서로를 원한다는 말에서 이게 단순한 위안이 아니라 현실적 절망에서 비롯된 자기설득이라는 의심을 남긴다. 시간은 이별의 조건이 아니라, 이별의 아픔을 견디기 위한 도구라는 깨달음과 함께.

노래 제목('세월이 가면')으로 시작되는 이 곡의 핵심부는 보컬의 호소력을 포함해 노래가 가진 모든 에너지가 분출되는, 지극히 전형적이면서도 효과적인 송라이팅의 정석을 들려준다. 누구의 마음도 뒤흔들 수 있는 이런 멜로디를 쓸 수만 있다면 별다른 기교나 현란한 장치는 필요 없을 것이다.

결국 주인공은 한 가지 소박한 부탁만을 남긴다. 그리운 마음이야 잊힐 테지만, 사랑이 있었다는 사실만은 기억해달라는 간절한 바람. 많은 사랑노래가 이 순간의 미련을 담아낸다. 하지만 이 곡이 유독 더 오래 남는 이유는 바로 그 후렴, 세월이 흘러 마음을 잊어도 사랑의 기억만은 잊지 말라는 진심이 모든 의심과 해석을 넘어 청자에게 절절히 전달되기 때문이다.

사랑은 때로 아무런 답도 남기지 않고 끝난다. 그래서 이 사랑노래는 스토리의 불완전성을 인정하면서도, 여전히 누군가의 기억 속에 머무르고 싶어하는 소망을 담담하게 말한다. 그래서인지 〈세월이 가면〉 속 이별이야기는 해답을 몰라도 상관없는 그저 아련한 수수께끼다.

이 아름다운 노래는 삼형제의 컬래버레이션을 통해 탄생했다. 글은 최호섭의 형인 최명섭, 선율은 동생인 최귀섭이 지었다. 셋 모두 뮤지컬 〈살짜기 옵서예〉를 비롯해 수많은 뮤지컬과 영화음악을 만든 작곡가 최창권의 자녀들로, 각각 대중음악계에서 나름의 성공적인 커리어를 이루었다. 최호섭은 김현식과 함께 한밴드 '돌개바람'으로, 최명섭은 1980년 대학가요제에 출전한 밴드 '샤프'의 멤버로 데뷔했다. 특히 최명섭이 작곡한 〈연극이 끝난 후〉라는 곡은 시대를 초월한 혁신적인 작법으로 평가받고 있다. 최귀섭은 〈세월이 가면〉을 시작으로 원준희의 〈사랑은 유리 같은 것〉, 변진섭의 〈커가는 내 모습〉 등을 만든 히트작곡가이기도 하다.

〈세월이 가면〉은 발라드 전성기인 1980~1990년대를 통틀어서도 가장 빼어난 곡 중 하나다. 올드한 느낌의 사운드를 제외하면 그 어떤 현대적인 발라드에 못지않을 세련된 아름다움과 푸근함을 함께 갖고 있다. 가수 이승환은 유독 이 노래를 아껴서 콘서트의 단골 레퍼토리로 삼을 정도였다. 오디션 프로그램에서도 아티스트의 성숙한 감수성을 엿보기 위해 이 곡이 선곡되는 경우가 종종 있다.

하나 아쉬운 점은 최호섭의 성공이 이 한 곡을 끝으로 재현되지 못했다는 사실이다. 빼어난 가창력을 지녔지만 새로운 시대가 원하는 스타상은 아니었는지도 모르고, 변진섭 등 후발주자들의 엄청난 히트로 그 기세를 이어가지 못한 측면도 있다. 물론 어느 평범한 가수의 전체 커리어보다 위대한 〈세월이 가면〉이라는 단 한 곡이 있다는 점만으로 그는 충분히 축복받은 가수겠지만 말이다.

이별의 야속한 본성

〈슬픔 속에 그댈 지워야만 해〉 (1991년)

이현우

이지영 작사 | 신재홍 작곡·편곡

한국 발라드음악 사상 최고의 오프닝 중 하나가 아닐까 싶은 유려하고 감성적인 오프닝이 감성을 휘감는다. 사실 이건 단순히 좋다를 넘어서는, 어떤 시대를 규정하는 사운드와 정서의 문제다. 이현우의 목소리가 나오기 시작한 30초에서 이 곡이 갖고 있는 현대성과 시대의 시그니처 같은 화성 진행을 만끽하게 된다. 사실 노래는 더 들어볼 것도 없다.

이 곡을 처음 들었던 어린 시절, 나는 사랑하기에 떠난다는 말을 잘 이해하지 못했다. 스스로의 연약함과 비겁함에 대한 변명 같기도 하고, '의지박약 포기선언'의 로맨틱한 버전 같기도 했다. 떠나는 주제에 사랑하긴 했다니 '나 그래도 노력은 한 거라니까'라는 근거를 남기는 거라고 생각했다. 참 나, 그게 도대체 뭐란 말인가. 보고 싶지만 가까이 갈 수 없는 사이, 하지만 크고 따뜻한 사랑을 주었다는 건 어떤 관계라는 뜻일까? 사랑을 주었던 사랑이라는 건 짝사랑이라는 의미일까? 이 노래는 안타깝게도 쉽게 답을 알려주지 않는다.

가을 하늘이 유독 차갑게만 느껴지고, 좋아하는데도 떠날 수밖에 없는 그 순간이 찾아온다. 그런데 이상하다. 눈물을 흘리는 것은 정작 그녀다. 그리고 주인공은 '내 마음을 이해할 때가 올 거야'라는 말을 남긴다. 씁쓸하다. 이 떠남을 언젠간 후회하겠지만 그럴 수밖에 없는 나를 이해해달라는 말, 분명 무슨 사연이 있었을 것이다. 나이가 들어서인지 이제 그 상황이 뭔지 알 것도 같다. 그래도 마음에 들지 않는다. 힘겨운 마음을 감춘 이현우의 짐짓 쿨하고 세련된 목소리, 군더더기 없이 깔끔하고 유려한 편곡이 더해지며 이 노래는 뭔가 너무 딱 떨어진다.

그렇지만 이처럼 음악적으로 흠을 잡기 어려운 편곡과

                                     더 송라이터스

멜로디가 얼마나 있을까. 선율이 말하고픈 모든 생각이 읽힌다고 할 수 있을 정도로 거침없이 흘러가고, 친숙하지만 촌스럽다고 느껴지는 일말의 순간조차 허용되지 않는다. 심지어 여덟 마디 기타 간주의 감성은 정말 가사처럼 마음속에 차가운 가을 바람을 불러일으킨다고 느껴질 정도다.

사랑도 좋지만 이렇게 쓸쓸하고 센티한 이별이 하고 싶다는 느낌이 들 정도로.

〈이별여행〉 (1990년)

원미연

김기호 작사 | 신재홍 작곡·편곡

납득할 수 있는 이유를 상대에게도, 심지어 나에게도 정확히 설명할 수 없다는 것이 이별의 야속한 본성이다. 누가 먼저 결정했든, 혹은 그게 누구의 탓이든, 이별의 언저리에서 그런 이유는 서서히 희미해진다. 어느새 언어는 무력해지며, 오직 이게 마지막이리라는 슬픈 본능만이 남는다. 할말은 너무 많지만 말의 무게는 너무 가볍고, 더구나 그 말이 내 진심을 전하지 못할 수도 있다는 두려움에 휩싸인다. 그런 상태에서 취할 수 있는 가장 쉬운 선택은 침묵뿐이다.

원미연의 대표곡으로 작곡가 신재홍을 세상에 알린 〈이별여행〉은 떠남을 위한 떠남을 선택할 수밖에 없는 화자의 착잡한 마음이 청아한 멜로디를 통해 표현된 팝발라드의 걸작이다. 이별 통보를 받기 위해 마주앉은 상대는 별다른 감정의 동요를 보이지 않는 듯하다. 그건 차갑게 식어버린 마음일 수도 당혹감이나 충격의 표현일 수도 있고, 예상했던 이별에 대한 담담한 수용의 신호일지도 모른다. 중요한 건 화자는 어떤 유려한 말로도 이유를 온전히 설명할 수 없고, 어떤 단어들의 조합도 결국 '변명'처럼 들릴 수밖에 없음을 잘 알고 있다는 사실이다.

그런데 이 이별의 미스터리는 그가 다른 누구도 아닌 '너를 위한' 이타적인 이별을 택하기로 했다는 말에서 비롯된다. 이젠 아무 소용도 없을 '사랑해'라는 말을 꾹꾹 누르며, 심지어 상대에게 좋은 기억을 남기고 싶다는 이기적일 수도 있는 바람을 뒤로한 채 그는 떠나기로 한다. 유일한 단서는 마지막 한 줄, 당신에게 너무 많은 것을 바랐다는 말. 어찌 이 마음을 이기적이라고만 할 수 있을까? 사랑이라는 같은 말을 하고 있어도 서로가 정의하는 사랑의 이상적인 모습이나 크기는 다른데.

II

바스락거리는 신시사이저의 영롱한 사운드가 이끄는 세련된 코드 진행과 보이싱. 신재홍의 멜로디와 편곡은 탁월한 감수성의 선율로 이별이야기를 한층 더 아련하고 서글픈 사연으로 만들어준다. 1980년대 팝발라드의 공식과도 같은 일렉기타 솔로, 그리고 마지막 후렴에서 '사랑해' 이후 한 마디를 끌며 마지막 멜로디를 잇고 난 뒤 후주로 연결되는 부분은 탁월한 편곡 센스를 보여준다.

웃으며 헤어진다는 것

〈바보같은 미소〉 (1989년)

조갑경

임기훈 작사·작곡 | 연석원·변성용 편곡

이별보다 이별의 예감이 때로는 더 서글프다. 더구나 그 이유가 자신의 내면에서 비롯된 것임을 깨달았을 때 그 서글픔은 배가된다. 나는 그에게 어울리지 않는다고, 그에게는 더 좋은 사람이 필요하다고 마지못해 인정해야만 하는 그 순간, 이 사랑의 마지막을 준비하는 마음은 비참하고 슬프기만 하다.

임기훈이 만든 조갑경의 데뷔곡은 그 알 수 없는 '바보

같은' 미소의 미스터리에 대해 우리에게 몇 가지 실마리를 던져준다. 화자가 아름다운 미소로 사랑의 모두를 말해주는 대상인 그 사람은 적어도 화자에게만은 이제껏 본 적이 없는 한없이 아름다운 빛을 뿜어내는 사람일 것이다. 눈부시고 찬란한, 바라보는 것만으로 모든 것이 말이 된다고 믿게 되는, 그녀뿐 아니라 그 누구라도 반하고 인생을 걸 만큼의 멋진 사람인지 모른다.

그가 눈빛으로 얘기해준다는 그 세상의 모두란 뭘까? 화자는 알지도 상상하지도 못했던 이 세상이 품은 진리 혹은 지식? 혹은 세상이 돌아가는 현실적 이치에 대한 깨달음일 수도 있다. 사실 그게 특별히 중요한 문제는 아니다. 중요한 건 화자가 한때나마 그 사람의 눈빛을 바라보는 것만으로 세상의 모든 걸 깨달을 수 있다고 믿었다는 사실이다. 그에 대한 화자의 마음은 사랑의 모두라는 구절에서 쉽게 짐작할 수 있다. 말하지 않아도 알 수 있는, 어떤 증명도 필요 없는, 이 세상에서 가장 순수하고 바래지 않은 마음의 결정체, 그는 그것을 사랑의 모두라고 단언하고 있는 것이다.

그런데 도대체 뭐가 문제인 걸까. 세상의 모든 것과 사랑의 모든 것이 만나도 결국 이 사랑이 완성될 수 없는 이유란 무엇일까. 이에 대해 화자는 그의 화려한 빛조차 나의 어두움과 슬픔을 감싸줄 수는 없다고 털어놓는다. 그리고 사랑의 모든 것을 대변하는 내 미소조차 그의 화려한 미래를 밝혀주기엔 너무 미약하다고 덧붙인다.

얼핏 논리적으로 성립하지 않는 이 모순적인 두 가지 이유의 충돌이야말로 〈바보같은 미소〉의 핵심이다. 아무리 완벽한 그라도 나를 완전히 이해할 수 없다고 말하면서 동시에 그의 완벽함이야말로 내가 그의 미래가 될 수 없는 이유라고 변명하는 화자. 결국 이 모든 문제가 사랑하는 사람 앞에 선 자신의 나약함과 비루함에서 기인했음을 이미 느끼고 있지 않을까.

하지만 그는 잠정적 결론인 헤어짐의 과정에서조차 소극적이다. 얼마 남지 않은 시간에 그가 할 수 있는 건 '헤어지자' '끝내자'는 말이 아니라, 고작 애써 마음을 숨긴 '바보같은 미소'뿐이다.

〈바보같은 미소〉는 조갑경의 데뷔곡이자 작곡가 임기훈을 대중음악계에 본격적으로 알린 노래다. 조갑경은 이 곡으로 1989년 KBS 가요대상 신인상과 골든디스크 신인상의 영예를 안았다. 임기훈은 빼어난 가창력을 보유한 가수이기도 했는데, 대표적인 솔로곡인 〈당신과 만난 이날〉은 후에 코요태가 〈만남〉이라는 곡으로 리메이크하기도 했다.

〈이별이란 없는 거야〉 (1988년)

최성원

최성원 작사·작곡 | 조동익 편곡

많고 많은 사랑노래 중 이별의 존재를 혹은 그 개념을 완전히 부정하는 노래는 얼마나 찾을 수 있을까. 들국화를 뒤로 하고 솔로로 첫발을 내딛기 시작한 최성원은 첫 독집앨범에 수록된 이 심플한 팝발라드 넘버를 통해 수많은 사랑노래의 화자들이 그토록 극복하고자 했던, 하지만 극복할 수 없었던 불가능의 영역인 헤어짐 혹은 실연의 슬픔을 이겨낼 방법을 찾아내고자 한다.

그 깨달음은 어이없게도 헤어짐이라는 생각 자체를 받아들이지 않는 것이다. 1절에서는 이별이란 '생각'을, 2절에서는 안녕이란 '말'을 그저 작은 착각이라 표현한다. 이별의 이유가 단지 떨어져 있음에 불과하다면 같은 하늘 아래에서 그건 아무런 문제가 되지 않으며, 안녕의 이유가 잊음이라면 반짝거리는 존재를 잃어버리기에 그 마음은 너무 좁다는 것. 그 존재를 착각이라 일갈하긴 했어도 이별이 현실로 다가와 있음은 분명해 보인다.

왜 그는 웃으며 나를 보내달라고 당부하는 걸까? 헤어짐이 단순히 사랑의 소멸이 아니라 운명의 한계에 의한 것이라면, 이별을 이겨내는 방법은 우리의 생각을 바꾸어야 하기 때문이다. 주인공이 떠나야 했던 진짜 이유는 무엇일까? 이별은 아니라지만 사랑의 끝이기는 한 걸까? 많은 의문이 떠오르지만 우리는 때로 이별이 분명히 그 매듭의 끝을 찾아낼 수 있을 만큼 분명한 개념이 아님을 잘 알고 있다.

우리가 정말로 헤어졌다는 것은 무엇을 근거로 말할 수 있을까? 이 노래는 우리가 이별을 인식하는 세상과 마음의 절대적인 크기를 줄여 가둠으로써, 이별이라는 '생각'과 '말'이 얼마든지 상대적인 개념으로 재규정될 수 있음을 깨닫게 한다. 노랫말처럼 언젠가 새로운 모습으로 만나게 된다면 정녕 이별이라고는 말할 수 없지 않을까.

어떤날의 조동익이 편곡을 맡은 〈이별이란 없는 거야〉는 잔잔한 벌스부와 쥐어짜듯 애절함을 토해내는 후렴부의 뚜렷한 대비로 주제의식을 성공적으로 드러낸다. 그 감정선에서 핵심적인 역할을 맡고 있는 건 1절 후 간주부에 터지는 트윈기타의 화음이다. 이 기타 연주는 노래의 긴장을 유지해주고 서사의 톤을 극대화해줄 뿐 아니라, 그 자체가 말로 표현하지 못하는 또하나의 메시지 같은 역할을 하기도 한다. 이 기타를 연주한 건 어떤날의 또다른 멤버 이병우였다. 일찍이 최성

'하고 싶은 말'과 '하려 했던 말'

〈편지〉 (2000년)

김광진

허승경 작사 | 김광진 작곡 | 박용준 편곡

애절한 후렴으로 회자되는 보통의 곡들에 비해 〈편지〉는 잔잔하게 시작되는 도입부로 기억된다. 다른 노래에 쓰였다면 그다지 특별하지 않게 들렸을 이 구절은, 사람의 힘으로는 어쩔 수 없는 운명적인 '헤어짐'이 주제인 이 노래를 가장 잘 드러내주기 때문이다.

사랑이 운명이라면, 헤어짐도 응당 운명이어야 할 터. 하지만 사랑의 운명을 믿으면서도 헤어짐은 누군가의 탓으로 돌리고 싶어하는 것도 평범한 사람의 마음이다. 그래서 많은 사랑 노래가 사랑을 놓아주기보다 붙잡기 위해 애쓰는지도 모른다.

그래서 이 노래가 더 귀하다. 이 노래의 화자는 거대한 인연의 운명 앞에 하고 싶은 말과 하려 했던 말을 모두 그대로 남겨두고, 억지 노력에 의한 인연의 연장에 미련을 두지 않으려 한다. 인연이라는 거대한 힘 앞에 어쩔 수 없음을 느끼는 마지막에 이르러 참고 참았던 서운한 몇 마디를 내뱉는 일은 후련함 외에 어떤 효력도 없음을 그는 이미 깨달았기에. 물론 그런 결정에 이르기까지는 수없이 꾹꾹 눌러온 마음들이 문드러지고 터져 아무는 과정을 거쳐야만 했을 것이다. 상대의 긴 침묵을 이별로 받아들이겠다는 말은, 자신이 겪어야 했던 수많은 마음고생을 굳이 알아달라고 호소하지 않는다는 점에서 내면의 고통에 대한 짧은 고백이다.

침묵의 배경과 뉘앙스가 무엇이든 그게 이별이라는 결론 외의 다른 것을 의미하지는 않음을 깨달은 그는, 서운함과 해명 대신 진심을 담은 작은 감사의 말을 건네고자 한다. 행복했던 시간들을 떠올리며 그래도 그 시간들 덕에 내가 어려움을 이겨낼 수 있었노라고 털어놓으면서도, 그 사랑했던 기억들을 굳이 기억해달라고 하지 않는다. 그저 내가 사랑했다는 마음 하나만을 가지고 가달라는 마지막 부탁을 남길 뿐. 날 잊지 말아달라가 아니라, 내가 너를 세상에서 제일 사랑한 사람이라고 기억해달라가 아니라, 그저 내 마음만을 가지고 가달라고 청한다.

아름다운 이별이 얼마나 될까. 이 노래에 담긴 어른스러운 마지막 부탁과 다짐조차 내 욕심 그 이상은 아닐지 모른다. 하지만 슬픈 이별이 아름다운 시간들에 대한 부정이 될 수 없다는 걸 이 노래가 한번 더 알려준다. 내 사랑의 버전을 숭고하게 지키는가의 여부는 결국 내가 그 이별을 어떻게 받아들이느냐에 따라 결정되기에.

가슴 아픈 헤어짐조차 관조하는 이 성숙한 감수성은 '하오체'의 예스러움을 통해 더욱 극대화된다. 대중음악에서 극히 드문 시도였던 이 같은 문체는 조금 이른 시기에 발표된 이승환의 〈당부〉에서도 발견할 수 있다. 〈편지〉의 가사는 작사가 허승경이 직접 받았던 편지에 영감을 얻어 쓴 것으로 알려져 있다.

발라드 해시태그 8
#행복 #초대 #도피 #안심

'사랑해'라는 한마디를 하기 위해 인류는 평생 음악을 만들어왔다고 한다. 설레는 마음, 행복한 웃음, 그리고 때로는 애달픈 감정이 주는 어마어마한 힘과 중독성은 우리를 매번 이 사랑이 마지막이라고 믿게 만든다. 우리가 늙고 세상 모든 것이 변할지라도, 지금 이 사랑만은 영원히 지키겠다고 다짐하는 순간, 실은 그게 불가능한 약속일지라도, 우리는 그 논리를 듣고 싶은 게 아니라 그 다짐을 믿고 싶은 거다. 누구도 알아주지 않는 평범한 사람이지만 내가 누군가에게는 세상과도 바꿀 수 없는 존재가 될 수 있다는 것, 그 사실을 확인시켜주는 벅찬 고백. 이 노래들은 한 사람의 마음이 온전히 다른 사람에게 닿는, 세상에서 가장 아름다운 순간을 노래한다.

가장 짧게, 가장 완벽하게 전하는 사랑

〈행복을 주는 사람〉 (1983년)

해바라기

이주호 작사·작곡·편곡

해바라기를 〈사랑으로〉만으로 기억하는 건 불행한 일이다. 1980년대, 이주호만큼 아름다운 멜로디를 꾸준히 써낸 송라이터는 많지 않았다. 한 시절 그의 멜로디는 멈추지 않고 콸콸 쏟아졌고, 그의 표현들은 너무 쉽게 많은 이에게 공감을 불러일으켰다. 연약하면서도 강인하고, 쓸쓸하면서도 희망을 머금은 그의 사랑노래들은 통속적인 감정을 찾는 이들에게도, 서정적인 포크음악을 좋아하는 이들에게도 모두 따뜻한 위로처럼 다가왔다. 그는 비록 시대의 흐름을 뒤바꾼 혁명가는 아니었지만, 유행을 넘어 오랜 세월이 지나도 다시 꺼내 들을 수 있는 '고전'의 반열에 오른 곡들을 수없이 남겨놓았다.

그 많은 곡 가운데서도 〈행복을 주는 사람〉은 유독 세련된 작법과 감각이 돋보이는 작품이다. 귀로만 듣는다면 이 노래가 1980년대가 아니라 1990년대 후반, 혹은 지금 막 발표된 곡이라 해도 그리 이상하지 않을 만큼 감성이 우아하고 깔끔하다. 노래 제목이 주는 산뜻하고 긍정적인 울림도 곡 전반의 인상과 잘 어울린다. 기타를 중심으로 한 전형적인 포크 듀오의 구성임에도 불구하고, 편곡에서 느껴지는 감각은 밥 딜런식 포크록보다는 오히려 비지스나 빌리 조엘, 혹은 1970년대 요트록의 세련된 감성에 가까운 인상을 준다.

이 곡은 벌스 부분에서 이미 모든 감정의 방향을 정리한다. C메이저7에서 G메이저7로 이어지는 반복되는 코드 진행은 특유의 맑고 투명한 긴장감이 마치 맑은 날 아침의 햇살을 떠올리게 한다. 이주호의 시원한 목소리가 여는 첫 멜로디가 의지를 품은 가사와 완벽하게 맞물리며 그 자체로 음과 언어의 조화가 얼마나 아름다울 수 있는지를 증명한다. 험하고 먼 길을 말하면서도 그 말을 꺼내는 이의 목소리에서는 이상하리만치 따뜻함과 미소가 느껴지는 이유는, 바로 '그대'가 그 길의 동반자임을 알기 때문이다.

노래는 이게 전부다. 하지만 그것으로 사랑의 모든 핵심을 말해주고 있다. '행복을 주는 사람'이라는 말은 나의 감정이 아니라 상대의 존재 자체에 대한 인정이며 감사이고, 감정보다 더 깊은 의미 부여다. '네가 최고야' '넌 예뻐' 같은 일방적인 찬사가 아니라, 너는 내 인생을 더 나아지게 만들어주는 사람, 함께 있는 것만으로도 길 위의 햇살이 되는 존재라는 사실을, 담담하게 노래하고 있는 것이다. 가장 적은 말로 가장 완벽하게 사랑을 고백하는 노래다.

이기적인 세레나데 '일상으로의 초대'

〈행복한 나를〉 (1997년)

에코

유유진 작사 | 박근태 작곡·편곡

어느새 30년에 가까워지고 있지만, 여전히 퇴색되지 않는 이 곡의 생명력은 놀라울 정도다. 당시만 해도 낯선 이름이었던 작곡가 박근태의 작품이라는 사실, 그리고 별다른 반응 없이 데뷔가 묻혀버린 신인 3인조 그룹 에코의 신곡이었다는 점은 특별한 화젯거리도 되지 못했다.

이제 막 시작된 아이돌 산업과 쏟아지는 신인그룹의 홍수 속에서, 1990년대 숱하게 쏟아져나온 X세대 댄스곡의 발칙

함도, 눈길을 사로잡는 특이한 퍼포먼스도 없던 〈행복한 나를〉. 하지만 이 곡은 그저 서정적이면서 세련된 멜로디와 시대를 초월해 공감할 수 있는 아름다운 고백의 메시지만으로 누구나 꼭 한번쯤 다시 불러보고 싶어하는 노래의 반열에 올랐다.

곡의 디테일들을 들여다보면 하나하나가 매혹적이다. 지금 들어도 사운드는 퍽 세련되고 깔끔하다. 신스음의 청량함과 따뜻함이 공존하면서, 전체적으로 까슬하면서도 포근하게 안아준다. 1990년대 말 이후 케이팝의 풍경을 그대로 증언하는 미디엄템포의 R&B발라드 장르 위에 촌스러움이 배제된 미려한 선율은 가요계에 새로운 감각을 가진 송라이터가 등장했음을 직감하게 해주었다.

보컬은 여성 R&B그룹의 전형을 충실히 따르고 있는데, 특히 음색과 창법이 완전히 다른 세 명의 싱어가 솔로 파트의 개성을 살려나가면서도 앙상블로서의 매력을 잃지 않는다. 당시 댄스그룹 위주였던 트렌드를 생각하면, 이렇게 보컬리스트 중심의 구성은 그 자체로 신선한 파격이었다. 흑인음악에 기반을 둔 이들의 트렌디하고 서정적인 작풍은 아이돌에게, 소울풀한 보컬그룹의 특성은 빅마마 등 2000년대 초반 R&B 보컬그룹들에게 계승되었다고 보면 여러모로 앞서나갔던 팀이다.

이 곡이 지닌 영원불멸한 매력에서 노랫말이 가진 힘은

결정적이다. 그러나 그것은 화려한 수사나 놀라운 통찰에서 비롯된 것이 아니다. 딱히 특별하지 않은 표현들이 놀랍게도 살면서 누구나 한번쯤 느껴봤을 감정을 조용히 불러낸다. 이번이 마지막 사랑이기를 바라는 순진한 마음, 나만은 결코 흔들리거나 변하지 않으리라는 다짐은 그 감정을 경험했거나 혹은 상상해본 우리 모두를 뭉클하게 만든다.

자신 없는 미래가 불안해 마음을 열지 못한 채 그저 바라보기만 한다. 이때 피어나는 애틋한 마음과 더 커져만가는 사랑은 세대가 아무리 바뀌어도 절대로 변하지 않을, 마치 보편적 진리와 같은 감정선의 결이다.

〈일상으로의 초대〉 (1998년)

신해철

신해철 작사·작곡·편곡

사랑이라는 단어가 등장하지 않는 사랑노래, 결혼이라는 말이 등장하지 않는 청혼가. 숨겨진 로맨티스트 신해철이 만든 가장 절절한 사랑노래 중 하나이면서 가장 달콤한(간지러운) 세레나데이기도 한 〈일상으로의 초대〉는 그렇게 특별하다.

따지고 보면 데뷔곡 〈그대에게〉를 시작으로 평생 사랑

　　　　　　　　　　　　　　　　　　　더 송라이터스

노래를 불러온 그였지만 1998년 발표한 이 노래는 그 뉘앙스가 보다 본격적이다. 빗대지도, 포장하지도 않은 직선적이고 순수한 고백 그 자체. 뜻밖에도 신해철이 윤상과 함께한 프로젝트그룹 '노땐스'의 앨범에 이어 본격적으로 전자음악을 실험한 앨범 《Crom's Techno Works》의 타이틀곡으로, 대중에게 익숙한 팝발라드 혹은 록발라드의 형태를 취하지 않고 차갑게 여겨질 수 있는 미디사운드를 빌려 사랑의 마음을 표현했다.

완벽주의자 신해철의 음악답게 사운드의 조직은 정교하고 치밀하다. 메인 멜로디의 선율을 받치는 신스 프레이즈가 조금은 귀엽기도 하고 익살스럽기도 한 재미난 루프를 만들면서 여기에 드럼과 음원들이 차례로 추가된다. 그리고 시그니처라 말할 수 있는 신해철의 낮은 보컬이 본인의 특별하지 않은 일상을 말하며 고백할 준비를 마친다.

노래는 누구나 쉽게 이해할 수 있을 심플한 구조를 띤다. 반복되는 루프, 쉽고 단출한 벌스, 그리고 프리코러스 없이 옥타브를 올려 호소력 있게 내지르는 후렴구. 이 같은 단계적이고 단순한 구성은 오히려 후렴구에서 신해철이 쏟아내는 고백의 표현들을 더 진정성 있게 만든다.

언어의 천재답게 그는 '결혼'을 '일상으로의 초대'라고 정의한다. 꿈같은 행복의 나라를 약속하는 대신 평범하고 어쩌면 지루한 자신의 일상으로 사랑하는 사람을 끌어들이는 것이다. 그 사람이 지루한 일상을 특별하게 만들 것이라 믿고, 모든 평범한 일이 그 사람으로 인해서 특별해지리라 확신한다.

그렇게 보면 이 노래는 언뜻 이기적인 세레나데로 느껴질 수도 있다. 이 노래에서 신해철은 달콤한 미래를 공약하지 않고, 오로지 내 삶에 변화를 만들어달라고 말하는 것 같기 때문이다. 하지만 이 같은 고백은 듣는 이로 하여금 그들의 존재가치를 가장 높게 평가하는 말로 다가갈 수 있다. 단순히 갖고 싶은 존재가 아니라 내 삶을 특별하고 의미 있게 만들어주는 존재로서 나를 알아주는 사람. 그 초대야말로 그 의미의 진실을 아는 이에겐 화려한 꽃길과 보석과 궁전의 약속보다 더 달콤한 유혹일 것이다.

앨범 제목 'Crom'은 신해철이 1990년대 말부터 쓰기 시작한 대체자아 비슷한 예명이다. 영국의 정치가이자 독재자로 유명한 올리버 크롬웰의 이름에서 딴 것. 완벽주의자에 독재자적인 면모를 가진 그에게 영국의 스태프들이 붙인 별명이라고 한다. 〈일상으로의 초대〉는 언뜻 곡의 구성과 느낌이 그의 초기작 〈안녕〉을 떠올리게도 한다. 하나하나씩 빌드업되는 음악 스타일, 중간의 영어랩, 저음의 벌스와 후렴의 대조가 상당히 흡사하다.

왜 눈물이 흐를까요?

〈꿈을 모아서〉(2001년)

S.E.S.

S.E.S. 작사 | 시마노 사토시 작곡 | 윤치웅 편곡

케이팝이 케이팝이 아니었던 시절, S.E.S.는 케이팝 역사에 길이 남을 사랑스러운 댄스 넘버를 한 곡 남긴다. 지금도 S.E.S.의 가장 유명한 대표곡일 뿐 아니라 메인보컬 바다의 단독 공연에서 종종 앵콜곡으로 사용될 만큼 널리 사랑을 받는 곡, 〈꿈을 모아서〉다.

빠른 리듬에 얹혀 있지만 이 노래를 발라드라고 불러도 큰 위화감이 없을 정도로 사랑스러운 분위기가 그득하다. 희망과 순수함의 결정 같은 고백은 오직 사랑과 행복의 절정에서 확신을 담아 건넬 수 있는 말이다. 오랜 방황과 눈물, 막연함과 두려움을 지나 결국 사랑이라는 '확신'을 얻은 사람에게 더이상 망설임은 있을 수 없다. 그는 단지 누군가에게 사랑을 느끼는 것이 아니라 바로 그 사람을 사랑하기로, 나아가 그 사람과 함께하기로 '결정'한 것이다. 이것은 마음이 아니라 의지의 문제다.

세상은 이 확신을 전후로 나뉜다. 추운 겨울을 지나 어

느덧 따뜻한 바람이 불고, 나무들은 잠에서 깨어 꽃을 피운다. 구름과 꿈이 함께 새로 태어나고, 메말랐던 땅도 촉촉이 젖는다. 날씨가 변해 내 마음이 바뀌는 것이 아니라 우리의 사랑이 세상을 새로이 태어나게 만든다. 유재하가 '가리워진 길'이라 말한 그 보이지 않던 길을 드디어 이들도 발견한다.

그런데 그 길은 반드시 함께 걸어가야만 보이며, 그것은 두 사람의 꿈이 함께 모일 때만 가능한 일이다. '왜 눈물이 흐르는 걸까요'라는 질문은 함께 꾸는 꿈을 통해서만 가능한 새로운 사랑의 확신이 준 행복감의 벅찬 표현이다. 당연한 것 같은 진리를 깨닫고 느끼는 전율 같은 것이다. 모든 것이 가능하고, 또 모든 것이 이뤄질 수 있다는, 사랑에 대한 숭고한 믿음이 주는 감동 말이다.

다소 추상적인 듯한 표현과 평범하지 않은 수식이 도드라져 보인다면, 그건 이 곡이 원래 '夢をかさねて'라는 제목으로 일본에서 발표된 싱글을 번안해 한국어 버전으로 실은 것이기 때문이다. 물론 가사 전부를 그대로 번역한 것은 아니고 일부 표현은 조금 더 명확한 뜻, 어떤 부분은 비슷하지만 다른 식의 표현으로 대체하기도 했다. 두 버전의 가장 큰 차이는 일본어 가사에서 느껴지는 사랑은 '꿈을 포갠다'라는

표현에서 알 수 있듯 조금 더 아련하고 조심스러운 느낌이 있는 데 반해 한국어 가사 버전은 그 사랑의 희망과 의지의 자세가 더 적극적인 느낌을 준다.

〈다행이다〉 (2007년)

이적

이적 작사·작곡·편곡

사랑노래라는 게 그렇다. 마냥 달콤하게만, 간지럽게만, 혹은 오그라들게만 느껴졌던 어떤 노래들을 내가 의미 있게 받아들일 수 있는 상황이 되면 단어 하나, 심지어 조사 하나까지 심장으로 돌진해 알알이 박히는 것 같은 느낌. 그래서 사랑노래의 클래식들은 대부분 그 절반의 지분이 추억과 상처에게 있다고 말할 수도 있다. 사랑노래야말로 송라이터들의 가장 개인적인 경험을 응축한 노래다. 오로지 '나'를 위해 쓰인 사랑의 기억들과 상처들은 결국 수많은 사람에게 '내 이야기'가 되어 영원히 기억된다. 심지어 더이상 그 뮤지션에게 아무런 의미를 갖지 못하는 날이 온다고 할지라도 말이다. 이 노래, 이적이 쓴 가장 개인적이며 달콤한 사랑노래이자 궁극의 고백송인 〈다행이다〉가 딱 그런 노래다.

2007년 처음 이 노래를 듣고 느낀 감동은 평범했다. 그런데 몇 년 후 누군가의 결혼식에서 신랑이 떨리는 목소리로 이 노래를 불러주고, 신부가 울음을 터뜨리는 모습을 보자 비로소 특별하게 다가왔다. 아마 지금 이 순간에도 어디선가 반복되고 있을 그 평범이 유독 내 감정을 울렸던 이유는, 사람이 느끼는 가장 중요한 순간의 감정이 다르지 않다는 뭉클함 때문이었는지도 모르겠다. 물론 그것을 언어화할 수 있는 건 소수의 재능 있는 사람들 몫이다. 이적이 이 노래를 쓰기 전까지 사람들은 영원한 그들의 반쪽 앞에서 수없이 다른 버전의 고백과 다짐을 했을지 모르지만, 그것을 정확히 '다행이다'라고 느껴야 할지는 몰랐을 것이다. 하지만 내가 품었던 설명할 수 없는 감정이 이적의 글을 통해 '다행이다'라고 묘사되고, 이제 그것은 영원히 함께할 누군가를 향해 사람들이 보편적으로 느끼는 감정이 되어버렸다.

이보다 아름답게 쓸 수 있을까 싶은 표현들이 노래를 가득 메운다. 사랑하는 사람과 함께하고 있다는 사실에 고마움을 느낄 때만 찾아오는 절절한 감정들, 이 좌절 속에서도 홀로 버려진 것이 아님을, 이 어려운 길에도 의미가 있음을 깨달을 때만 느낄 수 있는 애틋함과 서글픔, 그리고 안도감을 이적은 그 어느

 더 송라이터스

때보다 진실한 목소리로 노래한다. 이 노래만은 조금 과잉된 듯한 그의 떨림과 샤우팅조차 하나하나 의미를 갖는다. 사랑노래지만 대상을 바꾸면 이 노래는 어느 가스펠보다도 숭고한 종교적 고백이 된다. 가장 순수한 결정의 단계에서 사랑이란 결국 다 같은 것이기에.

〈도망가자〉 (2019년)

선우정아

선우정아·곽은정 작사 | 선우정아 작곡

선우정아·권영찬 편곡

노래의 힘이라는 것은 묘하다. 일상에서 쓰면 아무 의미도 갖지 못하거나 너무 평범해 큰 감동을 불러일으키지 못하는 말들이 특별한 이야기와 음, 그리고 보컬 속에서 완전히 새로운, 영원불멸한 의미를 지니게 되기도 한다. 아무리 보아도 결코 로맨틱하다고 할 수 없는 말, '도망가자'라는 말이 이렇게 낭만적이고 절실하며 가슴 아프게 들릴 수 있다는 것이야말로 노래의 힘이고, 이야기의 힘이며, 결국 송라이팅의 힘이다.

사랑이 가장 간절해지는 순간이 있다. 모든 상황이 나를 배신하고, 마음이 나락으로 떨어져 회복할 수 없다고 느낄 때,

혹은 그런 희망 없는 사람을 바라볼 때, 그래도 우리 둘이어야 한다는 마음만은 더 굳건해짐을 느낄 때다. 우리 둘이라면 괜찮을 거라 믿고, 누군가의 표현처럼 정말 사랑이 모든 것을 이길 수 있다고 생각하게 되는 그 착각, 혹은 믿음.

'떠나가자'가 아니라 '도망가자'라는 말을 써야 했던 이유를 떠올려본다. 지금 우리를 둘러싼 먹구름은 해결할 수 없는 상황일 수도 있고, 혹은 불필요한 오해일 수도 있다. 잠시 떠나보면, 우리 둘이 바라보고 손을 잡으면 그래도 모든 것이 풀리지 않을까. 그렇게 해서라도 사랑의 굳건함을 다시 확인받고 싶은 마음, 그 마지막 다급함과 조바심과 간절함을 담아 던진 말, 도망가자.

〈도망가자〉의 선율은 평범한 듯하지만 결코 평범하지 않은 곡선을 그린다. 예상치 못한 곳에서 강약을 조절해 긴장감을 불러일으키는 선우정아의 보컬은, 발라드 가수들이 공식적으로 구사하는 테크닉에서는 느낄 수 없는 날것의 감정을 신랄하게 드러낸다. 곡에서 처음으로 떠남이 아니라 돌아옴을 말하는 마지막 후렴은 침잠해가던 곡이 희망의 빛을 발견해 가장 중요한 고백을 하는 절정이다. 노랫말과 보컬, 연주가 한 방향으로 휘몰아치며 마지막 각오를 다지는 송라이팅과 편곡의 핵심이기도 하다.

이 노래는 지극히 일방적이고 헌신적이다. 연인이라기보다 어머니의 언어에 더 가깝게 느껴질 정도다. 평소에는 내 욕심이 앞서지만, 바닥에 떨어져 헤매는 자식을 바라볼 때의 일방적이고도 지고지순한 사랑. 그래서 나는 이 노래의 제목인 '도망가자'를, '사랑한다'보다 몇십 배는 더 하기 어려운 말, 그래서 궁극의 프로포즈이기도 한 '지켜줄게'라고 읽는다.

발라드 해시태그 9
#어떻게든 #재회소망 #뜻밖전화 #희망고문

재회의 노래는 떠나간 연인을 그리워하며 눈물짓는 사랑노래들과는 그 성격이 다르다. 단순히 '돌아와줘'가 아니라 언젠가 우리는 결국 다시 만나게 되리라는, 마치 운명처럼 이어진 인연에 대한 믿음과 소망이 담겨 있기 때문이다. 시간이 흘러도 어제 일처럼 잊히지 않는 목소리, 어느 날 문득 걸려온 전화 한 통에 거짓말처럼 다시 뛰기 시작하는 심장. 그 사랑이 어떤 모습으로 돌아올지는 알 수 없어도, 우리는 어딘가에서 반드시 다시 마주하게 되리라 믿는다. 마치 영화 〈세렌디피티〉 속 주인공들처럼, 세상

 더 송라이터스

끝을 돌아 결국 다시 만나는 기적 같은 순간을 꿈꾸는 우리. 이 노래들은 그런 운명적 재회와 설렘의 믿음을 이야기한다.

오랜 방황 끝에 찾은 슬픈 사랑의 노래

〈너에게로 또다시〉 (1989년)

변진섭

박주연 작사 | 하광훈 작곡·편곡

'절창'. 이 노래를 들을 때마다 생각나는 단어다. 완벽한 가사, 그리고 멜로디. 물론 그 자체로 좋은 곡이긴 하지만 이 노래를 변진섭의 목소리 없이 평가할 수 있을까. 변진섭의 목소리가 아니라도 이렇게 오래 기억될 곡일까.

예상치 못한 1집의 성공으로 변진섭은 단숨에 가요계의 가장 중요한 가수 중 하나로 떠올랐고, 그의 곡을 만들었던 하광훈, 지근식, 박주연 등의 송라이터들 모두 가장 각광받는 위치로 함께 격상했다. 상업적으로는 어쩌면 예정된 베스트셀러였지만, 그는 1집의 성공이 우연이 아님을 증명하기 위해 심혈을 기울였다. 전작의 라인업에 더해 신진 작곡가로 주목받고 있던 윤상이 합류했고, 여기에 신인 싱어송라이터 노영심이 〈희망사항〉이라는 곡으로 막차를 타 완벽한 균형미를 뽐냈다. 하지만 결국 앨범의 승부에 대한 관심은 '타이틀곡'이 전작 〈홀로 된다는 것〉을 능가할 수 있느냐에 모아졌고, 박주연과 하광훈은 처음으로 함께 호흡을 맞추며 변진섭의 인생작이 된 이 곡을 만들어낸다.

이 노래가 의외였던 점은 '마이너 발라드'라는 대중적인 노선을 취하고 있긴 하지만, 당시 변진섭의 주 고객이었던 어린 음악팬들의 취향에는 지나치게 성숙한 분위기를 내세우고 있었다는 것이다. 이들은 1집의 〈홀로 된다는 것〉보다는 〈너무 늦었잖아요〉 〈새들처럼〉 등의 곡으로 팬이 되었던 10대들로, 2집에서도 박주연-하광훈 콤비의 〈숙녀에게〉, 윤상이 작곡한 〈로라〉, 결정적으로 변진섭에게는 축복이자 저주였던 〈희망사항〉에 열광했다. 변진섭은 뜻하지 않게 10대의 우상이자 아이돌로 떠올랐지만, 정작 그가 심혈을 기울였던 〈너에게로 또다시〉의 성숙한 보컬리즘에 대한 평가는 오랜 시간 유보되고 말았다. 어쨌든 그런 미묘한 평가는 당시에는 그렇게 중요하지 않았을 것이다. 앨범은 당시만 해도 희귀한 개념이었던 '밀리언셀러'를 달성했고, 변진섭은 누구도 경험해보지 못했던 대중적 성공의 극단을 맛봤다.

〈너에게로 또다시〉는 당시는 물론이고 발라드 역사에서도 그리 흔치 않은 사랑에 대한 뒤늦은 '깨달음'과 '돌아옴'에 대한 이야기를 담고 있다. 편안하고 이해가 쉬운 사랑노래에 익숙한 청자들에게 그 감각은 어떤 면에서는 지나치게 깊었다. 물론 변진섭의 애달픈 목소리와 노래, 특히 가사와의 어울림은 사실상 완벽에 가깝다. 박주연의 노랫말은 더이상 다듬을 수 없을 만큼 압축적이고 아름답게 화자의 메시지를 전하고 있다.

내 깊은 방황을 변함없이 따뜻한 눈으로 지켜보던 너

이제야 깨달은 너에 대한 고마움을 서글프게 고백한 이 가사는 곡의 핵심적인 역할을 한다. 오랜 방황의 끝에 되찾은 사랑은 분명 해피엔딩이어야 맞지만, 그 시간만큼의 회한이 깊기에 이 노래는 슬픈 노래처럼 불린다.

다시 사랑한다 말할 수 있을까

〈다시 사랑한다 말할까〉 (2001년)

김동률

김동률 작사·작곡·편곡

김동률의 노래에는 지중해적 낭만이 배어 있다. 풍성하

면서 호방한 스케일과 큰 선을 그리며 성큼성큼 움직이는 굵은 선율, 그리고 외로움을 타는 낭만을 간직한 한 남자의 이야기. 김동률 특유의 비브라토와 벨팅이 더해지면 그의 음악에서는 마치 지중해 바람을 맞으며 칸초네를 듣는 것 같은 이국적 낭만성이 흘러나온다. 그 낭만성과 외로움의 정서를 클래식음악에 비유하자면 브람스의 섬세하고 쓸쓸한 서정이 연상된달까. 독보적인 남성적 낭만은 바로 이 노래 〈다시 사랑한다 말할까〉의 핵심적 매력이기도 하다.

영롱한 키보드음과 함께 툭 던져지는 첫 구절은 우리를 두 남녀의 설레는 '재회' 장면으로 데려간다. 노래의 벌스부에서는 오랜만의 만남에 기대감을 품지만 서먹해하는 주인공의 조심스러운 마음 탐색이 펼쳐진다. 하지만 그것도 잠시, 예상치 못했던 그녀의 반응은 혹시나 했던 주인공의 마음을 밑바닥부터 흔들어놓는다.

오랜만의 연락에 설레 잠을 설쳤다면서 수줍게 웃으며 아직 혼자라는 상대의 고백에 화자의 마음은 시려온다. 설렘도 아니고 기쁨도 아닌 '시려온다'는 표현은 이 사랑이야기의 본질을 너무도 잘 드러내주는 기막힌 한 줄이다. 이제 그 자리를 내가 채워줄 수 있지 않을까 하는 기대감과, 하지만 왜 이렇게 늦어졌을까 하는 서글픔의 복합적인 감정. 정말이지 경험하지 못한 사람은 영영 이해하지 못할 마음이다.

후렴구는 의외로 잔잔하다. 여느 발라드에서 느껴지는 뻔한 고음으로의 도약 없이 마치 시원한 바람을 맞으며 가벼운 춤을 추는 듯 담담하다. 그도 그럴 것이 이 후렴은 아직은 내뱉지 못한, 마음 한구석에서 몇 번의 초안과 편집본이 왔다갔다하고 있을 고백의 말들이 빙빙 맴돌고 있기 때문이다. 제목의 '말할까'라는 건 바로 그런 의미다. 음악만큼이나 글도 잘 쓰는 김동률의 아름답고도 절묘한 표현들이 쉼없이 쏟아진다. 운율감을 살려 조금씩 변주되는 이 표현들은 오랜 시간 눌러왔던, 하지만 그 말을 하게 될 기회를 얻을지 상상도 못했던 순간을 위해 준비된 말이라 아무 거침이 없다.

비교적 잔잔하게 흘러가는 후렴에도 드디어 결정적인 도약의 순간이 찾아온다. 내 삶의 이유가 널 사랑하는 거라고 외치는 사랑의 표현이 그렇듯, 이성보다는 감성이 앞서는 감정의 폭발과 함께 전조가 이뤄지며 휘몰아치는 스트링은 마지막 감동의 한순간을 위한 모멘텀이다. 노랫말과 선율과 김동률의 보이스까지 모든 것이 하나의 방향을 향하는 아름다운 곡이다. 그저 잘 만든 곡이라는 말로는 성에 차지 않는다.

그리워하고, 미워하다, 원망하고, 애원하는

〈화장을 고치고〉 (2001년)

왁스

최준영 작사 | 최준영·임기훈 작곡 | 나원주 편곡

'처연함'이라는 단어를 노래로 만들 수 있다면 이 곡이지 않을까. 송라이터 임기훈과 최준영의 커리어에서 가장 빛나는 사랑노래이자, 처절함이 시대정신이었던 2000년대 초반 가요계에서도 유독 그 처연한 슬픔과 남루함이 빛난 걸작.

노래는 통속적 신파와 정제된 애조 그 어디쯤을 절묘하게 파고든다. 송라이터들 간의 절묘한 밸런스라고 말할 수도 있을 것이다. 최준영의 노랫말은 애절한 멜로드라마 주인공의 내레이션처럼 읽히는 데 반해, 임기훈의 멜로디는 장조 안에서 감성적인 하행 진행과 코드 운용의 테크닉을 통해 과장되지 않은 슬픔을 덧입힌다. 물론 여기에 아스라한 추억을 환기시키는 스트링 편곡을 입힌 나원주의 감각이 더해졌다. 곡은 슬프지만 울부짖지 않고, 애원하지만 질척대지 않는 적당한 호소력을 확보한다.

하지만 굳이 무게추가 있다면 담담함보다는 신파적 서

글픔에 훨씬 쏠려 있다. 언제 돌아올지 모르는 그 사람을 위해 화장을 고치곤 한다는 고백은 멜로드라마적 서사에 가까운데다, 노래를 부르는 왁스의 처연한 목소리가 그 슬픔을 충분히 설명해주기 때문이다. 하지만 그는 처음부터 쏟아붓지 않는다. 단순한 구조로 반복되는 곡이지만 매 절마다 감정의 밀도를 높여 청자들을 애달픔의 끝으로 인도한다.

그리워하고, 원망하다, 결국 미안해하며 애원하는 화자의 미련한 기다림을 설명하는 가장 중요한 이유는 놀랍게도 한 단어로 설명된다. '어떻게든'. 이 노래가 하고 싶은 말이자 그 어떤 논리적 감정의 설명 위에 존재하는 절대적인 이유. 누구의 잘못이든, 어떤 일이 있었든, 그 사랑은 '어떻게든' 계속되어야 한다는 것. 그 단어가 이처럼 슬프고 또 비장하게 들릴 수 있는지 전에는 상상도 하지 못했다. 음악이란 그래서 위대하다.

> 〈화장을 고치고〉는 멜로드라마 가요 발라드라는 장르를 만든다면 그 장르의 톱5 후보에 당당히 올려놓고 싶은 곡. 2000년대 초반을 수놓은 수많은 발라드들 가운데서도 최고의 곡 중 하나다. 왁스의 곡이지만 정작 가수의 얼굴은 등장하지 않는, 조성모의 〈To Heaven〉식 전략을 가지고 나왔는데, 결과는 대성공이었다.

많은 가수가 이 곡을 커버했지만 가장 인상적인 버전은 JTBC 〈비긴어게인〉에서 태연이 부른 버전이다. 가사의 몇 부분만 살짝 바꿈으로써 곡의 결론은 유지한 채, 서사와 분위기를 어떻게 바꿀 수 있는지를 보여주었다. 태연은 "아무것도 넌 해준 게 없어, 받기만 했을 뿐 그래서 미워해"라고, 원곡이 가진 자책의 정서를 제거하고 그 자리에 상대방에 대한 원망을 담았다.

즉 왁스의 버전이 날 바보처럼 사랑해주고 떠난 사람에 대한 그리움과 미안함의 정서라면, 태연의 버전은 '나쁜 X'지만 미워하면서도 그리워할 수밖에 없는 미련에 대한 이야기인 것이다. 물론 둘 다 결론은 동일하다. '어떻게든' 다시 사랑해야 한다는 것.

전화 한 통에 마음이 흔들려봤다면

〈너에게 간다〉 (2005년)

윤종신

윤종신 작사 | 윤종신 · 이근호 작곡 | 황성제 편곡

영롱한 건반음이 가슴에 쿵 하고 떨어지고, 규칙적으로

박동하는 신스 리듬은 주인공의 숨차오르는 가슴의 파동을 그대로 재현한다. 이렇게 잘 만든 음악이라면 사운드는 종종 그 자체로 이야기가 된다. 이 노래는 다급하지도 않고 특별한 도약이나 변주도 없다. 하지만 규칙적인 발걸음에 담긴 기대감과 설렘, 그 안에 담긴 수많은 행간의 이야기들에 대한 상상만으로 노래는 충분히 벅차오른다. 땀흘리며 날랜 걸음으로 약속장소를 향하는 그의 모습이 보이며, 그 시선과 숨결을 따라 메마른 것 같았던 내 심장도 함께 뛴다.

생각지도 못한 전화 한 통을 받고 그는 기회일지 또다른 상처일지 모를 재회의 장소로 향한다. 그의 말처럼 이젠 없을 것 같았던 길을 뛰는 것에 감동하며. 무슨 전화였는지, 어떤 마음이었는지, 이 만남이 무엇을 의미하는 걸지 아직은 알지 못하지만 그저 무심한 인사였어도 좋다는 한결같은 마음은 그런 것들을 개의치 않는다. 헤어짐과 오랜 기다림 끝에 기적처럼 찾아온 전화 한 통이 되살려낸 희망과 잊은 줄 알았던 사랑의 재발견을 윤종신은 어떻게 표현했을까.

너와 헤어짐에 자신했던 세월이란 믿음은

나에게만은 거꾸로 흘러

너를 가장 사랑했던 그때로 나를 데려가서

멈춰 있는 추억 속을 맴돌게 했지

송라이터로서 윤종신의 놀라운 통찰과 재능을 온전히 느낄 수 있는 아름다운 문장이다. 미문을 넘어 언뜻 비문처럼 들리기도 하지만, 글에서 중요한 부분은 문장의 정교함이 아니라 의도하는 내용이 얼마나 복잡미묘하게 전달될 수 있느냐다. 노래를 들으며 이 구절이 뭘 의미하는지 모를 사람은 없다. 물론 적당히 모르는 것도 감동을 배가시킬 수 있긴 하지만.

누군가의 전화 한 통으로 마음이 흔들려본 사람이라면 누구나 그 상황을 떠올릴 수 있을 것이다. 세월이 무뎌지게 만들었다고 믿었던 그 사람에 대한 마음이 예전과 조금도 다르지 않게 온전히 되살아나는 기분 말이다. 숨 가쁘게 뛰어간 그 장소, 그 사람이 앉아 있는 곳이 보이고, 문이 열리고 나면 그대로 화이트아웃.

하지만 우리의 마음속에서 그 이야기는 언제든 다시 재생된다. 수많은 각자의 결말부를 떠올린 채.

발라드 해시태그 10
#청춘의끝 #시린바람 #30+사랑 #내려놓음

발라드가 사랑노래라고 불리긴 해도 이별로 인한 상실감과 상처에 대한 이야기가 차지하는 비중은 대단히 높다. 그 안을 조금 더 깊이 들여다보면 단순히 실연의 슬픔을 뛰어넘는 깊은 상실감과 공허함의 정서, 혹은 체념과 잊힘, 그리고 수용의 정서를 다룬 노래들도 있다. 이런 노래들은 자못 성숙한 감정을 느끼게 하며, 그래서인지 대부분 아티스트의 커리어에서 가장 성숙하고도 어른스러운 레퍼토리로 받아들여지는 경우가 많다. 그리고 거의 예외 없이, 이런 주제의식을 아름답게 그려낸 명곡들은 당대 최고의 송라이터들에 의해 탄생되었다.

너를 마지막으로 나의 청춘은 끝이 났다

〈Q〉 **(1989년)**

조용필

양인자 작사 | 김희갑 작곡 | 김용년 편곡

사랑과 인연의 마지막 순간을 한 시절의 끝, 나아가 내 청춘의 끝으로 묘사한 〈Q〉의 첫 구절은 가요 역사상 가장 위대한 구절 중 하나일 것이다. 가장 뜨거웠던 진정한 사랑을 겪었던 사람이라면 길게 설명하지 않아도 알 수 있을 것이다. 이 이별이 내 생애 가장 아름다운 시절의 종장임을, 이런 사랑은 다시는 없을 것임을. 사랑과 인생의 소름 돋는 통찰을 수없이 들려줬던 양인자가 써낸 또하나의 아름답고 절묘한 표현이다.

조용필의 1980년대는 서구적 팝록의 정교함에 대한 추구와 한국적 미와 정서에 대한 탐구로 나뉜다. 〈Q〉는 단연 후자다. 한 남자의 열정과 외로움 그리고 존재의 의미에 대한 장구한 대서사시 〈킬리만자로의 표범〉을 완성시킨 바 있는 양인자-김희갑 송라이터 콤비는 〈Q〉를 통해 한국적이면서 보편적인 이별의 이야기를 들려준다. '나와 술잔이 함께 울었다'라는 표현은 마치 한시의 구절같이 고풍스러우며, '나는 너를 잊음으로 용서한다'는 표현은 체념 속에서 다 버리지 못한 회한과 미련의 조각에 대한 너무도 정직한 다짐이다.

동시대를 주름잡았던 세련된 팝발라드들에 비해 이 노래는 화성적으로나 구조적으로나 지극히 평이하다. 단순한 벌스와 어렵게 꼬지 않는 순박한 후렴, 그 세 번의 반복이 전부다. 하지만 덕분에 가사는 더 명료하게 들어오고, 숨이 턱 막히는 절절한 이야기의 몰입감은 배가된다. 송라이팅이 늘 세련되어야 할 이유는 없다.

목소리로 완성되는 사랑의 순한 감정들

〈바람이 분다〉 (2004년)

이소라

이소라 작사 | 이승환 작곡 | 이승환·이병준 편곡

수많은 발라드를 들으며, 가끔은 어떤 곡들이 사랑노래의 한계를 넘어선 경지에 이르렀다는 느낌을 받을 때가 있다. 하지만 사랑이나 이별이라는 감정이 누구에게만 특별히 숭고하거

나 고매하게 다가오는 걸까? 꼭 그렇지는 않을 것이다. 그 밑바닥의 감정은 누구에게나 원초적이고, 때론 찌질하고, 치사하며, 연약하다. 결국 〈바람이 분다〉라는 노래의 위대함은 사랑의 고귀함이 아니라, 누구나 이별 후 겪었을 바닥의 감정을 얼마나 높은 차원의 통찰과 성숙한 감성으로 승화시켰느냐에 달린 것이다. 바로 거기서 우리는 위대한 송라이터의 힘을 실감한다.

　　이소라의 서늘한 목소리는 우리를 그의 경험 한가운데로 또 한번 잡아끈다. 그는 바람을 느낀다. 그 바람은 내 감정 따위는 아랑곳하지 않고, 야속하게 불고 또 변하며, 덧없이 흘러가버리는 세월의 표상이다. 이 지점에서 소름 돋도록 아름다운 문장이 등장한다.

세상은 어제와 같고, 시간은 흐르고 있고
나만 혼자 이렇게 달라져 있다

'어제와 같은 세상'은 결코 바뀌지 않는 운명, '흐르고 있는 시간'은 내 힘으로 어찌할 수 없는 변화, 그리고 '달라져 있는 나'는 오직 스스로만 자각할 수 있는 내면의 아픔을 말하는 것일까. 신기하게도 그 수식의 위치를 서로 바꾸어도 뜻은 얼추 통한다. 생각하게 만드는 것 같지만, 실은 직관적인 공감으로 노래를 느끼게 만드는 대단한 송라이팅 능력이다.

그 이별에도 한때는 분명히 어떤 사연이 있었건만, 이제 별로 중요하지 않다. 그에게 남은 건 이유조차 흐릿해진 이별의 잔향뿐이다. 사랑은 하나였는데, 왜 이별은 둘이었을까. 어쩌면 그 하나였다고 믿었던 사랑도, 사실은 언제나 둘이었는지 모른다. 소원도, 미련도, 바람도 이제는 아무 의미가 없어진 오늘. 어떻게 끝났든, 그의 마지막 모습이 어땠든, 그저 그렇게 끝난 것이다. 화자도 그 사실을 알지만 아직은 밀려드는 설움을 다 막아내지 못해 눈물을 흘릴 뿐이다.

〈제발〉과 〈이제 그만〉을 통해 슬픈 이별의 극한이 무엇인지 들려줬던 이소라지만, 〈바람이 분다〉는 이전과는 전혀 다른 차원의 표현력을 전해준다. 흐느낌도 절규도 없는 절제된 슬픔이 오히려 더 아리고, 더 사무칠 수 있다는 사실이 시적인 언어들과 서늘한 톤으로 증명된다. 정말로, 바람이 불어와 피부를 때린다.

〈야생화〉 (2014년)

박효신

박효신 · 김지향 작사 | 박효신 · 정재일 작곡

정재일 편곡

클래식한 현의 도입에 이어 미니멀한 피아노 연주에 박효신의 느릿한 비브라토가 정석적인 템포를 운용하며 자연스레 이야기로 이끈다. 불필요한 힘을 주지 않고도 그려내는 섬세함. 하지만 무언가 더 응축된 것이 있을 것만 같은 그 실마리는 성급히 터뜨려지지 않는다. 거창하게 시작하지 않지만 이미 우리는 위대함을 듣고 있다고 직감할 수 있다.

얼핏 가만히 이야기를 들어주는 것만 같았던 드럼과 현의 단속적인 존재감은 자연스러운 감정선을 위해 짧게 배치된 파트를 목소리와 함께 타고 넘어, 드디어 빼어난 논리구조로 뒤덮인 핵심 후렴구로 몰아간다. 후렴의 멜로디는 노랫말의 하나하나를 그대로 그려놓은 곡선처럼 느껴진다. 노래를 따라 부르다보면 그 이야기가 가는 곳으로 음이 따라가는 듯한 느낌을 받게 되는데, 그 때문에 마지막에 폭발하는 격정은 감정과 멜로디 모두에서 지극히 자연스럽고 논리적이다.

기본적으로 같은 구조의 도돌이표지만 점층적인 감정의 상승을 노련한 사운드의 배치로 풀어낸 덕택인지 노래를 들으며 지루하단 느낌은 없다. 뭐라고 말할 순 없어도 인생의 어느 시점에 나도 느꼈을 법한 그 기분을 조용히 응시하는 보컬에 마음이 쉽게 몰입한다. 하지만 두번째 파트에서 순간의 브레이크를 통해 한 줄의 가사를 완전히 사운드화하는 모습, 그리고 이어

 더 송라이터스

지는 도약. 박효신이 훌륭한 보컬리스트의 한계를 넘어 마스터로 진입했음을 알려주는 결정적 순간이다.

마지막 남은 단 한 순간의 고양을 위해 참고 기다리는, 서두르지 않고 완곡한 선율을 섬세하게 매만진 편곡자 정재일의 음악적 감각, 단 한 마디도 어렵거나 현학적인 단어로 허세를 부리지 않았으되 사랑과 미움, 그리움과 성숙의 모든 복합미묘함을 한곳에 어색하지 않게 글로 풀어낸 박효신의 자전적 노랫말은 소름이 돋는다. 이소라의 〈바람이 분다〉 이후 처음 들어보는, 이야기와 선율이 가장 높은 수준의 감정선에서 조우한 곡이다.

박효신은 드디어 자신의 목소리가 품을 수 있는 가장 자연스러운 지점을 끌어냈다. 조금은 올드하게 들리는 느릿한 비브라토와 벤딩에서는 한층 더 깊어진 성숙함이, 필요할 때면 음의 위치와 톤을 자유자재로 바꾸어 노래를 몰아부치는 모습에선 변하지 않은 천재성이 느껴진다. 그리고 어려운 음의 도약만으로 이루어진 브릿지를 무리 없이 밀고 나가더니 급기야 마지막 세 음에서 긴 호흡을 늘이며 클라이맥스로 이끄는 모습은 한숨이 나올 정도로 아름답다.

이 곡은 후회와 관조, 그리고 새로운 다짐의 고백이다. 시작이 그랬던 것처럼 마지막 역시 불필요한 여분의 힘이나 참은 울분은 그래서 더더욱 필요 없을 터. 체념과 다짐이 묘하게

뒤섞인 박효신의 목소리는 여분의 미련을 탄식과 함께 마침내
비워낸다.

사랑이라 쓰고 슬픔이라 부르는

〈사랑 그 쓸쓸함에 대하여〉(1991년)

양희은

양희은 작사 | 이병우 작곡·편곡

이영훈에게 '사랑'은 때로 '지겨운' 것이었고, 양희은에게 '사랑'은 참으로 '쓸쓸한' 일이었다. 아름다운 사랑과 슬픈 이별이라는 단조로운 이분법 속에서, 이 두 곡이 유독 빛나는 이유는 인생의 참향기를 맡아본 나이대의 사람들만이 느낄 수 있는 사랑의 진실을 담담하게 포착했기 때문이다. 넘쳐흐르는 쓸쓸함과 외로움을 다시는 겪고 싶지 않지만 백 번을 다시 선택하라면 그 끝을 알면서도 또다시 사랑을 택할 수밖에 없는 연약한 인간의 본성 말이다.

〈사랑 그 쓸쓸함에 대하여〉가 더욱 슬픈 이유는, 정말로 그렇게 느껴지기 때문이다. 양희은은 직접 작사했을 뿐 아니라, 이병우의 기타 연주를 제외한 모든 악기를 배제했다. 그래서 이 작품은 '노래'라기보다는 이병우의 기타 연주에 얹힌 양희은의 독백에 가깝게 들린다. 오히려 이병우의 기타 작품집에 양희은이 협연한 느낌을 주기도 한다. 무엇보다 데뷔 20주년을 맞아

이제 서른아홉이 된 한국 포크음악의 대모가 오랜만에 터놓은 이야기가, 다름 아닌 '사랑의 쓸쓸함'에 관한 깨달음이었다는 점은 다소 충격적으로 다가온다.

사랑은 정말 쓸쓸한 것일까? 실은 이별이 쓸쓸한 것이다. 이 노래도 그 점을 분명히 말하고 있다. 마치 세상이 끝나고, 나를 위해 빛나던 모든 것이 빛을 잃어가는 듯한 사랑의 끝, 혹은 이별 후의 순간. 하지만 그것을 '이별이 쓸쓸하다'고 하지 않고 '사랑이 쓸쓸하다'고 표현한 이유는, 이것이 이별조차도 사랑의 과정임을 깨달은 어른의 감정이기 때문이다. 사랑과 이별이 일상이던 불타오르는 젊은 시절, 아무리 죽을 것 같던 이별도 새로운 사랑 앞에 이내 잊힌다. 애초에 그런 것은 존재하지 않았던 것처럼. 그래서 젊은 시절의 사랑과 이별은 언제나 '설렘'과 '뜨거움'으로 점철된다.

그러나 어른의 사랑은 다르다. 그들에게 사랑은 마냥 흥분되고 기쁜 것이 아니다. 때로는 거부하고픈 위험하고도 조심스러운 감정이며, 때로는 슬픈 끝을 알면서도 피할 수 없는 비극적 이야기의 시작을 의미한다. 사랑의 설렘보다 그것이 가져다줄 쓸쓸함의 잔향을 더 아프게 느끼는 나이. 아니, 사랑이 있어도 외로울 수 있음을 아는 나이다. 누구나 그 시절을 겪는다. 그리고 그때가 되면 이 노래는 더욱 미칠 듯이 쓰라리다.

 더 송라이터스

〈사랑이란〉 (2000년)

윤상

박창학 작사 | 윤상 작곡·편곡

박창학이 쓴 윤상의 곡들은, 결정적인 한 조각이 없이는 결코 완성될 수 없는 퍼즐을 마주한 듯한 인상을 준다. 그렇다고 해독이 불가한 암호 같은 표현이 있는 것도 아니다. 어쩐지 알 것 같은 상황을 그리고 있음에도, 이야기 속에는 어딘가 빠진 조각이 있다. 몇몇 불완전한 틈이 의도적으로 드러나며, 우리는 끝내 느슨한 설명의 맥락을 궁금해하게 된다. 그러나 단서를 모른다 해도 노래의 아름다움은 조금도 줄지 않는다. 아니, 어쩌면 모르기에 더 아름다운 것일지도 모른다.

제목과 달리, 이 곡은 사랑의 정의를 내리는 노래가 아니다. 노래가 말하는 것은 엇갈린 운명, 가사 속 표현대로라면 '짧았던 나의 사랑'의 이유다. 정작 그 이유는 정확히 드러나지 않으며, 우리는 몇 가지 추측만 할 수 있다. 1절에서는 달콤한 유혹이 그 사람의 눈을 가렸다고 말하고, 2절에서는 그가 스스로의 약속을 어기며 이별을 예감하게 되었다고 밝힌다. 노골적이진 않지만, 은근한 책망도 배어 있다. 그리고 주인공은 처음이자 마지막으로, 자신이 믿는 사랑의 조건을 말한다. '함께 숨쉬는 자유'.

그 자유의 의미가 제대로 공유되진 못했지만 섣불리 상대방을 비난할 마음은 없다. 노래 속 주인공은 끝까지 할말을 하지만, 이 결과가 곧 상대의 잘못이라고 원망하지 않는다. 가장 큰 문제는 서로가 '꿈꿔온' 사랑이 달랐다는 점이다. 그의 말처럼, 우리의 삶에는 정답이 없고, 사랑을 믿는다면 이별조차 그 일부임을 받아들여야 하는 것이다. 그렇게 쓸쓸하고 냉소적인 담담함 속에서 노래는 끝을 맺으며 묘한 여운을 남긴다.

이 은근한 쓸쓸함은 사운드에서도 잘 드러난다. 피아노가 이끄는 담담하면서도 온기 있는 질감 위에, 중반부 잠시 스치는 서늘한 일렉트로닉 음색이 더해진다. 따뜻함과 차가움이 묘하게 공존하는 사운드. 자책도, 원망도, 슬픔도, 아쉬움도 아닌, 사랑과 이별이 남긴 운명적 쓸쓸함이 그 안에 있다. 이렇게 서정적이고 음악적인 방식으로 그 감정을 풀어낸 노래는 흔치 않다.

사랑 끝에 마주하는 어른스러운 체념

〈바다 끝〉 (2017년)

최백호

에코브릿지 작사 · 작곡 · 편곡

　　　　　　　　　　　더 송라이터스

예술에 대한 판단이 단순히 주관적일 뿐이라는 말은 거짓이다. 음악에는 분명 깊이도, 수준도, 고매함의 정도도 차이가 있다. 다만 그것을 남에게 강요할 필요가 없을 뿐이다. 나는 여전히 이 노래가 어떻게 가능한 건지 잘 모르겠다. 다만 최백호의 깊은 목소리가 '사랑의 종말'을 가장 아름답게 이야기하고 있다는 사실만은 분명히 알겠다. 끝없이 펼쳐진 바다처럼 한없이 먹먹해지는 감정은 단순히 '이별'이라는 말로는 표현할 수 없다. 그것은 사랑의 끝에서 비로소 마주하는 어른스러운 체념이며, 그 감정을 아는 사람만이 공감할 수 있는 무엇이다.

이 노래의 주인공은 이제 막 사랑을 놓아주려는 체념의 마음을 바다와 태양, 푸른 바람, 구름, 노을 같은 자연에 비춰본다. 아마도 너무 외롭기 때문일 것이다. 그는 소리치지 않고 담담히 말하지만, 북받치는 설움과 허무가 결국 내 몫이라는 사실이 버거워 그 마음을 바다와 풍경에 나누고 싶어한다. 수많은 사람이 가져온 이별의 아픔을 안아주었던 의연한 바다라면, 이번에도 수월히 나를 끌어안을 것이라 믿으면서.

그러나 '바다 끝'은 실재하는 장소가 아니다. 누구도 본 적이 없는 그 끝, 아니 그 너머 더 아득한 곳에 사랑을 두고 오자는 말은, 그러지 않으면 언젠가 그 사랑을 다시 찾고 싶어질까 두려워서일 테다. 평생을 헤맨다 해도 찾을 수 없는 그곳에 사랑의 잔향을 묻고 싶다는 고백은 역설적으로 미련의 크기를 말해준다. '구름처럼 무심한 마음'이라는 표현 속에는 여전히 다 털어내지 못한 서운함이 스친다. 멋있게 말한다고 해서 멋있게 잊을 수 있는 것은 아니다.

음악의 놀라움은, 단순히 진행을 위한 장치에 불과해 보이는 부분이 화자의 감정을 그대로 따라가며 청자에게 마음의 결을 전해준다는 데 있다. 눈부시게 아름답던 사랑이 결국 바람에 흩어져 바다 위에 뿌려지는 순간, 내가 우리를 모르게 되는 그 소멸의 순간에, 최백호는 못내 아쉬운 마음을 이기지 못하고 '오'라는 탄성과 함께 다시 그 눈부신 노을빛 추억을 돌아본다. 그런다고 사랑의 운명이 바뀌지는 않겠지만, 그렇지 않고는 버텨낼 수 없기 때문이다.

〈사랑이 다른 사랑으로 잊혀지네〉 (2004년)

하림

박주연 작사 | 하림 작곡·편곡

노랫말을 가리고 낭만적인 선율과 리듬에 몸을 맡기다 보면, 이 노래가 세상에서 가장 가슴 아픈 노래 중 하나라는 사실을 어느새 잊게 될지도 모른다. 바로 그것이 이 책에서 말하

고 싶었던 가사의 힘이고, 음과 글이 만날 때만 완성되는 송라이팅의 핵심적 비밀이기도 하다. 슬픔과 회한을 꾹꾹 눌러 담은 채 담담하게 털어놓는 박주연의 글, 남은 쓸쓸함이 비치는 가벼운 미소로 아무렇지 않은 듯 노래하는 하림의 보컬, 그리고 그 모든 것을 뒤로한 채 애써 괜찮다고 말하는 듯한 따뜻한 연주, 그 어느 하나라도 빠질 수가 없다. 그 모든 것이 이 이야기의 감동을 완성시키는 필수적인 요소들이다.

언젠가 찾아올 줄 알았던 그와의 재회. 그의 얼굴을 보며 '변한 것 같아도 변하지 않았다'는 말 속에는 여전히 한편에 변하지 않은 채로 남아 있는 나의 마음이 있다. 그것은 결코 미련이 아니다. 몇 번을 다시 돌아가도 그 순간에는 결코 그 사람일 수밖에 없는, 가슴속 감정의 유전자는 바뀔 수가 없는 것일 테니까. 하지만 이제는 그것이 상황과 기억에 가려진다. 그것이 바로 그 옛날 이문세가 말했던 '사랑이 지나가면' 벌어지는 일들이다. 아팠지만 아물었고, 슬프지만 희미해졌고, 원망했지만 덤덤해진 한 시절의 사랑. 윤종신은 〈좋니〉에서 이를 악물며 절규했지만, 하림은 담담히 웃음짓는 그 인연.

그래서 박주연은 '사랑은 다른 사랑으로 잊혀'진다고 말한다. 잊는 것이 아니다. 잊혀지는 것이다. 각자의 시차는 있겠지만 결국에 언젠가는 그렇게 덮인다. 실은 그러기를 바라는 것이다. 영화 〈봄날은 간다〉에서 유지태가 했던 '어떻게 사랑이 변하냐'는 말은, 정작 사랑에 대해 아무것도 알지 못할 때 할 수 있는 용감무식한 말이다. 사랑이 뭔지를 알았다면 그 뜨거운 마음이나 약속은 그냥 그때의 감정에 불과하다는 것을, 쉽게 말해 예의상 하는 말인 걸 안다. 사랑의 완성이 영원이 아니라는 것도. 박주연은 그걸 말하고 싶은 것이다. 언젠가 다시 또 만난다면 그때는 그런 의문조차 품지 않을 성숙한 나이기를 기대하며.

3부

깊어지고 넓어지는 발라드의 세계

발라드는 장르가 아니다

대중음악 관련 서적을 아무리 열심히 뒤져봐도 발라드라는 장르나 하위장르를 언급한 챕터는 존재하지 않는다. 비단 한국의 상황만은 아니며 대중음악의 본고장인 미국의 음악학이나 저널리즘에서도 일관되게 나타나는 현상이다. 결론적으로 말해서 발라드는 특정한 음악 장르가 아니라고 할 수 있다.

그런데 이론적으로야 어쨌든 한 명의 대중으로서는 여기에서 어떤 괴리감이 느껴진다. 누군가가 발라드라는 단어를 언급할 때 우리 머릿속에서는 제법 구체적인 스타일이나 작풍이 그려진다. 누군가를 '발라드를 참 잘 만드는 작곡가' 혹은 '최고의 발라더(발라드 가수)'라고 부르며, 발라드라는 단어를 음악 장르나 스타일처럼 빈번히 사용한다. 발라드라는 장르는 없지만 발라드라 불리는 음악과 그걸 부르는 가수는 존재하는 이 아이러니를 어떻게 설명하면 좋을까.

'ballad'라는 말은 프랑스어 명사 'ballade'에서 유래했는데 이 단어의 어원인 라틴어 동사 'ballāre'는 '춤을 추다'라는 의미를 지녔다고 한다. 그러니까 발라드의 출발은 놀랍게도 춤과 함께 부르는 노래였던 것이다. 애초에 음악 자체보다는 음악에 맞춘 문학형식을 지칭했던 이 단어가 '느린 사랑노래'라는 의미로 쓰이기 시작한 것은 미국 팝음악에서 흔히 스탠더드팝 시대라고 일컬어지는 1950년대를 지나면서부터였다. 빙 크로스비, 프랭크 시나트라, 냇 킹 콜 등은 발라드라는 단어를 '느리면서 감성적인 사랑노래'라는 개념으로 정착시킨 대표적 인물들이다. 발라드 가수가 감미로우면서 로맨틱한 목소리로 유명해진 것은 마이크의 발명과 함께 이들의 섬세한 표현력과 뉘앙스에 대중이 호응했기 때문인데, 덕분에 이들은 부드럽고 나긋하게 부르는 사람이라는 뜻의 '크루너'라는 별칭을 얻게 되었다. 한국에서만 쓰는 단어인 '발라더'의 원형이라 할 수 있다.

발라드의 경향에 큰 변화가 찾아온 것은 로큰롤과 R&B

의 등장 이후다. 특히 1970년대에 유행한 서정적인 록음악, 이를테면 엘튼 존, 카펜터스, 시카고 등이 주도한 '소프트록'의 유행은 발라드를 새롭게 공식화했다. 재즈 일변도의 편곡에서 탈피해 (종종 헤비한) 일렉트릭기타, 신시사이저, 어쿠스틱피아노와 현악부가 다채롭게 어우러진 웅장한 사운드 등 소위 현대적 의미의 '록발라드' 혹은 '파워발라드'가 정립된 때도 이 무렵이다. 1980년대와 1990년대에는 흑인음악의 영향이 지배적인 가운데 스티비 원더, 휘트니 휴스턴, 머라이어 캐리, 보이즈 투 맨 등 흑인음악의 슈퍼스타들이 등장했다. 단출한 신시사이저 반주 위에 그들의 전매특허라고 할 수 있는 화려한 보컬기교가 더해지며 팝발라드의 새로운 경향을 추동했다.

사조 혹은 양식을 뜻하는 장르라는 표현을 발라드에 붙일 수 있는가에 대해선 여전히 의문이 남는다. 대개의 음악 장르들은 매우 구체적인 음악 스타일, 편곡의 특정한 경향성, 그 장르를 추종하는 대중과 지역을 전제한다. 반면 발라드는 매우 유동적이며 가변적인 개념일 뿐 아니라, 앞선 사례들에서 확인되듯 기존 장르에 종속되는 특징을 갖고 있다. 결론적으로 발라드, 혹은 '느린 사랑노래'라는 개념은 분명 실체가 있긴 하지만 특정한 악곡 구조나 편곡 스타일로는 구분하기 어려운, 그래서 음악보다는 문학적 정서에 더 가깝게 닿아 있다고 볼 수 있다.

특히 1980년대 중반에서 1990년대 중반에 이르는 약 10여 년간은 소위 '발라드의 시대'라고 불러도 어색하지 않을 만큼 주목할 만한 양질의 곡들이 쏟아졌다. 그리고 이 시기는 한국 대중음악이 양적으로나 질적으로 폭발적 성장을 거둔, 한국 대중음악 역사상 가장 주목할 만한 싱어송라이터들이 한꺼번에 등장한 때이기도 했다. 제도권을 대표하는 주요 뮤지션들은 그들의 명곡에 늘 한두 곡 이상의 발라드 히트곡들을 보유했고, 발라드를 자신의 음악적 정체성으로 내세우는 발라더(물론 그 당시에는 그렇게 불리지 않았지만)가 등장한 것도 이 무렵이었다. 미국처럼 단지 록의 하위장르인 '소프트록'이나 '어덜트 컨템퍼러리'가 아니라, 한국에서는 도시적이면서 발전된 작풍과 남다른 음악성을 시연하고 과시하는 도구로 발라드를 활용했다. 한국 대중음악에서 발라드는 구세대와 구분되는 현대성의 상징이기도 했던 것이다. 결국 한국 대중음악에서 발라드를 논하는 것은 단순히 '사랑노래'에 대한 이야기를 뛰어넘는 무엇이 될 수 있다는 말이다.

발라드 이전의 발라드, 케이팝 이전의 케이팝

　　가요에서 발라드는 1980년대 중반 이후 대중화된 개념이다. 하지만 단순히 발라드'풍' 음악으로 언급되는 것을 넘어 그 음악을 부르는 가수를 '발라드 가수'로 지칭하게 된 것은 이문세를 시작으로 변진섭, 신승훈, 이승환 등이 출현한 이후다. 그들의 음악이 하나의 거대한 물결을 형성하게 되면서 발라드 또한 급부상했다. 이 책에서 주로 다루는 곡들 역시 이 시기에 집중하고 있기도 하다.

　　물론 현대적인 팝·록발라드가 등장하기 훨씬 이전인

1960~1970년대에도 아름답고 애절한 노랫말을 담은 세련된 사랑노래들이 있었다. 실향민들의 애환이나 토속적 삶을 다룬 트로트의 애조와는 분명한 차이를 둔 서정주의의 계보가 존재했고, 이는 미국의 재즈와 스탠더드팝에 기반한 도시적인 사랑노래들이었다. 단순히 '유행가'로서의 위치를 넘어 몇십 년이 지나도록 한국 가요의 클래식으로 인정받고 있는 이 음악들은 지금 들어도 그 안에 담긴 음악적인 모던함이 요즘 나오는 케이팝 못지않다. 아니, 오히려 지금의 음악들에서는 쉽게 들을 수 없는 또다른 의미의 현대성을 담고 있다고 말해도 좋다. 케이팝 이전의 케이팝이라고 말할 수 있을까.

발라드의 시대 전에 존재했던 발라드를 추적하다보면 포크송과 통기타음악 속 서정주의를 맞닥뜨리게 된다. 어떤 의미에서 포크음악은 발라드가 내세우는 통속적 서정성과 상반된 특성을 보이기도 하지만, 정서적으로는 일정한 음악적 문법과 문학적 주제의식을 공유하고 있음을 알게 된다. 굳이 연결점을 찾아보자면, 포크음악의 잔잔하고 조금은 억눌린 감수성이 훨씬 대중적이고 통속적인 방식으로 장르화된 것이 발라드라고 볼 수 있다. 실제로 1990년대 발라드 명인들의 상당수는 음악적으로 1980년대 포크음악에 뿌리를 내리고 있고, 동아기획, 하나음악 등 포크음악 선배들의 곡을 들으며 음악적 기교와 감수성

  더 송라이터스

을 만들어나갔다.

한국 대중음악의 산실, 동아기획과 하나음악. 흔히 이들은 레이블이라기보다 '음악 공동체'라 불린다. 물론 그들 스스로 그런 말을 쓰지는 않았던 듯하다. 여하튼 '공동체'라는 말이 괜히 무게 잡는 것처럼 느껴진다면, 이렇게 말해보면 어떨까. 생각이 비슷한 사람들이 모여 이심전심 '알아서' 좋은 음악을 하던 곳. 그저 서로의 음악이 좋아서 그리고 사람이 좋아서 함께 모여 자연스럽게 각자의 음악적 색을 만들며 가족처럼 음악을 교류하곤 했다.

음악인의 공동체라는 개념은 한국에서는 그 옛날 '쎄시봉'으로 대표되는 통기타음악 신에서 유사한 사례를 발견할 수 있고, 미국 대중음악에서는 실험적이고 내면적인 재즈음악을 추구했던 ECM레이블, 네오소울과 얼터너티브힙합을 추동했던 솔쿼리언스 등이 비슷한 경향을 띈다. 단순히 같은 사무실을 쓰는 사이가 아닌 음악적 동지애로 엮인 공동체라는 흔치 않은 개념. 선후배보다는 형, 동생, 누나들로 묶인 음악하는 사람들의 집단. 이제는 다시 돌아올 수 없는 어떤 낭만의 한 시절.

감정의 본질 '어쩌다'와 '가끔은'

〈안개〉 (1967년)

정훈희

박현 작사 | 이봉조 작곡

카리브해의 향기를 품은 비긴^{beguine} 리듬 위에 브라스와 기타가 만들어내는 싱커페이션이 더해지면, 곡 전체에 이국적 무드가 깃든다. 그 위로, 당시 한국에서는 좀처럼 들을 수 없었던 맑고 청아한 소프라노 보컬이 첫 소절을 펼쳐낸다. 과장을 보태자면, 더이상 듣지 않아도 이미 명곡임을 직감할 만큼 매혹적인 시작이다. 라틴재즈의 정취를 가득 머금은 이 곡은, 한국 최고의 색소폰 연주자 중 한 명인 이봉조의 작품이다.

영화 〈헤어질 결심〉의 한 장면처럼, 〈안개〉는 상실과 그리움, 그리고 그것을 견뎌내려는 의지에 관한 노래다. 하지만 이 모든 감정은 안개처럼 희미하고 은유적으로 퍼져 있어, 듣는 이들은 구체적 이야기가 아니라 감정의 결만 받아들인다. 안개 속을 홀로 걷는 그녀는 이별이 남긴 깊은 상실감에 괴로워하지만, 마음은 자욱한 안개처럼 갈 길을 잃고 흔들린다.

미련을 떨치지 못한 채 떠올리는 '다정했던' 그의 모습은, 이제는 존재하지 않는 허상에 불과하다. 안개로 인해 길이 보이지 않듯, 그의 모습 또한 더이상 눈에 잡히지 않는다. 그런 현실 앞에서 그녀는 결국 울부짖는다. 수없이 반복되는 '아아아'는 말 대신 감정을 담은 절규이자, 공간감을 머금은 비극적이고도 아름다운 외침이다. 가장 핵심적인 부분에서 노래 대신 스캣을 넣었지만, 그 감정의 뿌리는 누구나 쉽게 짐작할 수 있다.

이봉조는 길옥윤과 더불어 한국 가요의 현대성을 새롭게 규정한 인물이다. 한양대 건축학과를 졸업하고, 잠시 공무원으로 일하다가 음악인의 길로 들어선 그는, 1960년대 한국 대중음악의 흐름을 바꾸는 결정적 역할을 했다. 그가 음악을 시작한 1950년대 말과 1960년대 초는, 미국에서 블루노트를 중심으로 하드밥재즈가 전성기였다. 이 새로운 예술사조는 길옥윤이나 이봉조 같은 재능 있는 젊은 한국 뮤지션들에게 큰 영향을 주었고, 가요계의 트렌드를 근본적으로 바꾸는 계기가 된다. 이봉조는 순수 국내파였지만, 연주 실력과 작곡 능력은 전혀 뒤지지 않았고, 당대 최고의 테너색소폰 연주자로서 '한국의 찰리 파커' '한국의 스탄 게츠'라는 별명으로 유명했다. 그의 위대함은, 이른바 '이봉조사단'이라 불렸던 가수들의 면면에서 잘 드러난다. 정훈희를 비롯해 최희준, 현미, 윤복희, 김추자, 조영남 등이 그의 사단에

〈이별〉 (1973년)

패티김

길옥윤 작사·작곡

　사람이 영원하지 않듯, 사랑 또한 언젠가는 추억으로 남는다. 이별이라는 감정은 참 묘해서, 아프지만 이내 무뎌지고, 잊힌 듯하지만 완전히 사라지지는 않는다. 길옥윤이 만든 가장 위대한 사랑노래이자, 그와 패티김의 파트너십을 상징하는 대표곡 중 하나인 〈이별〉은 그 복잡한 감정의 본질을 단 두 단어, '어쩌다'와 '가끔은'에 담아 우리에게 일러준다.

　지금은 헤어지지만 언젠가 그리워질 것이라는 노래에서 '어쩌다'와 '가끔은'은 어울리지 않는 말처럼 들리기도 한다. 게다가 이 노래는 이별노래치고는 뭔가 좀 지나치게 밝다. 길옥윤의 색소폰 솔로에서도, 패티김의 목소리에서도 슬픔보다는 어딘지 모르게 담담한 낭만성과 정리된 듯한 감정이 느껴진다. 만약 한국어를 모르는 사람이 이 노래를 듣는다면, 제목은 아마 'Evergreen'이 아닐까 생각할지 모른다. 뭔가가 미묘하게 어긋나 있다.

제목과 정서의 이 미묘한 불일치는 아마도 '냉정한 사람'이라는 표현에서 실마리를 찾을 수 있을 것이다. 여전히 사랑하지만, 미운 것이 아니라 야속한 사람. 소중했지만 떠나보내야 할 운명임을 아는 그 복잡한 마음을, 길옥윤은 '냉정한'이라는 단어 하나로 절묘하게 눌러 담는다.

곡을 만든 이는 길옥윤이지만, 그 노래를 부른 것은 패티김이다. 그리고 그들의 각별한 인연을 기억하는 우리에게는, 이 노래 속 '냉정한 사람'을 들을 때마다 떠올리는 얼굴이 그 모습을 바꾼다. 이 또한 대중음악이 지닌 각별한 매력일 것이다.

트로트 멜로디가 가요계를 지배하던 1970년대 초. 그 한 가운데서 이 노래의 낭만적이고 세련된 선율은, 마치 서구의 팝송이나 영화음악을 연상케 한다. 그리고 그 감수성의 중심에는 두 차례 등장하는 눈에 띄는 코드워크가 있다. '멀리멀리'와 '두 마음은'에서 등장하는 유려한 하행 진행은 인연의 종장을 암시하면서도, 그 비애를 눈물로 폭발시키지 않고 성숙하게 받아들이는 감정으로 정리한다. 그래서 이별은 슬픔이 아니라, 아름다운 이정표처럼 다가온다.

이봉조와 마찬가지로 길옥윤 역시 색소폰 연주자이면서 밴드 리더 그리고 빼어난 송라이터였다. 길옥윤은 재즈를 배우기 위해 1950년 일본에 건너가 작곡가 오자와 히데오를 사사했는데, 1960년에 귀국한 그는 해방된 한국 최초의 유학파 재즈뮤지션이자 송라이터였던 셈이다. 길옥윤의 이색적인 이력 중 하나는 도시와 국가에 관한 주제곡을 두 곡이나 남긴 것인데, 1969년 발표한 패티김의 〈서울의 찬가〉와 1986년 발표한 김연자의 〈아침의 나라에서〉가 그것이다. 후자는 1988년 서울올림픽 주제곡 공모 당선작이지만 몇 가지 이유로 그 자격을 박탈당하고 결국 코리아나의 〈손에 손잡고〉가 최종 채택되었다.

기다림의 처연함, 여백의 마음

〈개여울〉 (1972년)

정미조

김소월 작시 | 이희목 작곡

정미조의 음악이 새로운 세대에게 발견되어 전해진 것

은 2010년대 가요계의 가장 행복한 사건 중 하나가 아닐까 싶다. 단순히 정미조라는 가수의 위대함이나 이 곡 〈개여울〉이 다시금 주목받았다는 사실 때문만은 아니다. 젊은 세대에게 그저 트로트의 시대로만 회상되던 1970년대 가요의 가려진 진면목이 비로소 정당한 평가를 받게 되었기 때문이다. 심수봉, 김윤아 등 몇몇 가수가 불렀지만 특히 아이유의 리메이크 시리즈 《꽃갈피》에서 커버된 이후 이 노래의 위상은 달라졌다. 정미조의 데뷔곡이라는 수사를 넘어 이제는 1970년대를 상징하는 곡 중 하나로 새롭게 평가받고 있으니, 새삼 영향력이라는 단어를 곱씹게 된다. 한때 그 시절의 가요를 '촌스럽다'고 폄하했던 오래전 내 모습이 부끄럽게 느껴진다.

소월이 스무 살에(!) 발표한 원작 시는 '개여울'이라는 장소를 통해 화자의 변치 않는 마음과 기다림의 이야기를 들려준다. 이 이야기의 핵심은 떠난 이의 약속과 남은 이의 믿음이 만들어내는 역동성이다. 이 노래를 처음 안 뒤로 내내 의심스럽고 불편했던 구절이 있었다. 개여울에 날마다 나와 하염없이 님을 떠올리는 이 사람은 왜 '있었겠지요'라고 말하는 걸까. 그의 다짐을 직접 들었을 것이 분명한데 왜 마치 남에게 전해들은 듯이 말하는 걸까. 그건 그냥 시에서 사용하는 문학적 표현인 건가?

그러다 그런 생각이 들었다. '가지만 아주 가지는 않겠다'는 그의 마지막 말은 정말일까. 혹시 그냥 그렇게 믿고 싶었던 것은 아닐까. 가끔 일방적인 사랑과 미련은 미묘하게 조작된 기억과 집착을 만든다. 가장 비극적인 기다림은 그가 돌아올 리 없다는 것, 그런 약조는 애초에 존재하지 않았음을 알면서도 갖는 '혹시나'로부터 비롯된다. 그래서 '굳이 잊지 말라는 부탁인지요'는 일종의 자문자답과 같은 다짐일 수도 있는 것이다. 현실이 어느 쪽이든 너무도 비극적이다.

1972년 발표된 이 노래의 원버전은 그다지 과하게 비극적인 느낌보다는 적당한 리듬감과 함께 낭만적 운치를 품고 있다. 정미조의 목소리도 슬픔이나 그리움을 과장하기보다는 춤곡 같은 곡의 우아한 바이브를 잘 살리고 있다. 하지만 2016년 《37년》이라는 앨범에 새롭게 내놓은 정미조의 해석은 그야말로 쓸쓸함과 저릿함의 극치로, 이 곡에 대해 완전히 새로운 이미지를 만들어놓았다. 놀라운 점은 정미조의 목소리가 여전히 현대적이라는 것. 창법이나 발성에서 구태의연함이나 진부한 습관 같은 것을 느낄 수가 없다. 베테랑 가수에게서 느껴지기 힘든 매력이다. 특히 '날마다'라는 단어가 주는 무게는 묵직한 반주만큼이나 무겁고 깊다. 당연히 그 '기다림'의 처연함도 더 깊고 참담하다.

〈나 그대에게 모두 드리리〉 (1974년)

이장희

이장희 작사·작곡

어떤 미사여구를 동원해도 이 제목 '나 그대에게 모두 드리리'보다 더 많은 말을 할 수는 없다. 그 사랑에 이유를 댈수록, 조건을 달수록, 그 마음은 퇴색하기 마련이다. 물론 말주변이 없어서일 수도 있다. 멋진 고백을 하고 싶은데 '모두 드리리' 이상의 말이 생각나지 않아서였는지도 모른다. 마치 초등학생이 일기를 쓴 것처럼 모든 문장은 순진하고 직선적이다. 너무 유치하고 오글거려 차마 하지 못할 말도 이 노래는 하고야 만다.

이장희의 노래는 원래 그렇게 말이 없다. 문학적인 말수뿐 아니라 음악적인 말수도 적다. 멜로디는 늘 또렷하고 직선적이며, 특별히 복잡하게 움직이지 않는다. 누가 뭐래도 내 걸음으로 뚜벅뚜벅 아는 골목을 지나 목적지에 도착하는 것처럼, 노래는 진부하지 않지만 그렇다고 아주 낯설지도 않은 편안한 흐름으로 우리를 조용히 이끈다.

〈나 그대에게 모두 드리리〉는 여백의 노래다. 단어와 단어 사이, 문장과 문장 사이의 공백이 많아 우리는 자연스럽게 그의 진심에 귀기울일 시간을 갖는다. 사랑에 빠져본 사람이라면 누구나 쉽게 이해할 수 있는 그 마음은 별다른 설명 없이도 우리를 젖어들게 만든다. 물론 이장희처럼 낮고 멋진 목소리를 갖고 있다면 그 진심의 신용도는 두 배 이상 올라갈 것이다.

> 이장희는 1970년대 최고의 싱어송라이터 중 한 명이다. 본인의 히트곡은 물론이고 '사랑과평화'의 양대 히트곡인 〈한동안 뜸했었지〉와 〈얘기할 수 없어요〉를 모두 만들었고, 김완선의 〈이젠 잊기로 해요〉, 김세환의 〈좋은 걸 어떡해〉가 모두 그의 곡이다. 장르도 다양하고 편곡도 제각각이지만 이장희 특유의 심플함은 어느 곡에서든 유사하다. 마치 케이팝의 후크송을 연상시키는 단순하면서 반복적인 구조는 경박하지 않으면서도 친숙했는데, 이는 그가 좋아했던 컨트리가수 행크 윌리엄스의 영향이라고 한다.

〈우리는〉 (1983년)

송창식

송창식 작사 · 작곡 · 편곡

〈우리는〉은 가사의 풍성함과 절묘한 비유들이 마치 사

랑학 개론의 '정의' 챕터에 실려도 좋을 만큼 한 줄 한 줄이 주옥 같은 곡이다. 그 표현의 아름다움은 이장희의 〈나 그대에게 모두 드리리〉가 가진 직선적인 고백과는 정반대 지점에 놓여 있다. 왜 우리여야 하는지, 왜 우리는 하나일 수밖에 없는지, 왜 우리는 '연인'인지에 대한 이야기가 절절하고도 설득력 있게 전해진다.

아름다운 표현 한 줄 한 줄에 고개를 끄덕이게 되지만, 이 노래는 단순히 멋지고 듣기 좋은 말을 펀치라인처럼 나열하지 않는다. 이 노래에서 '우리'의 성격과 본질을 규정하는 모든 설명은 세속적인 기준으로는 모자라고 결핍된 것들이다. 어둠, 침묵, 작은 몸짓, 마주치는 눈빛 같은 것들은 그 자체로는 사랑의 증거나 조건이 될 수 없다. 그래서 그것은 '천둥 치는 운명'일 수밖에 없는 것이다. 사랑은 '그래서'가 아니라 '그럼에도 불구하고'이기 때문에. 노래는 내내 그 하나하나를 다 일러주는 것 같지만, 실은 그 설명이 헛되다는 사실을 우리는 알고 있다. 마치 그 사람이 되지 않고는 큰 의미가 없는, 누구도 따라 할 수 없는 성공의 비결 같은 것이다. 그러나 사랑을 느껴본 사람이라면, 작은 몸짓으로도 마음을 나누어본 사람이라면, 그것이 얼마나 꼭 맞는 비유요, 절대적 진리인지 알 수 있다.

이 노래에서 눈에 띄는 두 단어가 있다. 바로 '충분'과

'하나'다. 대부분의 사랑노래는 내가 얼마나 누구를 사랑하고, 얼마나 그리워하는지를 말한다. 하지만 이 노래는 아주 작은 것만으로도 '충분'한 '우리'를 말한다. 그 '우리'의 본질은 단순히 두 사람이 느끼는 화학적인 감정반응이 아니라, 하나가 되어 그 자체로 충분한 일치의 감동인 것이다. 그 본질을 이해할 때에만 이 노래의 가장 난해한 메시지인 '목숨처럼 중요한 빛을 같이 지녔다'를 비로소 이해할 수 있다. 사랑하는 사람들만이 공유하는 그 빛은 각자가 아니라 오로지 함께였을 때만 지속될 수 있는 존재의 의미이자, 그 둘이기 때문에만 찾을 수 있는 궁극의 진리 같은 것이다. 위대하지 않은가. 혼자서는 영영 찾을 수 없는 그 빛을, 둘이서는 함께 지닐 수 있다는 것은. 그리고 그것이 수많은 세월을 함께 지냈고 또 지낼 것이기에, 더욱 의미 있는 일임을 깨닫는 것은.

〈가을을 남기고 간 사랑〉 (1983년)

패티김

박춘석 작사·작곡

가요 역사상 가장 위대한 송라이터는 누구일까? 위대함의 기준이나 음악 장르, 혹은 취향에 따라 이 질문에는 수없이

많은 답이 나올 수 있다. 하지만 가장 '한국적인' 송라이터가 누구였느냐고 묻는다면, 적어도 이 사람의 이름이 먼저 떠오른다. 지적인 인상을 풍기는 큼지막한 검은 뿔테안경과 짙은 틴트 렌즈 너머로 피아노를 치며 악보를 그리던 그 모습. 이미자, 패티김, 남진, 나훈아, 문주란, 하춘화 등 수많은 이에게 곡을 주며 그들을 스타로 만든 사람, 바로 가요 역사상 가장 많은 곡을 남긴 천재 송라이터 박춘석이다.

그가 남긴 가장 위대한 사랑노래 중 하나인 〈가을을 남기고 간 사랑〉은 시작부터 우리에게 가벼운 미스터리를 남긴다. 가을을 남기고 떠났다는 건 어떤 의미일까? 그 사람이 남겨준 '가을'이란 무엇을 말하는 걸까? 제목은 떠난 '사랑'인데, 왜 패티김은 그것을 떠난 '사람'이라 부르는 걸까? 곱씹을수록 그 의미는 깊어지고, 이 아름다운 곡의 정취는 더욱 짙어진다. 노래가 우리를 끌어당기는 아주 고전적인 방식이자 힘이다.

이별을 겪는 사람들의 심리상태는 사실상 닮아 있다. 이별의 순간은 슬픔과 눈물로 가득하지만, 이내 감정은 좋았던 시절에 대한 추억으로 옮겨간다. 내가 흘리는 이 눈물을 '향기로운 꿈'이라 미화하고, 그 사람의 눈물은 기억 속 수많은 추억에 알알이 맺혀 밤하늘의 별이 된다. 오랜 사랑 끝에 이별을 경험한 사람이라면 흔히 떠올리는 생각, 혹은 착각—함께했던 세월의 무게는 결국 우리를 다시 만나게 해줄 것이라는 믿음을 이 곡은 담담히 노래한다. 그래서 이 노래는 아직 멀리 있는 겨울을 이야기하면서도, 다가올 봄을 말하고 다시 피어날 꽃을 조용히 기다린다.

패티김은 부산의 어느 호텔 로비에서 박춘석이 피아노로 연주한 이 곡의 전주만 듣고도 소름이 돋았다고 한다. 박춘석 역시 이 노래를 자신의 인생곡이라 인정했을 만큼, 두 사람 모두에게 특별했던 것 같다. 이 노래의 제목은 '가을을 남기고 간 사랑' 혹은 '가을을 남기고 간 사람' 등 여러 가지 버전으로 알려져 있는데, 애초에 박춘석이 제목을 붙이지 않은 채 곡을 완성했기 때문이다. 가사에는 분명 '가을을 남기고 떠난 사람'이라고 되어 있지만, 저작권협회의 데이터베이스를 보면 '사랑'과 '사람' 두 가지 제목이 모두 등록되어 있다. '사람'은 보다 구체적이고 직접적인 인상을 주는 반면, '사랑'은 다소 추상적이면서도 감정의 결을 더 넓게 품는다. 제목 하나에도 곡의 분위기와 해석이 달라질 수 있다는 걸 확인시켜준다. 박춘석의 레퍼토리는 주로 시골 사람들의 애환을 담은 트로트에 집중되어 있지만, 그가 남긴 음악의 스펙트럼은 생각보다 훨씬 넓고 다채롭다. 패티김과 함께한 〈초우〉와 〈가시나무 새〉는 한국적인 정서를 기반으로 한 정제된 스탠더

더 송라이터스

〈초생달〉 (1989년)

어떤날

조동익 작사·작곡·편곡

조동익은 1990년대 가요계 최고의 편곡자 중 한 명이자,
유재하와 함께 김현철, 유희열, 루시드폴, 노리플라이로 이어지
는 서정주의의 계보를 연 인물이다. 그는 주류 가요계에서 단 한
번도 전면에 나선 적이 없지만, 어쩌면 그 누구보다 깊고 넓은
영향력을 가진 뮤지션이기도 하다.

그가 이병우와 함께 결성한 포크 듀오 '어떤날'도 그렇
다. 단 두 장의 앨범만을 발매했지만, 그들의 음악은 1990년대를
넘어 21세기 한국 포크음악에서도 여전히 유의미한 흔적을 남
기고 있다. 포크라는 형식을 빌리고 있지만 그 안에는 퓨전재즈
를 비롯한 세련된 기교들이 꼼꼼히 녹아 있는데, '어떤날' 없이
1990년대의 서정적 작풍은 존재하지 않았을지도 모른다.

〈초생달〉은 전형적인 발라드도, 사랑노래도 아니다. 굳이 사랑이라는 단어를 끌어와야 한다면, '내가 사랑하는 사람들'에 대한 노래라고 해야 할까. 이 곡에서 주인공은 삶이 준 허무와 피로를 안고, 익숙한 장소를 찾아간다. 누구를 만나도 좋고 무슨 이야기를 해도 상관없는, 거리낌없는 공간. 진심으로 쉴 수 있는 곳이다. 조동익의 여리고 섬세한 음색은 초생달이 뜬 밤에 우리를 가만히 그곳으로 이끈다.

세속적 이해타산으로 얼룩진 관계들로부터 나를 해방해주는 그 장소는, 실제 존재하는 익숙한 골목의 포장마차일 수도 있고, 세상으로부터 벗어나 해방감을 맛보게 하는 정신적 도피처일 수도 있다. 사실 그곳이 어디인지보다 더 중요한 건, 그곳에서 함께 뜻 모를 이야기를 나누며 술잔을 기울일 수 있는 '누군가의 존재'다.

말하지 않아도 통하는, 상냥함을 잃어버린 어른들의 수줍은 어리광이 허락되는 그곳. 〈초생달〉은 그런 공간과, 그 속의 소중한 사람들에 대한 담담한 헌사다.

록발라드, 노래방, 그리고 고음부심(불가)

　　피를 끓게 하는 기타 사운드, 어쩌면 과도하게 장중한 스케일, 슬프고 비장한 멜로디, 무엇보다 솟구치며 울부짖는 고음. 록발라드를 규정하는 음악적·정서적 키워드들은 또 뭐가 있을까. 아, 참. 물론 그 안에는 필연적인 남성성의 전형이 담겨 있다. 이는 음악뿐 아니라 가사 곳곳에서도 뚜렷하게 드러난다. 의도하지 않았으되 필연적으로 '남자'들의 섬세함과 연약함을 상징하는 음악적 아이러니, 그건 바로 록발라드다.

　　원래 장르적 의미에서 록발라드는 하드록이나 헤비메탈

의 사운드적 정체성을 가진 느린 사랑노래라 말할 수 있다. 즉 팝발라드냐 록발라드냐를 가르는 건 기본적으로 어떤 악기를 위주로 편곡되었느냐에 달려 있다. 당연히 이는 1970년대 이후 등장한 하드록이라는 장르의 산물이다. 사실 팝의 본고장인 미국이나 영국에서는 록발라드라는 말 대신에 파워발라드라는 말을 쓰는데, '록'을 우리처럼 하드록, 메탈 같은 단어와 동일시하지 않기 때문이다. 어쨌든 대부분은 상업적인 목적으로(다른 말로는 기획사의 압력에 의해), 혹은 어떤 서사적 완결성을 위해 록밴드들이 앨범에 한두 곡씩 느린 사랑노래들을 끼워넣기 시작하면서, 발라드는 격렬한 록음악의 세계에서 필수적인 일부로 자리매김했다.

거친 사운드만을 추종하는 록 순수주의자들 사이에서는 이런 상업적 발라드들이 종종 무시나 폄하의 대상이 되기도 한다. 하지만 역설적으로 위대한 록그룹이라면 예외 없이 한두 곡 이상의 명품 발라드를 갖고 있는데, 종종 그들에게 대중적 인기를 안겨준 동시에 오랜 시간 음악을 할 수 있는 보험이자 연금이 되어주었다. 꼭 상업적 이유 때문만이 아니라 음악적으로도 분명 유용했는데, 빠르고 다이내믹한 음악들에서는 구현할 수 없는 환상적이고 신화적인 분위기와 서사를 자연스럽게 연출할 수 있었기 때문이다. 물론 록발라드는 밴드만의 전유물은 아니

 더 송라이터스

다. 록발라드는 록밴드 출신 솔로 가수들에게는 그들의 정체성을 나타내기 위해서, 일반 발라드 가수들에게는 레퍼토리 확장의 차원에서 종종 시도된다. 특히 가창력을 검증받고 폭발적인 성량과 감수성을 뽐내고 싶은 이들에게 록발라드는 피해 갈 수 없는 유혹이자 '치트키'인 것이다.

별안간 록발라드와 함께 떠오르는 키워드가 있으니 바로 '노래방'이다. 남자들이라면 한 번쯤 노래방에서 록발라드의 마스터가 되고픈 로망을 안고 산다. 그런데 왜 꼭 '남자'라는 태그가 붙는 걸까. 록음악팬들의 상당수는 여성이고, 발라드 역시 여성들이 선호하는 장르인데 어째서 록발라드는 남자들의 송가가 된 것일까. 지금도 그렇지만 록밴드는 상당수가 남성으로 구성되어 있고, 덕분에 가사의 내용과 분위기도 자연스럽게 남성 싱어의 서사에 최적화되어 있다. 남자들이 부를 때 그 감성의 일치가 돋보일 수밖에 없는 것이다.

물론 여기까지는 남자 가수가 부른 일반적인 발라드와 크게 다를 바가 없다. 하지만 조금은 간지럽단 이유로 '여리여리한' 발라드를 꺼리던 이들이라도, 록발라드는 헤비한 기타와 폭발적 고음이 주는 명확한 남성성으로 인해 선호했다는 점에 차이가 있을 것이다. 머리가 길고 터프하지만 동시에 섬세함을 가진 로커들을 숭배해온 남성팬들 입장에서 어떤 동일시를 통한

'멋짐 지수'의 확보도 하나의 이유였는지 모른다.

1990년대 초중반, 남자 중고등학생이 삼삼오오 노래방에 가면 록발라드 곡들은 누가 요청하지 않아도 항상 대기곡 목록에 빽빽이 줄을 섰다. 외국 노래들 중에선 스틸하트의 〈She's Gone〉, 헬로윈의 〈A Tale That Wasn't Right〉, 엑스재팬의 〈Endless Rain〉 등이 빠지지 않는 단골이었고, 가요 쪽에선 B612의 〈나만의 그대 모습〉, 김종서의 〈겨울비〉, 에메랄드캐슬의 〈발걸음〉 등을 누군가는 꼭 불렀다. 임재범, 김경호, 최재훈, 김정민 같은 이름들도 그 리스트에 당당히 올랐다. 2000년대 초반에는 버즈, 플라워, 얀, 야다, 더크로스가 록발라드 붐을 재점화했다. 그야말로 '고음 영웅'들이 수놓은 그리스로마 신화와 같았다.

록발라드 마니아들에게 가장 큰 관심은 어느 가수가 고음을 얼마나 올릴 수 있느냐, 그리고 나는 그걸 따라 할 수 있느냐였다. 그래서였을까. 어려운 원곡의 하이라이트를 완벽하게 소화하는 이들은 또래들 사이에서 예외 없이 영웅으로 군림했다. 대부분은 삑사리로 귀결되었지만 친구들의 '우와' 하는 존경의 눈빛을 기대하며 다들 한 번쯤은 도전하길 주저하지 않았다. 마치 어린 시절, 누가 더 높은 곳에서 뛰어내릴 수 있느냐를 두고 은근한 경쟁을 벌이던 풍경과도 비슷했다. 슬프지만 그 시절

노래방에서 '고음불가'는 남자들의 제법 큰 콤플렉스 중 하나였다. '허리케인블루'나 '고음불가'는 바로 그런 욕망과 콤플렉스를 코미디로 승화시킨 작품들이다. 예나 지금이나 '노래를 잘한다'는 말 속에는 록발라드를 잘 부를 수 있는가라는 은근한 함의가 있고 우리 모두는 '원키'에 집착했다. 슬쩍 키를 내리며 약한 모습을 보이느니 차라리 그냥 삑사리를 내고 장렬히 전사하는 게 남자다운 것이었다.

나중에야 알게 된 사실 하나. 록발라드는 우리가 기대했던 것처럼 이성에게 어필하는 '로맨틱 무기'가 아니었다. 아니, 그렇게까지는 아니었다는 말이 정확할 것 같다. 여자친구나 여사친들은 록발라드를 열창하는 우리를 (우리 기대와는 달리) 특별히 더 멋있게 바라봐주지 않았다. 오히려 그들은 조성모나 성시경의 감미로운 멜로디를 잘 부르는 미성의 친구들에게 열광했다. 왜 록발라드를, 그것도 원키로 부르는 것이 멋진 일인지에 대해서는 하나도 공감하지 않았다. 그러나 그것이 무슨 상관이란 말인가. 결국 록발라드는 우리끼리의 자화자찬이었고, 마치 땀흘려 쌓아올린 운동 실력을 친구들 앞에서 뽐내며 격려받는 순간과 같았다. 그 멋짐은 우리만의, 그리고 결코 포기할 수 없는 자부심이었다.

정말 수많은 레전드 곡이 있다. 하지만 여기 내가 고른

네 곡은 어떤 의미에서 록발라드의 가장 전형적인 레퍼토리들과는 거리가 있는 작품들이다. 편곡이, 내용이, 가수가, 혹은 창법이 조금씩 그 전형성을 비켜 간다. 하지만 음악이란 게 그렇지 않은가? 바로 그 어긋남 때문에 도드라지고 더 매력적으로 다가오는 음악들이 있단 말이다.

〈서시〉 (1994년)

신성우

신성우·이근상·이근형 작사·작곡·편곡

〈서시〉는 록발라드가 가져야 할 모든 것을 지닌 곡이다. 어쩌면 그 이상일지도 모른다. 한국 대중음악 역사에서 가장 과소평가된 로커이자 송라이터인 신성우는, 동시에 그 반대급부로 어떤 동시대의 로커도 쉽게 넘볼 수 없었던 팝스타로서의 위상을 획득한 인물이기도 하다. 영화배우를 연상시키는 아름다운 외모, 그리고 그와는 대조되는 저음의 터프하고도 분위기 있는 음색의 조화는, '로커'의 이상향이라 부를 만한 엄청난 카리스마를 만들어냈다. 신성우는 그 타고난 아이돌적 조건을 기반으로, 제도권 가요계 안에서 가장 영향력 있는 아티스트 중 하나로 거듭났다.

물론 그 중심에는, 다른 록 보컬리스트들에게서는 좀처럼 찾기 어려운 대중적이면서도 실험적인 송라이팅 능력이 있었다. 바로 이 곡, 〈서시〉에서도 그 독특함이 잘 묻어난다. 대부분의 록발라드가 비극적 서사 속 절규하듯 애원하는 사랑이야기를 노래하는 것과 달리, 〈서시〉는 떠나간 친구를 향한 마음을 품고 있다는 점에서 독특하다. 3옥타브가 넘는 고음을 구사할 수 있는 로커치고는 기본적으로 낮은 음역대에서 출발하는 그의 목소리는, 평범한 사랑이 아니라 우정과 추억에 대해 잔잔히 읊조리며 어떤 록발라드에서도 보기 힘든 정서를 구현해냈다. 그런 신성우의 모습은, 원할 수는 있어도 가질 수는 없던 '로망' 그 자체였다.

비슷한 시기에 인기를 얻으며 라이벌로 떠올랐던 김종서, 김경호 등이 하드록이나 헤비메탈의 정통 샤우팅과 야성미를 앞세웠다면, 신성우의 찢어지는 듯한 고음은 굉장히 신기하면서도 상대적으로 답답하게 느껴지는 면이 있었다. '정통'에 집착하던 이들에게 어쩌면 그 지점도 신성우의 음악을 과소평가하게 만든 이유였는지 모른다. 하지만 그 비전형성은 실험적인 작법을 담아낸 얼터너티브, 펑크 계열 음악에서는 모던한 특질로 작용하기도 했다. 그런 면에서 신성우는 메탈 계열의 동시대 로커들보다는 오히려 신해철, 015B와 같은 신세대 뮤지션들과

닮은 점이 많아 보였다.

〈서시〉가 전형적인 록발라드의 틀을 벗어나 제시한 주제의식은 이후 또다른 명곡 〈슬픔이 올 때〉로 이어지며 신성우의 고유한 스타일로 자리잡는다. 〈건달의 허세〉〈Rock'n Roll+압구정동. 공주병〉 같은 곡들에선, 당시 헤비메탈 중심이던 록음악에서 쉽게 상상할 수 없었던 자유로운 작법이 드러난다. 이는 분명 신성우를 차별화하는 중요한 요소였다. 팝스타와 로커, 아이돌과 송라이터의 정체성을 동시에 감당해야 했던 몇 안 되는 인물, 신성우는 어쩌면 너무도 1990년대적인 뮤지션이었다.

〈먼 훗날 언젠가〉 (1997년)

넥스트

신해철 작사·작곡·편곡

신해철의 음악을 꿰뚫는 가장 중요한 테마는 '내가 선택한 이 길이 정말 맞는 길일까'에 대한 질문이다. 사람들이 정해놓은 길을 마다하고 굳이 다른 길을 걷기로 한, 그리고 어쩌면 비현실적인 이상을 꿈꾸는 자신이 느끼는 버거움, 영원히 지워지지 않는 불안함과 의구심에 대한 이야기다.

이 주제의식은 무한궤도 시절의 〈우리 앞의 생이 끝나

갈 때〉를 시작으로 〈인생이란 이름의 꿈〉 〈나에게 쓰는 편지〉
〈The Dreamer〉 〈민물 장어의 꿈〉 등으로 끝없이 변주되어왔다.
하지만 그건 혼자만으로 완성될 수 있는 이야기가 아니었다. 그
노래들 속에서 그는 누군가를 끝없이 원했다. 혼란스러운 나를
지켜봐줄, 그리고 이해해줄 누군가에 대한 갈망. 어른스러움 속
에 숨어 있는 신해철의 그 어리광을 난 사랑했다.

　　데뷔 이래 수많은 발라드를 만들어온 신해철이지만 〈먼 훗
날 언젠가〉는 흠잡을 데 없이 완벽한 곡이다. 음악적 완벽함에
더해 그의 예전 발라드들에서 쉽게 만날 수 없었던 친밀한 정서,
바로 따뜻한 온기가 더해져 있기 때문이다. 아마 그 온기는 이
노래가 담고 있는 사랑과 애정이 처음으로 다른 방향을 향하고
있기 때문일 것이다.

　　이 노래는 '말하지 않아도' 되는 어떤 사랑에 대한 이야
기다. 신해철은 처음으로 속에 담아왔던 이야기들, 숨겨왔던 상
처를 굳이 나누지 않아도 되는 어떤 존재를 만난다. 우리가 사는
완벽하지 않은 세상에서 사랑은 종종 구속을 전제로 한다. 모든
것을 열어 보여야 하고, 때로는 가식일 수도 있는 '진심'을 드러
내는 것을 진정한 사랑이라 착각하곤 한다. 하지만 진정한 사랑
은 말없이 지켜보는 것이다. 송창식이 노래했듯 스치는 눈빛만
으로도 이해되는 것이 사랑이기 때문이다.

하지만 지켜보는 그 마음이 늘 편안한 것은 아니다. 답답하지만, 더 알고 싶지만, 더 많이 돌려받고 싶지만 그 사람이 혹 떠나버릴까봐 마음을 졸이며 그저 따뜻한 눈빛을 보내는 것으로 만족하고자 하는 마음은 애달프다. 그 모습을 늘 지켜보던 신해철은 처음으로 그 사랑을 돌려주겠노라 맹세한다. 그것도 가장 헌신적인 방식으로. 편히 잠들 수 있도록 머리맡을 지키며, 무서운 꿈에서 깨어나 날 부를 때 언제나 곁에 있어주겠노라고. 이제는 내 차례라고.

하지만 아직 그는 가야 할 길이 많이 남아 있다. 그래서 그 말을 지금 하려 한다. 이 순간이 지나면 언제 또 그런 쑥스러운 이야기를 할 수 있을지 모르기 때문일 것이다. 그래서 마지막으로 한번 더 간절한 마음으로 부탁한다. 그를 둘러싼 모든 시련이 끝날 때까지 날 지켜주겠느냐고.

〈Heaven〉 (2002년)

김현성

강은경 작사 | 원상우 작곡·편곡

김현성은 조성모, 성시경과 함께 세기말을 장식한 발라드계의 신성 중 하나였다. 셋 모두 발라드를 주무기로 삼아 비

범한 가창력과 스타성을 자랑했지만 지향점과 뉘앙스는 조금씩 달랐다. 조성모가 영화를 방불케 하는 스케일의 뮤직비디오를 비롯한 대중적인 호소력을 내세웠다면, 성시경은 김형석사단의 장기인 깔끔하고 단정한 팝발라드 계보의 적자였다. 똑같이 김형석의 품에서 성장했지만 김현성은 그 둘과는 좀 달랐는데, 아이돌적인 매력을 어필한 그는 조금 더 컨템퍼러리한 팝음악과 리드미컬한 R&B음악을 내세웠다. 비록 여전히 사람들의 관심은 〈소원〉이나 〈이해할께〉 등 발라드 트랙들에 쏠려 있었지만 말이다.

그래서일까, 김현성의 네번째 앨범에서 이후 영원히 회자될 록발라드의 명곡이 탄생하리라 예상했던 사람은 없었다. 아니, 보다 정확히 말하자면 그때부터 지금까지 이 곡을 정통 록발라드로 보지 않는 시선들도 있다. 그러나 솔직히 말하자. 김현성은 당시 어느 보컬리스트들 못지않은 폭발적 가창력과 로킹한 보이스를 갖고 있었고, 그 같은 보컬의 재능은 가요 역사상 가장 악명 높은 난이도를 자랑하는 곡 중 하나인 〈Heaven〉의 탄생을 가능케 했다.

풍성한 비브라토가 만들어내는 독특한 배음, 가늘지만 결코 약하지는 않은, 동시에 거칠면서도 고르게 갈린 목소리의 까슬까슬한 질감이 벌스부의 빌드업을 충실하게 해낸다. 로커들의 록발라드는 벌스부를 가볍게 지나쳐 곧바로 후렴의 승부를 재촉하는 경우가 많은데, 이 곡에서 김현성은 오히려 이야기가 밀집되어 있는 벌스에 충분한 에너지를 투자해 서사의 설득력을 두텁게 한다.

연속된 고음이 폭죽처럼 터지는 후렴구는 김현성의 보컬 쇼케이스를 위한 무대처럼 화려하게 연출되어 있다. 한껏 기분을 내는 일렉기타와 드럼의 폭주, 곡의 두터운 텍스처를 위해 고안된 기타와 보컬의 오버더빙은 조금은 오그라들 정도로 간절한 애원을 담은 핵심구를 절절하게도 훑어낸다. 드라마타이즈된 발라드의 최고수인 강은경의 장기가 또 한번 발휘되는 순간. 단순히 폭발력뿐만 아니라 집중력과 밀도라는 측면에서 이 곡을 능가하는 록발라드는 쉽게 찾을 수 없을 것이다.

〈Never Ending Story〉 (2002년)

부활

김태원 작사 · 작곡 · 편곡

김태원이 쓴 수많은 아름다운 멜로디 중에서도 이 곡은 유독 더 빛난다. 그가 쓴 더 어렵고 고차원적인 글들도 많지만 이 곡의 가사는 유독 더 가슴에 와닿는다. 노래라는 게 그렇다.

그 불가사의한 매력의 핵심을 쉽게 몇 마디의 언어로 포착해내기는 어려운 일이다. 하지만 한 가지는 말할 수 있다. 이 곡이어야만, 이 글이어야만, 무엇보다도 이 목소리여야만 가능한 어떤 기적 같은 음악의 순간이 있다는 것이다.

이 노래의 아스라한 아름다움은 마치 미궁에 빠져들 듯 들을수록 알 수 없는 것투성이다. 쉽게 들리지만 실제로는 정반대다. 도입부부터 거의 음절 단위로 변화하는 난해한 코드 진행은 가볍게 기타를 퉁기며 부르기엔 그야말로 기가 죽는 수준인데, 단조로운 비장미가 미덕인 록발라드에는 어울리지 않는 클래식한 진행이다. 하지만 이 노래가 이야기해주는 동화적 혹은 판타지적 서사가 음악으로 구체화되는 아주 작은 하나의 예라고도 할 수 있다.

이토록 아름다운 벌스를 가진 곡이 얼마나 있을까. 선율은 꿈결처럼 막힘없이 흘러가고, 보컬은 그 흐름에 완벽하게 호응한다. 겉으로는 기교를 철저히 배제한 듯 들리는 이승철의 담담한 도입부는, 정밀하면서도 감성적인 톤을 구현할 줄 아는 보컬리스트만이 소화할 수 있는 독보적인 표현이다. 독창적인 멜로디와 천부적인 보컬이 결합해 만들어내는 이 특별한 순간들은, 곡 전체에 걸쳐 쉼없이 이어진다.

드럼의 신호와 함께 시작되는 궁극의 후렴부, '그리워

하면 언젠가 만나게' 된다는 당연하고도 불가능한 동화 같은 이
야기가 실제로 이루어지길 바라는 누군가의 간절한 소망과, 결
국은 사랑하는 그 사람 하나를 지키지 못했던 가슴 아픈 순간조
차 '아름다운' 시간이라고 회상하는 김태원 특유의 낭만성은 일
반적인 사랑노래들과는 조금 다른 차원에 머물러 있는 듯싶다.

당시 한 인터뷰에서 김태원이 직접 밝힌 바에 의하면 이 노래는 부활
의 〈회상 III〉(이승철에 의해 〈마지막 콘서트〉라는 제목으로 다시 불린 그 노래)
와 함께 유일하게 그의 아내에 대한 마음이 표현된 곡이다. 슬럼프를
겪으며 가족과 잠시 떨어져 있는 동안 간절한 마음에 떠오른 악상이
이 노래가 되었고, 결국 부활의 가장 개인적인 곡이면서 가장 큰 히트
곡이 되었다. 솔로로 승승장구하다 잠시 슬럼프를 겪었던 이승철 역
시 15년 만에 김태원과 재회하며 부활의 리드보컬로서 다시금 도약
의 발판을 마련했다. 물론 〈Lonely Night〉 이후로 별다른 히트곡 없
이 어려움을 겪고 있던 부활 역시 이 앨범을 통해 그 이름처럼 완벽히
'부활'을 선언했다. 조금은 간지러운 의미 부여인지 모르지만 이 노래
는 잠시나마 서로가 서로를 그리워하는 진심으로 그들 스스로를 되살
린, 정말이지 '어느 영화와 같은' 노래였다. 아니, 그랬다고 믿고 싶다.
노래는 판타지임을 약속한 진실이니까.

워우워, 예이예, 잠실에 물어야 하겠지

　　한국에 R&B라는 장르가 정확히 언제 처음 발을 디뎠는지 잘라 말하긴 쉽지 않다. 흑인음악 전반에 걸친 영향으로 거슬러올라가면, 1960년대 말부터 1970년대에 걸쳐 과거 미8군 무대를 기반으로 활동한 신중현사단과 사랑과평화의 음악 안에서 소울과 디스코의 뚜렷한 자취를 발견할 수 있다. 1980년대에 접어들며 윤수일, 조용필, 김현식 등의 노래에서도 흑인음악 특유의 감성과 리듬 운용이 엿보이기 시작했다.

　　하지만 한국 대중음악이 본격적으로, 그리고 매우 의식

적으로 흑인음악을 품기 시작한 분기점은, 서울올림픽이 열렸던 1988년 이후로 보는 것이 합당한 듯싶다. 뉴잭스윙, 하우스, 테크노 등 새로운 장르들이 물밀듯 밀려들며 젊은 세대의 귀를 새롭게 세공했고, 그 중심에서 R&B는 단순한 음악 장르를 넘어선, 새로운 감수성과 태도의 이름으로 자리를 잡아간 '뉴웨이브' 중 하나였다.

디스코텍과 클럽 문화 속에서 세계적 수준의 국내파 댄서들이 발 빠르게 등장한 것과는 달리, R&B의 정착은 한결 더디었다. 당대의 송라이터들은 아무래도 록이나 포크음악에 익숙한 이들이 대부분이었기에, 흑인음악 특유의 화성과 리듬, 질감 있는 사운드를 자유자재로 다루는 데는 한계가 있었다. 특히 흑인음악의 심장이라 할 수 있는 보컬 톤과 섬세한 기교를 정밀하게 구현할 수 있는 목소리를 찾는 일은 한동안 그저 먼 기대처럼만 여겨졌다. 그러다 1990년대 초, 마침내 진정한 의미의 R&B 보컬리스트들이 하나둘 등장하며 이 장르의 가능성에 숨을 불어넣기 시작했다.

발성이나 창법도 결국은 유행이다. 1970~1980년대 하드록음악을 듣고 자란 세대가 로커들의 창법을 경쟁적으로 베꼈듯, 1990년대 음악키드들은 새롭게 등장한 R&B 스타일의 창법에 매료되어 그것을 하나의 바이블로 삼았다. 스티비 원더, 제

                                            더 송라이터스

임스 잉그램, 루더 밴드로스, 마이클 볼튼…… 같은 고음이되 찌르지 않고 풍성하게 울리며, 장식음이 많은 음처리, 재지Jazzy한 화성으로 처리하는 애드리브 등, 보컬리스트를 꿈꾸는 많은 아마추어가 전혀 다른 방법론을 택해 연습에 매진했다.

놀랍게도 1993년에는 약속이나 한 듯 한국 R&B음악의 본격적인 시작이라 부를 만한 아티스트들이 거의 동시에 등장했다. 이들 각각이 향후 10년 아니 20년 이상 한국 대중음악에 끼치게 될 영향은 당시로서는 쉽게 상상할 수 없었지만 말이다. 이러한 급격한 변화의 가장 중요한 동인은 외부에 있었다. 1980년대 후반 뉴잭스윙이라 불리는 흑인음악의 트렌드가 미국 대중음악을 휩쓸고, 한편으로는 R&B음악을 내세운 보컬그룹들이 등장해 잇따라 성공을 거두었는데 그 대표적인 그룹이 바로 보이즈투맨이다. 이들을 필두로 조데시, 올포원 등 화려한 보컬 기교, 서정적인 멜로디, 풍부한 하모니를 겸비한 그룹들이 당대 가요에도 심오한 영향을 미쳤다. 중고등학교에는 미래의 보이즈투맨과 솔리드를 자처하는 수많은 아카펠라그룹이 만들어졌다.

사실 R&B는 음악적으로나 정서적으로 발라드와 긴밀히 맞닿아 있는 장르다. 소위 '슬로우잼'이라 불리는 서브장르를 비롯해 사랑을 노래하는 곡의 수가 절대적으로 많은 것도 그러하지만, 3박자 패턴의 우아하면서도 블루지bluesy한 진행 속에 녹아든 풍부한 감성과 유려한 기교는 이 장르의 고유한 정체성이기도 하다. 그러한 특징은, 전통적으로 노래의 호소력과 진한 감동을 선호해온 한국 대중의 정서와 절묘하게 맞아떨어졌고, 동시에 보컬리스트 지망생들과 '노래방' 가수들에게는 그들의 노래 실력을 뽐낼 수 있는 매혹적인 시험대가 되어주었다.

R&B의 등장과 함께 찾아온 또하나의 흥미로운 풍경이 있다. 사실상 처음으로 한국 대중음악에 초국가적 흐름, 그러니까 케이팝의 전조라고 말할 수 있는 흐름이 포착된 것이다. 그 기점은 미국 교포 그룹 솔리드의 출현이었다. 물론 솔리드 전에도 외국 국적을 가지고 있거나 해외 교포 혹은 유학생 출신의 가수들이 데뷔한 적은 있었다. 볼리비아 교포 임병수가 있었고, 미국 교포 출신 강수지, 이현우 등이 그러했다. 하지만 교포로서의 정체성을 드러내기보다는 한국화하는 데 집중했던 강수지나 이현우와 달리 솔리드는 적극적으로 그들의 '이국성'을 홍보했다.

지금이야 별 대단한 뉴스가 아니지만 외국, 그것도 미국 출신의 가수가 영어와 어색한 한국어를 섞어 세련되고 이국적인 음악을 선보인 것은 당시로서는 대단한 파격으로 받아들여졌다. 한편으로는 우리도 제대로 된 R&B그룹을 보유하게 되었

     더 송라이터스

다는 자신감과, 그래도 그건 미국물을 먹고 자란 교포들만의 정서이지 않느냐는 회의감이 어우러졌다. 확실한 건 그들이 들려주는 소리가 '오리지널'임을 의심하는 이들은 아무도 없었다는 것이다. 이를테면 솔리드는 우리가 동경했던 미국 팝음악의 친절한 순화 버전인 셈이었다.

'본토' 출신이지만 엄연히 한국인인 김조한의 목소리는 R&B가 인종의 영역이 아닐 수 있음을 처음 깨닫게 만든 계기였다. 수많은 이가 그의 목소리를 연구하기 시작했고, 자신만의 목소리로 R&B의 한국화를 꾀하기 시작했다. 2000년대 초반, 드디어 한국에서도 주목할 만한 R&B 보컬들이 쏟아져나왔다. 그로부터 20년 후, 한국은 세계적으로 가장 훌륭한 보컬리스트들을 많이 보유한 블랙뮤직의 강국이 되었다. R&B발라드는 한때 가장 마이너한 장르였지만, 어쩌면 케이팝의 역사를 가능케 했던 주춧돌 장르였는지도 모르겠다.

〈그대의 향기〉 (1993년)

유영진

이수만 작사 | 유영진 작곡 | 홍종화 편곡

유영진을 21세기 가장 영향력 있는 가요 송라이터 중 한

명이라 주장한다면 반발심을 느낄 사람들이 있을지 모르겠다. 하지만 유영진이 가요, 나아가 케이팝 전체에 끼친 영향력의 폭을 가늠해본다면 이 주장에 쉽게 반박하기 어렵다고 느낄 것이다.

일찍이 음악과 춤을 오가는 비범한 음악적 재능을 보유했던 유영진은 가수로서가 아니라 송라이터로서의 재능을 더 눈여겨본 프로듀서 이수만에 의해 1990년대 초 SM엔터테인먼트의 일원이 된다. 댄서 출신의 탁월한 리듬감과 퍼포먼스 능력에 당시로서는 쉽게 갖추기 어려운 R&B 스타일의 벤딩과 비브라토 테크닉을 갖고 있던 그의 목소리는 그 차이를 단번에 알아볼 수 있을 만큼 혁신적이었다. 1993년에 공개된 그의 데뷔 앨범은 가요에서는 매우 희귀했던 본격적인 '어번' 앨범이며, 타이틀곡 〈그대의 향기〉는 가요의 트렌드에 R&B라는 음악적 문법이 새롭게 더해졌음을 알려준 곡이기도 했다.

이 곡의 노랫말은 그야말로 고전적인 표현의 향연이다. 고풍스러운 12/8박자의 전형적 리듬 위에 '꿈같은 눈빛' '신비스런 느낌'처럼 1990년대 X세대의 표현법과는 동떨어진 수사들이 얹힌다. 옛 가요에서 느끼는 향취가 젊음을 상징하는 R&B 음악에, 그것도 데뷔곡으로 어울리지 않는다고 생각할 수 있으나 다분히 의도된 '올드함'일 가능성이 크다. 사실 R&B와 소울

　　　　　　　　　　　　　　　　　더 송라이터스

은 그 역사가 오랜 장르이고, 음악적으로도 혁명적이기보다는 다소 보수적인 뉘앙스가 강한 표현법을 즐겨 쓴다는 점에서 그렇다.

결국 이 노래의 핵심은 멜로디나 가사의 힘 자체보다는, 트렌디한 장르로 떠오른 R&B를 얼마나 세련되게, 그리고 현대적인 감각으로 재해석할 수 있는가에 맞춰져 있다. 그리고 유영진은 그 기대를 단 한 순간도 저버리지 않는다. 음절의 끝을 길게 끌며 멜리스마를 활용하는 등, R&B 보컬 특유의 기교를 과감히 드러냄으로써 기존 발라더들과는 전혀 다른 창법을 뚜렷이 각인시킨다. 그의 이러한 시도는 단순한 스타일의 차원을 넘어, 한국 대중음악 안에서도 R&B 보컬이 충분히 구현될 수 있음을 증명한 하나의 성취이자, 분명한 전환점이었다.

'기다림'이라는 가장 미련한 선택

〈혼자만의 사랑〉 (1993년)

김건모

김창환 작사 | 천성일 작곡 | 김형석 편곡

〈혼자만의 사랑〉이라는 제목 탓에 '짝사랑'에 대한 이야기로 오해받기 쉬운 이 노래는 사실 연인과의 이별 후 온전히

마음을 정리하지 못한 주인공의 헛된 기대가, 끝내 그 이별의 운명을 받아들여야만 한다는 당연한 깨달음으로 나아간다는 이야기다.

인류는 사랑의 종장으로서 이별을 대처하는 방법을 수도 없이 고민해왔는데 가장 쉽고도 자연스러운, 동시에 가장 미련한 선택은 '기다림'을 선언하는 것이다. 노래에서 '서툰 바램'이라고 표현된 '이별 후의 막연한 기다림'은 대부분 무기력한 자신을 마주하는 고통스러운 시간을 수반한다. 그건 바로 오롯이 혼자 짊어질 외로움의 시간과 같은 말이다.

예상대로 이 노래의 화자는 그것을 '혼자만의 사랑'이라 미화한다. 그대를 위해 '처음으로' 흘리는 눈물은 후회를 통해 내게 사랑을 (아마도 뒤늦게) 가르쳐주었으며, 그래서 이름 붙여진 혼자만의 사랑은 사실 이별의 상황에 대한 부인의 다른 이름에 불과하다. 물어보지 않아도 그 이유는 고통일 테다. 그리고 그 고통은 사랑과 미움 그리고 미련과 후회를 무한히 오가면서 한층 더 깊어진다.

자, 한껏 미화되었던 아름다운 이별은 기다림의 고통과 변하지 않는 마음의 벽 앞에 그 연약한 본질을 드러내며 이 노래에서 가장 솔직한, 그래서 제목의 주제의식을 전면으로 위배하는 마지막 핵심문장으로 이어진다. 얼마나 미워하면 그 사람

  더 송라이터스

을 잊을 수 있는지를 묻는 구절은 이 노래의 백미이면서 화자의 격한 감정을 눈치보지 않고 표출하는 부분이다. 음악적으로는 혼자만의 사랑이라는 위안이 갖는 근본적인 결함이 노출되는 마지막 구절을 위한 완벽한 빌드업이기도 하다.

어쩌면 아주 특별하지는 않은 이 이야기가 가진 호소력의 물성을 바꾸는 건 김건모의 절창이다. 노래는 뜻밖에 키보드 반주에 얹은 김건모의 소울풀한 스캣 인트로로 시작된다. 거의 아카펠라에 가까운 이 스캣은 당시만 해도 그 개념이 희박하던 R&B 가수로서 김건모의 정체성과 장점을 널리 과시함과 동시에, 화자의 괴롭고 슬픈 마음을 마치 울부짓듯 표현함으로써 서사적인 효과를 확보했다.

강약과 이완의 교과서와도 같은 이 초절의 기교는 1절이 끝나고 간주부에서 난이도를 높여 한번 더 반복된다. 2절 후 전조와 고음역대의 브릿지가 이어지건만 김건모는 이 난해한 패시지들을 풍부한 성량과 감성적인 비브라토로 소화하며 곡을 마무리짓는다. 잔잔하게 마무리되는 애드리브는 스티비 원더나 마이클 잭슨의 그것이 떠오를 만큼 섬세하고 아름답다.

라인음향의 수장 프로듀서 김창환은 첫 가수인 신승훈을 성공적인 데 뷔로 이끌며 단숨에 가요계의 핵심적인 인물로 떠올랐다. 하지만 프로듀서로서 그의 진정한 취향과 강점은 흑인음악을 구사하는 김건모로부터 본격적으로 엿보이기 시작했다. 〈혼자만의 사랑〉은 김건모의 메가히트작인 2집 앨범의 타이틀곡인데 정작 김건모를 슈퍼스타의 반열로 이끈 건 앨범의 또다른 히트곡인 레게 열풍의 시초 〈핑계〉였다. 작사를 맡은 김창환은 이후 클론, 박미경, 노이즈 등의 앨범을 잇따라 성공시키며 소위 케이팝 3대 기획사의 시대가 열리기 전 가장 성공했던 프로듀서가 된다. 그는 단순히 기획자가 아니라 이 곡을 작곡한 노이즈의 멤버 천성일, 그리고 이 곡을 편곡한 김형석과 함께 라인음향 시대의 수많은 히트곡을 만들어낸 빼어난 송라이터이기도 하다.

〈이 밤의 끝을 잡고〉 (1995년)

솔리드

김혜선(김희탐) 작사 | 정재윤 · 김형석 작곡

정재윤 편곡

대중이 이 곡을 특별하게 느낀 데에는 그만한 이유가 있었다. 노래는 시작부터 무려 40여 초간 가사를 배제하고, 목소리만으로 공간을 채운다. 지금의 케이팝에서는 상상하기 힘든 과감한 구성이다. 하지만 이는 단순한 인스트루멘탈이 아니라, 세 멤버의 촘촘한 화음과 김조한의 가성이 어우러진 환상적인 애드리브로 가득 채워진다. 김건모의 〈혼자만의 사랑〉이 그러했듯, 이는 단지 보컬의 기량을 뽐내는 수준을 넘어 R&B라는 장르의 결을 가장 순도 높게 드러내는 장치다.

그 효과는 실로 인상적이었다. 곡의 첫 벌스가 시작되기 전부터 청자들은 이미 직감했을 것이다. 이들은 R&B에 정통한 진짜 '본토 음악'의 계승자이며, 아카펠라 스타일의 보컬 앙상블을 거뜬히 소화할 수 있는 팀이고, 무엇보다 늘 동경만 하던 세계 수준의 테크닉을 갖춘 리드 보컬리스트를 품고 있다는 사실을. 물론, 저음의 래퍼가 속삭이는 낯설고도 매혹적인 내레이션 또한 이 노래의 각별한 느낌에 기여했다.

'이 밤의 끝을 잡고'라는 제목은 단지 노래명을 넘어, 이 곡의 정서를 함축하는 문학적 문장처럼 다가온다. 평범한 단어들이 낯선 조합으로 엮이며 환상적인 여운을 남기는 이 문장은, 그 자체로 곡의 분위기와 팀의 정체성을 규정하는 강력한 장치다. 솔리드가 직간접적으로 영감을 받았을 보이즈투맨의 〈End of the Road〉나 〈In the Still of the Night〉와 같은 제목의 뉘앙스를 떠올리게 하며, 그 표현이 주는 모호함은 듣는 이의 상상력을 자극한다. 오히려 정확히 떨어지지 않는 의미야말로 청자에게는 깊은 인상을 남기기 마련으로, 이 곡은 그런 '모호한 아름다움'의 순간을 탁월하게 잡아낸다.

이 노래의 첫 구절은, 그 자체로 한 편의 영화 같은 러브신을 연상케 한다. 당시의 가요 문법으로 보자면 제법 대담한 수위의 에로티시즘이지만, 이 장면은 이별을 앞둔 마지막 작별의 몸짓으로 기능하며, 애절하면서도 낭만적인 감성을 덧입힌다. 서사의 무게를 온전히 품은 멜로디는 이 장면을 더욱 극적으로 끌어올리고, 슬로우잼 특유의 끈적한 분위기와 한국적인 정서가 절묘하게 교차하며, 이 노래를 단지 '수입된 R&B'가 아니라 한국적 발라드로 다시 태어나게 만든다.

여전히 많은 이에게 데뷔곡으로 잘못 알려져 있는 이 곡은, 사실 솔리드가 1993년 데뷔앨범의 참담한 실패를 뒤로한 채 미국으로 돌아가 2년의 공백 끝에 절치부심 내놓은 두번째 앨범의 타이틀곡이다. 당대 새로운 음악을 탐닉하던 마니아들이라면, 충격적이라는 말로밖에 설명할 수 없던 데뷔앨범을 모를 리 없었기에 이들의 귀환이 완전히 낯

　　　　더 송라이터스

설진 않았을 것이다.

하지만 대중의 반응은 사뭇 달랐다. 교포 특유의 어눌한 한국어 발음, 그와 완벽히 대조되는 유창한 영어, 어디서도 들어본 적 없는 자유로운 애드리브와 테크닉은 이들에게 '진짜'의 아우라를 부여했고, 이들은 오리지널리티를 무기로 치열했던 1990년대 중반 가요계에서 독보적 존재로 떠올랐다. 솔리드는 R&B, 힙합, 발라드, 하우스 등 거의 모든 장르를 높은 수준으로 소화할 수 있던 당대의 유일한 그룹이었고, 이들의 충격적인 음악적 능력은 동시대 한국 뮤지션들에게 경외의 대상이 되기도 했다.

〈…안 되나요…〉 (2002년)

휘성

박경진 작사 | 이현정 작곡 | 홍정수 편곡

〈…안 되나요…〉는 남성 R&B 싱어가 남긴 수많은 발라드 트랙 가운데서도 가장 섬세하고 애처로운 사랑노래 중 하나로 꼽힐 만하다. 21세기가 개막하면서 등장한 그 시절의 R&B 발라드들이 그러했듯, 장르적 순도보다는 기존 발라드 문법을

R&B 특유의 창법과 분위기로 해석한 곡이 많았고, 〈…안 되나요…〉는 그 시절을 가장 정확하게 증언하는 대표곡이다. 무엇보다 이 곡을 통해 휘성은 더 많은 사람에게 그의 목소리와 감성을 뽐낼 기회를 얻었고, 이제는 그의 이름을 떠올리면 가장 먼저 떠오르는 곡이 되었다.

이듬해 발표된 거미의 〈친구라도 될 걸 그랬어〉를 쓴 박경진은 이루어질 수 없는 상황에서도 결코 포기할 수 없는 집착과 미련의 이야기를 여기서도 풀어냈다. 정확히 그 관계를 알 수는 없지만, 오랜 시간 누군가의 곁에서 그 사람의 사랑과 슬픔을 지켜보며 그저 바라보기만 했던 미련한 사람에 관한 이야기다. 사랑해선 안 될 사람에게 다가갈 용기도, 그 사랑을 쟁취할 무모한 객기도 없는 이 남자는, 그저 상대를 바라보며 언젠가 돌아올 (아마 그럴 일은 없겠지만) 자신의 차례를 기다리고만 있다. 하지만 그는 자신이 원하는 게 무엇인지를 정말 아는 걸까?

순정과 미련, 집착 사이에서 혼란스럽게 오가는 마음을 이 노래는 마치 의식의 흐름을 묘사하듯 생동감 있게 그려낸다. 내 마음을 조금만 알아달라던, 그 사람 자리에 내가 있고 싶다던 그는 '아니면'이라는 한마디로 미련과 속마음을 그대로 드러내고 만다. 그가 바라는 이상적인 결과가 이뤄질 리 없다는 사실을 이미 아는 그는 결국 두번째 옵션, 그러니까 다른 사람을 사랑해도 좋으니, 나를 그 사람이라고 생각해도 괜찮으니, 오직 내 곁에만 있어달라는 억지 아닌 억지를 부린다. 그가 바라는 사랑은 알맹이 없는 껍데기일 뿐이지만, 사람에 대한 미련한 집착은 이미 그 사람의 행복을 바라는 진정한 사랑과는 빠르게 멀어지고 있다.

R&B음악이 국내에 상륙하며 만들어낸 가장 한국적이고 토속적인 보컬. 이 노래는 단순히 테크닉을 모방하는 데 그치지 않고, 한국인의 감수성으로 장르를 재해석하려 했던 노력파 천재 휘성의 목소리 덕분에 가능한 서사였다. 조금 억눌린 목소리로 슬픔을 쥐어짜내는 휘성의 보컬이야말로, 이 곡이 말하고자 하는 애처로운 호소 그 자체라 할 만하다.

홀로 아파해야 했던 밀레니엄 R&B 디바들의 이별이야기

2000년대가 막을 올리자마자, 놀랍도록 비슷한 정서와 주제의식을 지닌 여성 보컬 곡들이 잇따라 등장해 가요계의 정서를 지배하기 시작했다. 음악적으로는 1990년대 중반부터 본격화된 R&B 유행의 연장선에 놓여 있으며, 발라드의 형식을 따르되 한층 더 섬세하고 내밀한 정서를 품은 음악들이 약속이나 한 듯 쏟아진 것이다. 노래 속 주인공은 대개 자신감이라고는 찾아볼 수 없고, 상처를 준 상대에게 원망조차 주저하는 연약한 화자들인데, 그 미련한 감정에 대해 끝없는 자기연민을 품고 사

더 송라이터스

는 존재다. 이 노래들은 동시대 걸크러시적 이미지로 상징되는 댄스 디바들과는 정반대 지점에서 섬세한 감수성을 담당했고, 1990년대 발라드의 명맥을 충실히 계승해나갔다.

음악적인 면에서 그 의의를 몇 가지 더 짚어볼 수 있다. 우선 신승훈, 이승철, 조성모 등 남성 발라드 가수 중심으로 형성되었던 주류 가요계에서 여성 보컬리스트들이 존재감을 드러낼 수 있는 중요한 전환점이 되었다는 점이다. 또한 이 노래들이 주로 여성 작사가들에 의해 여성의 시선으로 쓰였다는 사실은 사랑과 이별에 관한 이야기의 폭을 더욱 다양화했다는 점에서 참신했다. 이는 이전까지 남성 싱어송라이터 중심의 고독과 후회, 쓸쓸함으로 일관되던 한국형 발라드의 감정선에 균열을 내며, 사랑과 상실의 감정을 다른 방향에서 탐구할 여지를 만들어주었다.

〈나의 하루〉 (1998년)

박정현

윤종신 작사·작곡 | 박용준 편곡

밀레니엄 여성 R&B음악의 기원을 추적하다보면 자연스레 만나게 되는 이름이 있다. 바로 박정현이다. 1998년 〈나의 하루〉로 데뷔한 그는, 당시 유영진, 김조한, 이기찬 등 남성 아티스트의 전유물처럼 여겨졌던 R&B 장르를 처음으로 여성의 목소리로 대중에게 각인시킨 인물이다. 이는 단순히 장르적 확장의 의미를 넘어, 한국 대중음악사에서 여성 디바의 계보를 새롭게 쓴 중요한 분기점이 되었다.

역사적인 히트곡 〈꿈에〉를 기점으로 R&B 본연의 색채는 다소 옅어지긴 했지만, 커리어 초반 박정현은 소울풀한 감성과 독창적인 벤딩, 그리고 화려한 애드리브를 구사하는 보기 드문 블랙뮤직 기반의 보컬리스트로서 이름이 높았다. 특히 〈나는 가수다〉에서 한 라이브 퍼포먼스는 지금 보아도 파격적이고 대담하며, 마치 혼자 다른 리그에서 뛰고 있는 듯한 착각까지 들게 할 정도의 경지를 뽐냈다.

누구나 그 목소리를 갖고 싶어했다. 수많은 보컬 지망생이 어디선가 그의 레퍼토리를 연습했고 박정현은 그렇게 단순한 롤모델을 넘어 음악적 지향점이 되었다. 물론 후에 등장할 수많은 여성 R&B 가수들의 스타일에 깊은 영향을 미친 것은 말할 것도 없다. 동시대 팝 디바의 표준과도 같았던 휘트니 휴스턴과 머라이어 캐리가 있었지만, 박정현은 보다 직접적으로 한국형 디바의 정체성을 수립한 인물로 평가하기에 손색이 없다.

〈오랜만에〉 (1998년)

박정현

윤종신 작사 | 이현정 작곡 | 박용준 편곡

박정현의 숨겨진 보석 〈오랜만에〉는, 2000년대 초반 대중가요에 반복적으로 등장하던 '연약한 화자'의 미련과 자책, 자기연민의 정서를 고스란히 품고 있는 노래다. 도입부에 던져진 감각적인 첫 문장은 화자의 마음상태와 이 관계의 성격을 일러 주는 매우 효과적인 한 줄로, 슬픔, 한, 원망, 그리고 조금의 어리광까지 복합적인 감정이 읽힌다. 어쩌면 너무도 예측 가능한 전개지만, 반복해서 들어도 매번 같은 장면에서 웃고, 울고, 소름이 돋는 할리우드 멜로영화처럼 이 노래는 감정의 흐름이 치밀하게 설계돼 있다. 멜로디는 논리적으로 진행되고, 그 위에 얹힌 가사는 자로 잰 듯 정확히 들어맞는다.

내 소식을 듣고 반가웠다는, 내 입장에서는 너무 아무렇지 않은 그의 태도와, 그의 소식만으로 며칠을 잠 못 이루는 내가 대비되며 주인공의 처량함이 극대화된다. 이 대조는 후렴에서 터지게 될 원망의 '원투 펀치'를 위한 효과적인 캐릭터 세팅이 된다.

그리고 이 노래의 결정적 펀치라인에서 '모진'이라는 흔치 않은 단어를 통해 여전히 끝내지 못한 주인공의 미련과 상대방의 냉정한 '완전 종결'의 감정이 다시 한번 대비되며 나 혼자 아팠던 이야기의 서사를 끝끝내 완성한다. 물론 그 어느 영화 속 이야기도 마찬가지지만 이건 철저히 화자의 관점에 근거해 있다. 정말, 그 남자는 아무렇지 않았던 걸까? 결국 화자가 관찰한 그 사람의 아무렇지 않은 태도 역시 더이상의 상처를 예방하기 위한 그녀만의 어떤 방어기제였던 것은 아닐까?

1996년부터 데뷔를 준비했던 박정현은 2년간 별다른 성과를 거두지 못했다. 〈열린음악회〉〈이소라의 프로포즈〉 등 1집 이전에 출연했던 영상들이 남아 있는데, 이미 어느 정도 비범한 실력임을 짐작케 한다. 이전까지 자신의 앨범 외에 어느 앨범에도 작곡가나 프로듀서로 참여하지 않았던 윤종신은, 박정현의 재능을 재발견해 결국 데뷔앨범을 제작하면서 프로듀서로서의 성공적인 발을 떼었다.

〈친구라도 될 걸 그랬어〉 (2003년)

거미

황성진·박경진 작사 | 김도훈 작곡·편곡

〈친구라도 될 걸 그랬어〉는 거미의 레퍼토리 중에서도

가장 섬세하고, 동시에 대중적으로도 친숙한 정서와 세련됨을 고루 갖춘 곡이다. 예쁘고 서글픈 선율과 섬세한 노랫말은 서로 충돌하지 않고 자연스럽게 어울려 흐르며, 그 감정선은 담담한 듯 충분히 아픈 울림을 남긴다. 첫 구절이 암시하듯, 이 곡은 헤어진 연인 사이의 '이별 이후' 서사를 담고 있다. 더이상 이전처럼 편하게 대할 수 없는, 한쪽의 일방적인 미련이 중심이 되는 이야기가 흐른다.

노래의 제목이기도 한 '친구라도 될 걸 그랬어'라는 말은, 사실 감정의 궁극적 결론이라기보다는 잠시 거쳐가는 정서적 착각에 가깝다. 미처 정리되지 못한 마음이 이성적인 판단을 눌러, 그냥 바라만 봐도 좋으니 친구로라도 곁에 있고 싶다는 바람을 품게 만드는 것이다. 물론 그것이 어리석은 판단일 수는 있지만, 때로는 관계의 현실적인 타협처럼 느껴질 수도 있다.

그러나 이 노래에서 주인공의 마지막 미련은 끝내 사라지지 않는다. 상대방은 이별 후 괜찮은지, 내가 완전히 잊힌 건지, 그래서 아무렇지도 않은 건지 등의 의문은 노래의 끝까지도 마음속을 맴돈다. '혹시 나처럼 괴로운 건 아닐까' '괜찮은 척하는 건 아닐까' 하는 마음은, 내 곁이 비어 있다는 사실을 네가 알아차려주기를 바라는, 지극히 인간적인 미련의 표현이다. 그것은 아무리 이성으로 다잡으려 해도 쉽게 지워지지 않는 감정이다. 어느 누가 냉정할 수 있을까.

차라리 끝내는 편이 나을까 싶은 순간에도, 마음 한구석 어딘가에 남은 한줌의 희망은 쉽게 사라지지 않고, 거미는 그 불완전하고 어설픈 감정을 눈물을 머금은 짙은 목소리로 노래했다. 우리는 모두 불완전하고 미련이 많은 존재기에, 이 노래를 들으며 그녀를 나무라기보다는 토닥여주고 싶어진다. 사랑하는 사람의 곁에 친구로만 남는다는 것이 얼마나 바보 같고 미련한 일인 줄 알면서도. '오죽하면'이라는 말은 이때 쓰는 말일 테다.

1990년대 이후 등장한 R&B 여자 가수들 중 거미는 교포 출신이라는 배경 없이도 그들만큼, 아니 그 이상으로 뛰어난 결과물을 보여준 대표적인 '토종' 소울 디바였다. 사실 이 둘의 차이는 기교적인 측면보다는 정서적인 결에서 더 도드라졌다. 교포 출신 가수들이 특유의 세련된 톤과 다소 어눌한 발음에서 오는 이국적인 정서로 '본류'의 느낌을 강조했다면, 토종 디바들은 감정의 깊이를 더욱 풍부하게 전달하는 호소력에서 종종 우위를 점했다. 그 가운데 거미는 팝 시장에 내놔도 손색이 없는 테크닉과 소울풀한 음색, 그리고 대중적 호소력을 두루 갖춘 드문 인재였다.

〈원하고 원망하죠〉 (2001년)

애즈원

윤사라 작사 | 신재홍 작곡·편곡

사랑하지만 그것만으로는 충분하지 않은 사랑, 애태우며 그 마음이 열리기를 기다리는 답답하고도 지고지순한 사랑을 애즈원만큼 예쁘게 부르는 가수는 없을 것이다. 그것은 단지 주제의식이나 몇 가지 표현만으로 되는 일이 아니다. 노래를 부를 때 그 이야기를 믿게 하고, 그 마음을 자연스럽게 이해하도록 만들며 나아가 공감하고 응원하게 만드는 목소리, 발라드에서 특히 요구되는 그 설득력을 갖춘 그룹이 바로 애즈원이다. 그래서 가수는 단순한 퍼포머 이상의 페르소나가 되어야 한다.

이 노래의 이야기는 2년 전 히트곡 〈Day By Day〉로 거슬러 올라간다. 지난 사랑에 상처받아 새로운 사랑을 받아들이기 어려워하는 나를 기다려주는 사람이 있었다. 그 사람에 대한 감사와 애정을 담은 그 노래가 전해준 애달픔은, 이제 화자를 바꿔 상대방의 시선으로 그 방향을 옮겨간다. 두 노래가 동일한 관계를 묘사하는지는 알 수 없지만, 이 노래의 화자는 언제쯤 받아들여질지 모르는 내 사랑을 속으로만 껴안고, 여전히 끝나버린 관계에 허우적대는 그를 바라보며 가슴 아파하고 있다. 그 처연한 마음을 제목인 '원하고 원망하죠'보다 더 정확히 표현할 수 있을까? 통찰과 표현력이 어우러진, 발라드 역사상 가장 절묘한 제목 중 하나라 할 만하다.

이 마음은 온통 모순투성이다. 그토록 그를 원하는 이유는, 오랫동안 옆에서 지켜보며 바라본 그의 '지친 가슴'에 대한 연민일지 모른다. 그가 괴롭고 아파할수록 내 안에 품고 싶다는 마음은 더 커져만 간다. 하지만 그 커진 마음은 동시에 그 사람의 '아픈 이야기'를 몰랐으면 하는 바람과 충돌한다. 내 마음은, 내가 원래 바랐던 그 사람과 실제 그 사람 사이에서 묘한 긴장을 일으킨다. 그를 원할수록 내가 혹시 그에게 '잠시 쉴 곳' 정도의 존재에 불과할지도 모른다는 생각에 원망이 커져가지만, 이미 그런 사람이 되기로 마음먹은 내 가슴에는 어떤 제동장치도 없다. 그는 이 마음을 아는지 모르는지, 나는 그저 '사랑한다'는 혼잣말을 반복할 뿐이다.

이쯤 되면 애즈원이 만들어낸 하나의 장르라고 부를 수도 있지 않을까? 이 나약하고 애처로운 마음은, 그들의 장기인 R&B의 유려하고 기교 섞인 창법이 아니라, 정석적인 팝발라드로 차분하게 표현되었다. 그래서인지 화려하지 않지만 더 오래 그 잔향이 퍼진다. 1990년대 내내 수많은 명곡을 만들어낸 신재홍의 선율감이 여전히 빛을 발하며, 특히 절정의 감성을 자랑하던 윤사라의 글과 만나 또하나의 '클래식'을 탄생시켰다.

〈어제처럼〉 (2000년)

제이

윤사라 작사 | 심상원 작곡·편곡

비슷한 시기에 등장했던 애즈원과 제이는 많은 공통점
을 갖고 있다. 미국에서 태어나 자란 재미교포 출신 가수이며,
R&B의 옷을 입은 서정적인 발라드로 주목을 받았다는 점도 그
렇다. 게다가 그들의 초반 커리어를 대표하는 곡(〈Day By Day〉
〈어제처럼〉)이 모두 윤사라-심상원 송라이터 콤비에 의해 탄생
되었다는 것까지도. 하지만 음색과 정서 면에서 두 가수는 판이
하게 다르다. 애즈원이 마치 햇살이 쏟아지는 것 같은 싱그러움
과 미성으로 어두움 속에서도 밝음을 이끌어냈다면, 제이는 특
유의 우울하면서 감성적인 음색을 내세워 리듬감 있는 곡들 안
에서도 슬픔을 끄집어냈다. 〈어제처럼〉은 그런 제이의 색채가
가장 선명하게 드러난 곡이다.

이 노래의 화자는 이별의 순간을 맞닥뜨리고 있다. 애써
아무렇지 않은 듯 태연한 얼굴을 하려 하지만, 곧 터져나오는 슬
픔을 감추지 못한다. 그러나 그는 끝까지 청승스럽고 비루한 모

습으로만 남고 싶지는 않다. 분명 원치 않았지만 언젠가는 오리라 예감했던 이별, 답답하고 이유가 궁금하기도 하지만 묻지 않겠다는 다짐은 마지막까지 남은 배려이자 자존심이다. 상대가 힘겹게 내뱉은 말이었음을 믿기 때문이기도 하고, 진실의 대가로 미련마저 확인 사살당하고 싶지 않아서인지도 모른다. 껍데기만 남은 사랑을 붙잡을까 두려웠기 때문이기도 하다. 어쩌면 그에게 이 하루는 슬프지만 동시에 단호한 결심의 하루다.

그러나 이야기는 여기서 끝나지 않는다. 유독 영어로 쓰인 후렴은 그저 멋부린 장식이 아니라 화자의 내면을 드러내는 숨겨진 고백이다. '내 안의 온기를 믿어줘, 아직 살아 있는 내 사랑을 느낄 수 있어?'라는 메시지는, 여전히 남아서 변치 않을 내 사랑을 마지막까지 확인시킨다. 한없이 부족한 나는 이 사랑을 잡을 수도, 떠나는 그 이유를 물을 수도 없지만, 언젠가 그대가 지쳐 돌아올 순간이 찾아온다면 오래전 변진섭이 그랬던 것처럼 '그냥 내게 오면 돼요'라고 말하고 싶은 것이다. 슬프지만 그게 지금 내가 할 수 있는 최선임을 알기에.

〈…사랑했잖아…〉 (2004년)

린

린 작사 | 김세진 작곡·편곡

린은 애원의 여왕이다. 더 슬프고 더 애절하고 더 가슴을 후벼파는 목소리도 있겠지만 린에게는 다시 한번 그 애원을 뿌리치지 못하고 한동안 뒤돌아 듣게 만드는 힘이 있다. 시그니처라고 말할 수 있는 세련되고 감성 어린 비브라토, 어찌 보면 덤덤하게도 들릴 수 있는 절제된 감정, 마치 평소에 감정표현이 서툴지만 고백과 이별의 순간에는 유독 더 빛을 발하는 목소리랄까. 기대고 싶은 듯한 연약함. 마침표를 앞뒤로 세 개씩 찍은 소심한 한마디 '…사랑했잖아…'는 사랑을 대하는 노래 속 린의 성격을 잘 드러내준다.

언뜻 노래는 영원하자는 약속을 남발하며 자기만 바라보게 만든 나쁜 X에 대한 원망으로 시작하는 것 같다. 이별이 슬픈 건 헤어져서가 아니다. 그 좋았던 날들이 하루아침에 아무 일도 아닌 것이 되어, 그냥 흔한 추억이 되어버렸음을 주인공은 느낀다. 사실 그러면 안 되지만, 아니 정확히는 아무 효과가 없지만 린은 우리가 얼마나 행복했었는지를 리마인드하고자 한다. 그것도 아주 틀린 방법은 아니다. 하지만 수화기 건너 차갑게 식어버린 목소리나 이별을 앞에 두고 생각보다 더 빨리 나를 잊어버릴 준비가 된 그의 모습을 보며 그녀의 마음은 한번 더 무너져내린다.

갑자기 노래의 서사는 장르를 바꾼다. 시작되지 않았어

야 할, 누군가의 마음을 아프게 하고 시작된 사랑의 이야기다. 그녀는 이 사람과 꿈꾼 장밋빛 미래가 얼마나 이기적이고 헛된 바람이었는지 이미 알고 있었다. 끝을 직감하고 있었다고 하지만 끝을 정해놓은 이별이라고 그 마음이 덤덤해지는 것은 아니다. 새삼 그녀는 자신이 했던 모든 잘못을 후회하기 시작한다. 이 이별을 만든 건 자신이었다고, 기회를 차버린 것도 자신이었다고 인정하는 것이다. 그럴 수만 있다면 (아마도 그런 일은 없을 것 같다) 또 한번의 기회를 바라는 이기심을 용서해달라고 말하며, 그리고 행복을 빌며.

누구의 책임인지, 이 사랑이 유죄인지 무죄인지는 잘 모르겠다. 하지만 적어도 그 모든 순간의 감정이 모두 진실되었다는 사실만은 느껴진다. 그게 다 린의 목소리 덕분이다.

같이 부를까?
듀엣곡, 관계의 소우주

　　듀엣은 기본적으로 반쪽짜리 조건부 음악이다. '둘이서 완성하는' 서사이기 때문이다. 아무리 음악성이 좋고 노래를 잘해도, 혼자서 듀엣의 서사를 설득력 있게 전달할 수 있는 사람은 없다. 라이오넬 리치가 아무리 타고난 이야기꾼이어도 다이애나 로스와 함께 부른 〈Endless Love〉 속 이야기를 혼자서 아름답게 완성시킬 순 없다. 한 사람이 던진 선율이 다른 사람에게 응답받고, 그 둘의 시선과 음정 사이에 흐르는 긴장감과 떨림이 노래의 감동을 결정한다.

프랭크 시나트라와 도리스 데이가 사랑의 시선을 맞추던 1950년대에도(〈Young At Heart〉), 마빈 게이가 타미 테렐의 손을 잡고 "태산이 높다 하되"라고 외치던 1960년대에도 (〈Ain't No Mountain High Enough〉) 두 사람이 주고받는 화음은 단순한 화성적 기교가 아니라 사랑의 주파수가 공명하는 순간이었고, 우리는 음악이라는 세계관에 녹아 있는 친밀함을 훔쳐보고 상상의 나래를 펼치며 짜릿해했다.

그래서 듀엣은 늘 사랑의 은유였고, 효과적인 고백의 신호였다. '같이 부를까?'라는 한마디에 실린 함의, 그러니까 내 사랑을 고백하거나 우리의 사랑을 증명하자라는 욕망은 종종 말로 하는 고백보다 노골적이면서도, 노래라는 가면 덕에 조금 더 안전했다. 1980년대에는 이문세-고은희의 〈이별이야기〉가 그랬고, 1990년대에는 김현철-이소라의 〈그대안의 블루〉가 그 가면의 역할을 충실히 수행해주었다.

물론 시대가 변하며 듀엣의 감정구조도 변모했다. 촘촘하고 호소력 짙은 보컬, 아름다운 화음과 드라마틱한 클라이맥스로 대표되는 1980~1990년대 '사랑의 절규'는 2000년대 이후 담백하면서 미묘한 감정의 표현으로 한층 색이 옅어졌다. 음악적으로 R&B와 힙합이 유행하면서 듀엣은 팝발라드에 적합한 '절절한' 사랑노래로만 남을 수는 없었던 것이다. 아이돌 팬들은 남녀 간의 사랑을 전제한 듀엣에 호의적이지 않았고, 더이상 가수들은 서로의 눈을 바라보며 연기하지 않았다. 애초에 실제도 아닌, 더구나 누구도 좋아하지 않는 무대 위 로맨스가 필요 없어진 것이다.

듀엣 대신 '컬래버' 혹은 '피처링'이라는 말이 유행하는 것도 그 때문일 것이다. 21세기 대중음악에서 듀엣은 절절한 사랑의 대서사시가 아니라 머뭇거리면서 키워가는 사랑인지 우정인지 구분하기 어려운 풋풋한 호감, 같은 목표와 지향을 꿈꾸는 이들의 동료의식이나 협업으로 그 의미가 확장되었다. 듀엣은 더이상 서로의 빈 곳을 채워주며 호흡을 맞추지 않아도, 각자 자신의 이야기를 하면서 공존할 수 있는 포맷이 된 것이다.

그래도 듀엣의 변하지 않는 매력은 끝까지 혼자 부를 수 없는 노래라는 것이다. 한 사람이 어떤 이야기를 시작하면, 누군가는 반드시 그 음과 이야기를 이어받는다. 두 목소리가 따로 또 같이 노래하면서 하나의 곡이 비로소 완성된다. 그래서 듀엣곡은 관계의 소우주다. 사랑이든 우정이든 동료애든 혼자만의 노력으로는 어림없는, 상대가 화답함으로써 그 세계가 비로소 진정 온전해지는.

〈욕심쟁이〉 (2004년)

김동률, 이소은

김동률 작사·작곡·편곡

남녀 듀엣곡의 성패는 누구나 예상하는 뻔한 서사에서 엇나간 쾌감을 줄 수 있느냐에 달려 있다. 지금도 유튜브 영상들로 남아 있는 1980~1990년대 지고지순한 고백송의 시대가 지나고, 발라드는 듀엣곡에도 새로운 감각을 요구하기 시작했다. 김동률이 만든 〈욕심쟁이〉는 음악과 가사 모두에서 그 새로운 경향의 한 가지를 잘 보여주는 명곡이다.

〈욕심쟁이〉는 듀엣곡 발라드치고는 예외적으로 빠른 비트로 진행된다. 마치 발라드를 1.2배속으로 빠르게 돌린 듯 조금은 서두르는 것 같은 인상도 준다. 하지만 예쁘고 싱그러운 인스트루멘탈과 함께 이소은의 아름다운 목소리가 김동률의 호방한 비브라토와 어울리며 두번째 벌스를 지날 즈음, 또렷하게 들리는 라틴팝의 리듬은 이 곡이 가진 지향점을 확인시킨다. 이 책에서 몇 번 만난 적이 있는 경쾌한 리듬과 아련한 서정성의 매치가 그것이다. 그리고 라틴팝 성향은 그 느낌에 설득력을 더해준다.

노랫말은 음악적 선택이 결코 우연히 나온 것이 아님을 알려준다. 김동률과 이소은은 돌아가면서 각자가 서로에게 바라

는 바를 털어놓는다. 충분히 할 수 있는 말일지 모르지만, 그 둘
도 그게 모두 받아들여지지 않을 것임을 안다. 투정이기도 하고
변명이기도 한, 어떤 의미에서는 사랑의 '테스트'이기도 한 조건
들에서 우리는 '욕심쟁이'라는 제목의 근거를 확인한다.

그런데도 노래는 슬프다. 경쾌하고 간지러운 서로의 고
백 속에서도 노래 한편에서 눈물이 비친다. 아마 이 노래가 서글
프게 들린다면 그건 음악과 가사의 묘한 조화 때문일 터이다. 특
히 '나에게만 사랑한다 말하고, 좋아한다는 말도 아끼지 말라'고
하는, 흐르는 코드 진행과 그에 상응하는 노랫말은 서로에게 많
은 걸 바라면서 기대와 희망 이면에 숨은 불안함과 애틋함을 전
해준다. 김동률다운 섬세하고 사려 깊은 송라이팅이다.

〈Perhaps Love〉 (2006년)

제이, 하울

김이나 작사 | 박근철 작곡·편곡

풋사랑의 본질은 설렘이라기보다는 오히려 낯섦과 당황
스러움에 가깝다. 사랑을 처음 느끼는 순간, 마치 벼락을 맞은
듯 인생의 모든 것을 깨닫는 듯한 행복감을 경험하는 사람이 얼
마나 될까. 대개는 처음 마주하는 감정 앞에서 혼란을 겪기 마련

이다. 이게 맞는지, 잘못된 것은 아닌지, 어떻게 해야 할지 두려워하며 망설이게 된다. 그래서 드라마나 영화 속 대부분의 이야기는 낯설고 새로운 감정을 제대로 감당하지 못해 우왕좌왕하고 엇갈리는 인물들의 모습으로 채워진다.

재밌는 사실은 실제로 사랑의 성취가 더 큰 행복을 주더라도, 나중에 우리가 더 사랑스럽게 기억하는 대목은 초반의 설렘과 혼돈 그 자체라는 것이다. 드라마 〈궁〉의 주제곡이자 대표적인 러브 테마인 이 곡이 20년 가까이 최고의 듀엣곡으로 사랑받아온 이유도, 그 낯선 기분을 섬세하게 포착한 덕분일 것이다.

노래는 '기억나지 않는' 낯선 감정에 대한 당황스러움으로 시작한다. 실체를 알 수 없는 감정이 서서히 마음을 채워 어느 순간 손쓸 틈도 없이 온몸을 휘감는 것처럼, 사랑은 그렇게 불쑥 찾아와 주인공을 사로잡는다. 김이나의 문장은 그 첫 방문의 기묘하고도 달콤한 감각을 세밀하게 그려낸다. 서툰 주인공들은 이 감정을 처음에는 부정한다. 사랑일까? 아마도? 조심스러운 추측 뒤에는, 혹시 이 기분이 나만의 것일까 두려워하는 마음이 깔려 있다. 그래서 그들은 확인을 원한다. 언젠가 김장훈이 말했듯, '나와 같다면' 이제 시작해도 좋지 않을까.

어떻게 시작되었는지는 중요하지 않다. 서로의 마음을 확인한 순간, 두려움과 혼란은 터질 듯한 희열로 바뀌고, 그 설렘은 '온 세상에 퍼지도록' 외쳐지고 만다. 마치 세상에 허락된 사랑이 오직 두 사람만의 것인 양. 이제 무대 위에는 두 사람뿐이다. 세상은 그들을 중심으로 돌아가고, 그들은 모든 것을 이겨낼 수 있을 듯한 자신감과 무모함으로 세상과 맞선다. 그러나 곧 또다른 두려움이 찾아온다. 이제야 알게 된 소중한 감정이 조금이라도 늦춰질까 두려운 마음. 그래서 그들은 잠시의 '일시정지'조차 용납하지 않는다. 그렇게 사랑은 집착으로 바뀌고, 언젠가는 무뎌지겠지만 지금의 그들에게는 그런 걱정조차 사치일 뿐이다.

〈밤과 별의 노래〉 (2016년)

온유, 이진아

이진아·유희열 작사

Andreas Oberg·Simon Petren·이진아 작곡·편곡

수려한 코드워크와 섬세한 연주로 가득한 이 노래는 별가루처럼 부서지는 이진아의 마법을 온유의 푸근한 목소리가 품고 있는, 그야말로 한 편의 소설 같은 재즈발라드다. 곡을 아름답게 만드는 많은 음악적 레이어가 은밀하게 숨겨져 있는 것이 특징. 언뜻 듣기에는 그저 예쁘게만 느껴지는 이 곡의 숨은

매력들이 어느 순간 하나하나 느껴질 때가 오면, 이 곡은 그 진짜 매력을 모두 내보이기 시작할 것이다.

남녀 듀엣곡이지만 이 곡은 평범한 전형을 따르지 않는다. 이진아의 외로운 독백으로 시작하며 첫번째 벌스가 끝나기 전까지 온유의 목소리는 등장하지 않는다. 보통 두 사람 파트 사이에서 일어나는 전조는 후렴에서 일어난다. 온유가 마치 담요처럼 이진아의 목소리를 덮으면서, 첫 벌스에서 느껴진 그리움이 희망으로 나아간다. 멜로디는 낮게 떨어지지만 조성은 오히려 더 고양된 느낌을 주면서, 친구가 되어주겠다는 두 사람의 약속이 주는 희망을 묘사한다.

온유가 부르는 두번째 벌스는 이미 제시된 희망의 테마가 연속된다. '얼마나 좋을까'라는 말 속에 담긴 행복한 상상이 감정을 앞으로 몰아간다. 조심스러운 상상은 행복에 대한 작은 확신으로 바뀌어가고 그래서 희망, 행복, 조금의 불안이 묘하게 뒤섞인 밤의 순간은 가장 뭉클하게 다가온다. 그리고 두 사람이 발견한 행복은 서사의 가장 중요한 전환점을 만들어낸다.

이제 둘은 더이상 서로에게 빛을 원하는 것이 아니라 서로에게 빛이 되어주겠다고 고백한다. 언뜻 들으면 비슷한 이야기 같지만 실은 전혀 다른 의지와 확신을 담은 말이다. 서로의 마음을 확인함을 넘어 자신의 의지마저 확인한 이들은 마지막 또 한번의 전조를 통해, 이 잔잔한 노래에서 가장 세련되고 쿨한 후렴을 선사한다. 조성이 바뀌었을 뿐인데 노래에서 느껴지는 감정은 전혀 다르다. 은근한 백그라운드 보컬이 더해진 '모두들'부터 노래는 도시적 차가움과 함께 설명할 수 없는 여운을 남기며 끝을 맺는다. 노래와 서사, 화성의 운용이 모두 절묘한 지점에서 만나 감정을 섬세하게 묘사하는 보기 드문 걸작이다.

발라드 작사가,
고트^{GOAT}는 누구일까?

요즘은 어디를 가나 고트(GOAT: The Greatest of All Time
의 약자로 분야별 으뜸을 말함) 논쟁으로 뜨겁다. 1등이라는 개념
자체를 용납하지 않는 예술 분야에서조차 그렇다. '역대 최고'
를 가리는 풍조가 썩 유쾌하진 않지만, 지나치게 몰입하지만 않
는다면야 어찌 재밌는 토론거리가 아니겠는가. 그렇다면 최고의
발라드 송라이터, 그중에서 가장 빛나는 노랫말을 쓴 작사가의
고트를 뽑는다면 누가 거론되어야 마땅할까?

내 머릿속에 가장 먼저 떠오르는 후보는 역시 이영훈이

다. 발라드를 장르로 만든 선구자이면서 가사 한 줄까지 기억되는 명곡들을 끝없이 쏟아낸 최고의 송라이터. 〈옛사랑〉 〈사랑이 지나가면〉 〈그녀의 웃음소리뿐〉 〈가로수 그늘 아래 서면〉 〈시를 위한 시〉 〈기억이란 사랑보다〉 등 남들은 평생 걸려 남길까 말까 한 아름다운 글들을 그는 한 앨범에만도 여럿 만들어냈다.

작사가로서 이영훈의 강점은 평이하고 구체적이면서 동시에 미스터리할 정도로 모호한(때로는 문장의 호응이나 내용적인 일관성이 위배된) 표현들을 떠올리고 글로 옮길 수 있는 능력에 있다. 아마 그건 선율을 함께 만들 수 있는 능력과 가수의 모든 특징을 하나하나 꿰뚫고 있는 독특한 관계에서도 비롯되었을 것이다.

그는 영화나 뮤지컬의 대사를 듣는 것 같은 생동감 있는 글을 즐겨 썼다. 〈사랑이 지나가면〉 〈영원한 사랑〉 〈해바라기〉처럼 그의 노래에는 그가 기억하는 누군가의 말이 녹취록에서 옮겨진 것같이 등장한다. 이는 이문세의 입을 통해 나오는 스토리의 진실성을 한층 더해 듣는 이들에게 몰입감을 주고, 이 이야기를 특별한 경험으로 받아들이게 한다. 이영훈의 노랫말은 한 시대의 사랑이야기를 규정했으며, 모든 사람에게 그 사랑을 동일하게 경험하도록 해주었다.

두번째 후보는 이미 따로 살펴본 것처럼 유재하다. 그

의 발라드 작법은 향후 30년 이상 영향을 미칠 가요계의 혁명이었다. 유재하가 쓴 새로운 화성이나 코드의 혁신적 면모와 마찬가지로 그의 노랫말은 사랑노래의 표현을 한 단계 다른 수준으로 높여놓았다. 유재하의 글은 20대 초반 청년의 풋풋한 감성에서부터 성숙한 고전미까지 종잡을 수 없을 만큼 다양했다. 새로운 사랑의 설렘에 들뜬 〈우리들의 사랑〉, 사랑의 아픔과 짙어지는 사랑의 빛깔로 묘사하는 〈사랑하기 때문에〉, 어린 나이에 벌써 종교적인 인생의 깨달음에 이른 〈지난날〉 〈내 마음에 비친 내 모습〉 등 유재하가 가진 표현의 스펙트럼과 성향은 다양했다. 유재하 이후에 발라드 작사를 한다는 사람치고 그의 글에 영향을 받지 않은 사람은 없다.

이영훈, 유재하와는 또다른 맥락에서, '동물원'의 김창기는 포크음악과 팝발라드 사이에서 한국식 서정주의의 한 지점을 들려줬던 인물이다. 김창기의 가사는 어려운 말로 거창하게 꾸미지 않고, 일상적 언어를 통해 누구나 쉽게 공감할 수 있는 진심어린 이야기를 담고 있다. 어떤 의미에선 가요에 스토리텔링 기법을 녹여내고 이를 대중적 차원으로 끌어올린 송라이터다. 그가 만든 대표곡 중 하나인 김광석의 〈흐린 가을 하늘에 편지를 써〉를 들어보자. 그다지 난해하지 않은 단어들이지만 참신하고 이질적인 조합으로 김창기의 언어적 감수성의 정체를 잘 드러내 보인다. 요즘 케이팝에서 세계관이라는 말이 유행하고 있는데, 김창기는 이를테면 발라드음악의 세계관을 구축한 사람이기도 하다. 〈혜화동〉〈시청앞 지하철 역에서〉처럼 특정 장소와 추억을 끌어들인 노래들은 마치 연작 에세이를 읽는 듯한 느낌을 주며, 청자로 하여금 가사의 한 줄 한 줄과 그 행간까지도 끄집어내어 몇 번이고 노래를 다시 듣도록 만든다.

1990년대로 접어들며 대중음악 산업이 르네상스를 맞이하고 동시에 본격적으로 발라드 전성시대가 열리면서 작사가에 대한 수요가 커졌다. 때맞춰 감각적이면서 문학적인 글솜씨를 자랑하는 작사가들이 대중에게 깊이 각인되기 시작했는데 특히 여성 작사가들의 활약이 돋보였다. 지예, 박주연, 노영심, 윤사라, 강은경, 양재선 등의 작사가들은 기존 싱어송라이터들의 글과는 다른 젊은 감각을 선보였고, 이는 X세대와 밀레니얼 세대의 자유분방하면서도 개인주의적 성향과 연애관 등을 반영하며 공감을 이끌어냈다. 이 같은 신진 작사가들의 등장으로 인해 가요는 일종의 양산 시스템을 구축하게 되었고, 특정 송라이터들의 파트너십을 통해 히트곡들을 쏟아냈다.

사랑이야기를 마치 한 편의 소설이나 드라마처럼 구현하는 능력만을 본다면 강은경은 가요 사상 최고의 작사가라 불릴 만하다. 대중음악에 허락된 4~5분의 시간을 마치 영화의 러

닝타임처럼 활용할 줄 아는 그의 가사는 개연성이 풍부한 스토리텔링을 통해 듣는 이를 자연스럽게 곡에 몰입시킨다. 특히 그의 가사는 비장미가 넘치는 구슬픈 단조풍의 멜로디와 더없이 잘 어울렸는데 조성모의 〈For Your Soul〉과 〈아시나요〉, 김돈규의 〈나만의 슬픔〉, 김경호의 〈금지된 사랑〉 등 처절하면서 비극적인 스토리텔링에 단연 독보적인 능력을 가졌다. 자극적인 문장이 지닌 엄청난 대중성은 말할 것도 없다.

마지막으로 내가 생각하는 고트를 발표할 차례다. 감히 한국 최고의 작사가라 말해도 부끄럽지 않을 그 이름, 박주연. 그는 그 화려했던 발라드의 시대를 빛낸 가장 위대한 작곡가들만큼 곡에 큰 영향력을 미칠 수 있었던 몇 안 되는 작사가였다. 비단 글을 잘 쓰는 것을 넘어 음악을 제대로 이해하고 그에 맞춰 다채로운 작법을 적용할 수 있는 재능 있는 송라이터이기도 했다.

박주연의 레퍼토리는 어느 작사가들보다 방대하다. 느리고 서정적인 전형적 발라드부터 록, 포크, 재즈, 댄스까지 다양한 스타일의 곡들에 본인만의 감각을 다채롭게 이식했다. 동시대 작사가들이 특정 작곡가와 주로 작업하거나 특정 장르나 스토리에 강점을 보인 것에 비해 박주연은 좀더 유연했다. 사랑과 관계에 대한 통찰, 수필 같은 소박함부터 시작해 인문학 서적을 보는 듯한 높은 수준의 깨달음까지 그의 가사는 다양한 방식으로 뻗어나갔고 거의 예외 없이 탁월했다. 레퍼토리의 방대함뿐 아니라 그 퀄리티의 순도에서 박주연을 능가할 작사가는 존재하지 않는다. 이 책에 유독 박주연의 이름이 자주 등장하는 것도 아마 그 이유일 것이다.

〈이젠 그랬으면 좋겠네〉 (1990년)

조용필

박주연 작사 | 조용필 작곡·편곡

MBC 예능 프로그램 〈나는 가수다〉에서 박정현의 열창으로 다시금 빛을 받게 되기까지, 이 노래는 팬들에게 혹은 조용필의 음악을 깊이 듣는 이들에게 늘 숨겨진 명곡으로 전설처럼 회자되었다. 조용필의 곡에 '숨겨진'이라는 말이 어울리지 않는 수식일지 모르지만 시대를 빛낸 그의 수많은 히트곡에 비해, 그리고 이 곡이 지금 가요계에서 가지는 믿을 수 없는 위상에 비해 과거 이 곡의 존재감은 생각만큼 크지 않았던 것이 사실이다. 하지만 이제 이 곡은 조용필의 커리어를 넘어 한국 발라드음악의 역사, 나아가 가요계의 역사에 길이 남을 명곡의 반열에 올랐다. 명곡의 운명이 결국 늘 그렇듯이.

나는 떠날 때부터,

다시 돌아올 걸 알았지

스무 자도 채 되지 않는 이 문장 속에 삶, 사람, 그리고 사랑의 모든 깨달음이 마치 종교적인 가르침처럼 묵직하게 집약되어 있다. 떠남과 돌아옴, 본질과 허상, 집착과 초월의 이야기로도 해석할 수 있는 이 노랫말은 『오즈의 마법사』『위대한 개츠비』『백년의 고독』 그리고 『연금술사』에 이르기까지 수없이 반복되어온 주제의식, 그러니까 소중한 것으로의 '귀환'과 '자각'에 대한 스토리의 원형을 지극히 평이하면서도 아름다운 언어로 탐구하고 있다.

이 노래를 통상적인 발라드로 분류하기 어려운 것은 '그대'로 표현된 대상의 모호함 때문일 것이다. 이제 비로소 소중한 것의 본질을 깨달은 화자가 그대의 '그늘'에서 지치고 다친 영혼을 회복하고자 하는데, 물론 방황 끝에 다시 찾은 사랑이라고도 할 수 있겠지만 그보다는 조금 더 종교적인 숭고함이 느껴진다. 하지만 많은 사랑노래와 문학작품에서 그 둘의 차이가 때로는 의도적으로 모호하게 그려지는 것도 사실이다. 이 노래는 그 대상이 누군지보다는 결국 본질에 대한 깨달음에 대한 부분과 그것을 심지어 권고하는 내용이라는 점에서 여느 노래들과 다르다.

마지막 말을 남기지만 그건 그저 화자의 욕심임을 안다. 먼길을 구르고 지나 돌아오지 않고는 알 수 없는 깨달음, 그리고 그렇게 깨닫지 않고는 진정 안다고 할 수 없는 삶의 진리에 대해 화자가 할 수 있는 일은 그 여정이 무탈하기를 바라는 것뿐. 그래서 이 노래의 첫 줄은 더욱더 의미심장하다. 다시 돌아올 걸 알았지만 떠난다는 것.

이 곡이 수록된 앨범 《Sailing Sound》는 조용필의 열두 번째 정규앨범으로, 신시사이저와 드럼 머신을 전면에 내세운 파격적인 전자사운드가 인상적인 작품이다. 앨범 제목에 담긴 'Sailing'이라는 표현은 1990년대 들어 새롭게 시도한 그의 사운드 실험을 항해에 비유한 것이라 볼 수 있다. 다소 모호한 제목이지만, 'Sound'를 수식하는 구조를 고려하면 세련되고 현대적인 감성을 지닌 성인 취향의 록음악, 흔히 '요트록'이라 불리는 장르의 기조를 의도한 것으로 해석할 수 있다. 미국 싱어송라이터 크리스토퍼 크로스의 명곡 〈Sailing〉을 떠올리게 하는 제목 역시 우연의 일치는 아닐 것이다.

이 곡을 리메이크한 박정현은 후렴 마지막 구절에서 미

묘한 멜로디 변화를 준다. 원곡에서는 '게' 음이 '라'로 처리되지만, 박정현은 이를 '레'로 바꾸어 부른다. 커버곡에서 멜로디를 살짝 변형하는 것은 흔한 해석방식이라 엄청난 의도가 숨어 있었다 확신할 순 없다. 다만 이 작은 변화가 가수의 차이와 더불어 곡의 정서에 미묘한 차이를 만들어낸 것은 틀림없는 사실이다. 더 젊고 훨씬 더 미성인 박정현의 버전을 들어보면, 조금 더 차분한 깨달음의 순간을 마주하는 조용필의 원곡에 비해 다소나마 더 밝고 희망적인 인상을 준다. 음악이라는 게 그래서 재미있다.

이 곡의 가사를 쓴 박주연은, 당시 마흔을 갓 넘긴 조용필을 위해 그 나이대의 남자가 느낄 법한 감정을 담아보고 싶었다고 한다. 당시 박주연의 나이는 스물여덟(!)이었다. 그리고 이 노래는 2013년, 〈나는 가수다〉 무대를 통해 당시 서른일곱이던 박정현에 의해 다시 불리며 오늘날과 같은 대중적인 히트곡의 반열에 오른다. 결국 이 곡은 20대 후반의 여성 작사가가 40대 남성 가수의 마음을 그려 쓴 노래로, 30대 후반의 여성 보컬리스트에 의해 또다른 감성으로 재해석되어 가장 폭넓은 공감을 받았다고 할 수 있을까? 어쨌든 그렇게 이 노래는 세대를 건너 또다른 공감을 만들어내는 데 성공했다.

 더 송라이터스

골든걸스,
변하지 않는 디바의 초상

〈이별연습〉 (1989년, 1996년)

인순이

김형석 작사·작곡·편곡 | 김명곤 편곡

1970년대 말 디스코 붐을 타고 걸그룹 '희자매'로 시작해 댄스음악과 트로트를 다양하게 섭렵하고 1980년대 말에 팝 발라드의 시작을 함께 이끌게 되는 인순이의 음악적 여정은 그 자체로 흥미로운 연구 거리다. 히트곡들에 가려졌지만 1987년

에는 《에레나라 불리운 여인》이라는 자전적인 콘셉트 음반까지 내놓으며 음악적 실험을 거듭해온 인순이는 〈밤이면 밤마다〉 등의 히트에도 불구하고 어떤 면에서 정당한 평가를 받지 못하고 있었다. 하지만 1989년, 이름 그대로 전환점이 된 앨범 《Turning Point》를 통해 그는 새롭게 열린 팝발라드 시대에도 여전히 유효할 디바로서의 새로운 출발을 결의한다. 그리고 그의 이런 도전 뒤에는 한양대 작곡과 출신의 뉴페이스, 작곡가 김형석이 있었다.

〈이별연습〉은 모든 부분에서 팝발라드의 교과서와 같은 곡이다. 차분하고도 유려한, 논리적으로 이어지는 A와 B파트, 자연스럽게 밀어올리면서 후렴으로 나아가는 구성은 곡을 몰라도 자연스럽게 따라갈 수 있을 정도다. 하지만 이 곡이 이전 세대의 발라드와 다른 점은 재즈나 R&B에서 흔히 쓰는 화성과 스케일을 군데군데 적용해놓았다는 점이다. 후렴에서 '다시 내 곁에' 같은 부분이 그러한데 6도를 활용한 재지Jazzy한 마이너 스케일의 느낌을 가미함으로써 곡이 평범한 포크 스타일의 발라드가 아니라 '팝발라드'로 인식되도록 하는 사소한 듯하지만 중요한 음악적 장치다.

이 곡의 노랫말과 멜로디는 서로 대화를 나누듯 그 결이 닮아 있다. 떠나보낸 이를 그리워하다 스스로를 '아이'로 칭하며 행복했던 순간을 그리워하는, 애절하지만 비극적이지는 않은 이 뉘앙스를 예쁜 메이저 선율이 잘 그려내고 있다. 애원하는 듯한 상승곡선, 끝내 체념하는 듯한 하강곡선은 선율이 글과 같은 온도를 품고 있을때 느껴지는 짜릿함이 뭔지를 알려준다.

〈이별연습〉은 작곡가 김형석의 데뷔곡 중 하나다. 학전소극장에서 김광석의 밴드멤버로 연주생활을 하던 김형석은 김광석의 솔로 1집에서 〈너에게〉를 작곡했고, 같은 해에 인순이의 〈이별연습〉을 작업했다. 인순이는 이 곡을 두 번 녹음했는데, 원곡이 발표된 지 7년 만에 11집 《The Queen Of Soul》에 셀프-리메이크했다. 이 앨범은 박진영 작곡의 〈또〉로 잘 알려진 작품으로, 신세대 뮤지션인 박진영과 이제는 히트메이커가 된 김형석이 전설적 '소울 디바'인 인순이를 새로운 세대에게 다시 소개하는 느낌의 트렌디한 케이팝 음반이었다. 이 차이는 두 버전의 디테일에서도 뚜렷이 드러나는데, 김명곤이 편곡한 인순이의 오리지널 버전은 스튜디오 녹음이지만 보다 자연스럽고 어쿠스틱한 느낌인 데 반해, 김형석이 편곡한 리메이크 버전은 전자키보드의 세련미가 두드러지는 R&B 편곡이 돋보인다.

〈기억 속의 먼 그대에게〉 (1996년)

박미경

김창환 작사 | 신재홍 작곡·편곡

멋진 제목으로 제법 폼을 잡고 있지만 결국 '후회'라는 한 단어로 요약되는 이 노래는 자신의 잘못으로 헤어진 후 오래전 그 이별 장면을 수없이 리플레이하며 뉘우치는 한 사람의 이야기다. 그 되새김이 잘못되었다고 말할 수는 없다. 잘못해놓고 오히려 쿨한 척 돌아선 모습을 멋있다고 생각했던 자신이 못 견디게 부끄러웠을 테니까. 그 부끄러움을 지금에라도 깨닫고 뉘우친다면 적어도 다음 사랑에게만은 똑같은 잘못을 되풀이하지 않을 수도 있다. 하지만 그 후회가 자신의 잘못에 대한 진실된 반성이 아니라 단지 지금 초라해진 내 모습에 대한 자기연민에서 비롯된 것이라면 안 하느니만 못할 것이다.

아름다운 노래에 대한 어떤 환상을 이 글이 깨뜨렸다면 미안한 마음이다. 그치만 그게 사랑이다. 사랑을 영화나 드라마로 배운 허세 깃든 젊은 시절에 사랑과 이별을 대하는 방식이란 그런 것이다. 내 진심을 모르고, 내 잘못을 모르고, 내가 못 알아봤다는 사실조차 모른 채 그렇게 인생에서 가장 소중한 인연을 아무렇지 않게 떠나보낸다. 잘못을 깨달을 때쯤엔 이미 늦은 것이고, 그것을 후회하는 나와는 상관없이 그 사람은 이미 행복한 또다른 사랑을 하고 있을지도 모른다. 그래서 모든 이별노래는 혼낼 사람은 이미 관심을 꺼버린, 아무 실효 없는 슬픈 반성의 드라마이기 마련이다. 그것을 '기억 속의 먼 그대'라고 예쁘게 포장한들 무슨 소용이란 말인가.

　　그래도 노래는 너무 아름답다. 버릴 것 없는 신재홍의 황홀한 선율감과 편곡은 그저 눈부시고, 커리어 사상 가장 어려운 곡을 만난 박미경은 그가 가진 모든 소울을 쏟아넣어 자신의 가장 위대한 발라드를 완성해냈다. 뻔한 이별이야기지만 그만큼 보편적인 김창환의 이야기 역시 콕콕 들어와 박힌다. 마지막에 반복되는 후렴은 엄청난 난이도의 고음을 쉴 틈 없는 호흡으로 밀어붙인다. 오히려 이런 힘겨운 프레이징이 노래가 가진 미련과 회한의 정서를 더 돋보이게 만드는지도 모르겠다. 박효신의 리메이크 버전이 사실상 완벽하다 하더라도 원곡이 가진 이 연약한 정서는, 이 노래는 왠지 이렇게 부르는 편이 맞지 않나 싶은 생각이 든다.

〈사랑하게 될 줄 알았어〉 (2006년)

신효범

이상규 작사·작곡 | 고승진 편곡

신효범의 목소리를 들으면 BMW의 시그니처 직렬 6기통 엔진, 일명 '실키식스'가 떠오른다. 부드럽지만 힘이 넘쳐 노래를 유려하게 장악하는 모습에는 힘이 부족한 차들에서 느껴지는 거칠거나 답답한 느낌이 없다. 물론 원한다면 얼마든지 파워를 올릴 수 있겠지만, 이미 그 정도로도 충분히 풍성하고 짜릿하게 울린다. 설마 그럴 리는 없겠지만 마치 모든 노래를 80퍼센트 정도 출력으로 부르는 듯한 이 여유로운 감각은 당대는 물론 현재의 디바급 가수들에서도 쉽게 느낄 수 없는 특별함이다.

한때 신효범을 대표하는 발라드는 〈난 널 사랑해〉였다. 한국의 휘트니 휴스턴이라는 별명을 가져다주었던, 음악프로그램에서 수없이 불렸던 그 노래는 분명 그의 대표곡이라 할만하다. 하지만 2020년 드라마 〈슬기로운 의사생활〉 OST에서 배우 전미도가 〈사랑하게 될 줄 알았어〉라는 숨은 명곡을 재발견하면서 그 위상이 조금 바뀌고 있다. 〈난 널 사랑해〉가 4분의 3박자의 전형적인 패턴 위에 신효범의 멋들어진 런을 즐길 수 있는 곡이라면, 〈사랑하게 될 줄 알았어〉는 훨씬 세련되고 담백한 팝 발라드다. 사랑을 발견한 희열이 넘치는 전자와 달리, 후자는 조금 더 애틋한 마음이 깃든 섬세한 감정이 특징적이다.

이 노래는 1999년 1월 31일, 정확한 날짜까지 명시되어 있어 누가 봐도 실존한다고 믿을 수밖에 없는 바로 '너'라는 상록수에게 바치는 고백이자 다짐이다. 임재범의 〈고해〉에서 느껴지는 전쟁 같은 사랑까지는 아니지만, 첫눈에 그 사람임을 알았던 운명 같은 사랑이다. 그러나 너무 운명적이라 생각했기 때문일까. 화자는 그 사랑을 정성껏 보살피지 못했다. 사랑의 한결같음에 오히려 권태를 느끼고, 아파하는 그 사람을 보며 제대로 위로도 해주지 못했다.

하지만 그 나무는 여전히 화자의 곁을 지켰고, 다행히 화자는 이제 그 사랑을 지키겠다고 다짐한다. 모든 사랑이 완벽한 감정의 비율과 공평한 마음으로만 이루어진다면 얼마나 좋을까. 분명 누군가는 더 아파하고, 누군가는 더 편하게 기대겠지만, 그래도 고마운 마음을 가질 수 있다면, 그리고 그 사랑의 시작을 이렇게 되새길 수 있다면, 조금 덜 아플 수 있을 것이다. 신효범은 담담하면서도 결코 모자람이 없는 감정을 담아 이 이야기를 설득력 있게 풀어낸다. 정말 아무렇지 않게 막힘없이 부른다.

〈어떤 그리움〉 (1994년)

이은미

오승은 작사 | 임기훈 작곡 | 오승은 편곡

노래는 발라드치고도 예외적으로 소박하다. 두 번의 벌

스, 그리고 후렴구와 한 번의 반복. 흔한 브릿지나 전조, 숨겨둔 비장의 카드도 없이, 담백하고 고요한 선율만이 이야기에 차분히 발을 맞춘다. 과장이나 어색한 이음새가 전혀 없는 유려하고 매끈한 멜로디야말로 이 노래의 가장 큰 미덕일 것이다. 자극적이지 않으면서도 지극히 감성적인, 왁스의 〈화장을 고치고〉와 조갑경의 〈바보같은 미소〉에서도 느껴졌던 작곡가 임기훈 특유의 잔잔하면서도 처연한 감수성은 들을수록 매력적이다.

이미 지나버린 사랑을 추억하며, 그가 남겨준 포근함과 고요함을 떠올리는 이은미의 목소리에는 따뜻함이 묻어난다. 그러나 이내 그것이 다시는 돌아오지 못할 것임을 깨닫는 순간, 목소리는 쓸쓸함으로 옮겨간다. 톤을 크게 바꾸지 않으면서도 그 허무함을 드러내는 미묘하고 아름다운 보컬이다. 이별 후의 그리움과 회한 속에서 그 사람의 행복을 바라는 숭고한 마음을 표현한 구절은 이 노래의 백미다.

이 곡은 이은미라는 가수를 새롭게 각인시켰다. 후렴의 진한 감정을 표현하면서도 스스로를 완벽하게 통제해 감정과잉의 영역으로 빠지지 않는 그의 능력은, '어떤 그리움'이라는 막연하지만 보편적인 감정을 아름답게 살려낸다. 이를 통해 이은미는 신촌블루스를 거친 언더그라운드의 총아에서 고급스러운 발라드 디바로 완벽하게 변신할 수 있었다.

임기훈의 특별한 선율은 내슈빌의 유명 CCM 프로듀서이자 엔지니어인 스티브 대디와 내슈빌스트링머신 오케스트라의 연주로 한층 더 고급스럽게 완성됐다. 마치 클래식 실내악 소품을 연상시키는 풍성하고 세련된 현악의 움직임, 특히 주선율이 아닌 그 뒤를 받쳐주는 우아한 대위선율은 그리움의 아스라한 결을 깊고 진하게 드러낸다.

발라드는 사라졌는가?
케이팝 시대의 발라드 베스트 10

돌이켜보면, 한국 대중음악사에서 발라드가 진정한 의미의 전성기를 누렸던 시기는 의외로 짧다. 대략 1980년대 중반부터 1990년대 중반까지, 불과 10년 남짓한 시간이다. 하지만 그 짧은 기간 동안 발라드는 단순한 보컬 스타일이나 편곡양식을 넘어 하나의 감수성, 혹은 대중의 정서를 압도한 시대정신의 형태로 존재했다. 그 시기는 또한 '웰메이드 싱어송라이터 음악'의 황금기로 기억되며, 얼터너티브록, 퓨전, 일렉트로닉, R&B, 힙합 등 한국 대중음악의 새로운 흐름이 동시다발적으로 출현

더 송라이터스

한 시점이기도 하다. 어쩌면 팝발라드는 그 '뉴웨이브'의 흐름 속에서 젊은 음악가들이 자신의 정체성과 기량을 선보이기에 좋은 도구였다. 그들의 새로운 감각은 세련된 감성을 좇던 당시 대중의 취향과도 절묘하게 맞아떨어졌다.

하지만 근본적인 변화가 불어닥쳤다. 1992년, 서태지와 아이들의 등장은 산업 전반에 거대한 균열을 일으킨다. 뮤직비디오 산업의 비약적인 성장과 절묘히 맞물려, 가요는 '보이는 음악'의 시대를 열었고 이 흐름은 걷잡을 수 없이 시장의 헤게모니를 장악하게 된다. 급기야 1996년, 프로듀서 이수만을 중심으로 한 본격적인 케이팝 아이돌 산업의 출범은 한국 대중음악의 지형도를 근본적으로 바꾸어놓는다. 한때 절대 강자였던 발라드는 서서히 중심에서 밀려나기 시작했고, 더이상 새로운 세대의 음악으로 인식되지 않았다. 발라드는 그렇게, 한 시대를 마감하고 있었다.

2000년대 초반, 여성 R&B 보컬리스트들의 약진과 록발라드의 유행이 잠시 댄스음악의 위세에 제동을 걸기도 했지만, 그럼에도 1990년대의 영향력과 정서적 폭발력을 되살리기에는 역부족이었다. 발라드는 차츰 과거의 유산처럼 취급되었고, 명곡이라 부를 만한 곡의 수도 현저히 줄어들었다. 그럼에도 이 시기의 발라드는 다른 방식으로 생존을 모색한다. 음악 제작 시스템이 싱어송라이터 중심에서 전문 송라이터 중심으로 이행하던 국면에서, 한류 드라마 열풍은 예상치 못한 방식으로 발라드의 생명력을 연장시켜주었다. 감성적 선율과 정제된 가사를 중심으로 한 드라마 OST는 다시금 발라드를 전면에 불러냈고, 그것은 케이팝 시대에 일종의 서정적 회귀로 작동했다.

정통 발라드 가수들이 사라진 대신, 발라드 스타일의 음악은 케이팝이라는 더 큰 틀 안으로 스며들며 명맥을 유지한다. 아이돌 음악은 콘셉트 중심의 다채로운 서사를 구성하기 위해, 서정성과 정감을 갖춘 사랑노래를 필수적으로 요구했다. 특히 솔로로 전환한 아이돌 가수들에게 발라드는 자신의 음악적 성숙도와 보컬 역량을 입증할 수 있는 결정적 무기였다. 이는 발라드 스타일의 음악이 신세대에게 다시금 유의미한 장르로 인식되는 계기가 되기도 했다.

케이팝 시대의 발라드를 보면 1990년대와의 차이가 느껴진다. 전형적인 팝발라드를 넘어 R&B, 록, 포크 등 장르적 경계를 유연하게 넘나든다. 편곡의 세련됨이나 코드워크의 정교함은 동시대 글로벌 팝과 비교해도 손색이 없을 정도다. 다만 가사의 문학적 깊이나 서정성 면에서는 1980~1990년대의 정수를 기대하긴 어려운 면이 있는 것도 사실이다. 그러나 케이팝 아이돌 음악에서만 가능한 새로운 경향도 생겨났다. 그것은 과거처럼 불특정 다수를 향해 던지는 감성의 총화가 아니라, 팬들과의 밀접한 관계에서 발생하는 감정의 서사, 이른바 '팬송'이라는 새로운 정서적 언어다. 발라드는 이제 하나의 장르를 넘어, 관계 속에서 감정의 무게를 증명하는 통로로 기능하게 된 것이다. '사랑'의 새로운 정의라 말할 수 있다.

그렇게 발라드는 다양하게 살아남았다. 중심에서 밀려났지만 사라지지 않았고, 낡은 장르라 불렸지만 오히려 새로운 시대적 요구에 적확하게 반응한 형식의 쓰임새로 재발견되었다. 이것이 내가 발라드를 여전히 이야기하는 이유다. 단지 과거의 감성을 복기하고 추억하기 위한 일이 아니라 변화의 흐름 속에서도 사라지지 않는, 여전히 가장 한국적인 감정의 언어와 그 기록을 이어나가는 작업일 것이기 때문이다.

발라드의 시대는 저물었는지 모르지만, 사랑노래의 시대는 끝났지 않았다. 우리의 '사랑의 역사'는 끝나지 않았다.

〈봄날〉 (2017년)

방탄소년단

Pdogg · RM · ADORA · "hitman" bang ·

Arlissa Ruppert · Peter Ibsen · SUGA 작사 · 작곡 · 편곡

마치 지구 반대편으로 떨어져버린 듯, 이제는 아득히 멀어진 누군가와의 간절한 재회를 염원하는 노래다. '보고 싶다'라는 네 글자가 이 곡이 전하고자 하는 단 하나의 메시지이며, 이 한마디는 마치 만트라처럼 노래 전반에 반복된다.

8월이 되었건만, 그곳은 여전히 얼어붙은 겨울이다. 이 겨울은 단지 계절의 한 국면이 아니라, 피할 수 없는 운명처럼 그려진다. 그리고 이 겨울을 불러온 건 너도 나도 아닌 '세상'이라는 이름의 파도일 거라 믿고 싶다. 왜 멀어졌는지, 무엇이 변했는지를 되짚어보지만, 결국 '사람들은 모두 변한다'라는 허망하고도 슬픈 깨달음을 얻은 이들은 이제 더이상 그 이유를 묻지 않기로 한다. 남는 건 단 하나, 다시 만나야 한다는 절실한 당위뿐이다.

그러나 그 간절한 바람이 아무리 멀리 퍼져도, 겨울은 쉽사리 물러서지 않는다. 이 겨울은 마치 끝나지 않는 계절처럼 반복되고, 그 안에서 봄은 자연스레 돌아오는 순환의 일부가 아니다. 그것은 오직 믿음으로만 도달할 수 있는 시간이며, 누구도 그 도착을 보장해주지 않는다. 얼마나 많은 밤을, 얼마나 많은 기다림을 견뎌야 하는지 아무도 말해주지 않는다. 그래서 더 절망스럽다.

그래서 〈봄날〉은 단순히 기다림에 대한 노래일 수 없다.

　　　　　　　　　　　　　　　　　더 송라이터스

이 노래는 인류가 역사 속에서 숱하게 증명해온, 간절히 원하면 반드시 이루어진다는 필연에 대한 믿음을 노래한다. 봄은 계절이 아니라 확신이며, 희망은 단순한 기대가 아니라 신념이다.

노래는 마침내 벚꽃이 피는 어느 봄날에 다다른다. 겨울의 끝이 직감되려 한다. 하지만 그건 영원한 어둠도, 영원한 겨울도 없음을 간절히 믿는 이들만이 도달할 수 있는 순간인 것이다. 그리고 만약, 멀어진 누군가도 같은 믿음을 간직하고 있다면, 그들은 언젠가 반드시 만나게 될 것이다. 간절히 기다리고 바랄 수 있다면.

케이팝 역사상 가장 위대한 곡 중 하나인 이 곡은 뮤직비디오와 함께할 때 전혀 다른 작품으로 재발견된다. '다시 만나게 될 것'이라는 희망의 메시지를 품은 이 노래가 영상을 통해 도달할 수 없는 누군가에 대한 깊은 그리움의 노래로 전환되기 때문이다. 이 노래의 뮤직비디오는 2014년 세월호 참사를 암시하는 상징들로 가득차 있으며, 그 해석은 단순한 감상의 차원을 넘어 사회적 기억의 층위로 우리를 이끈다.

영상에는 배, 선실, 우울한 파티, 그리고 노란 리본 등 세월호를 직접 연상케 하는 이미지들이 스쳐간다. 이런 상징들을 통해 뮤직비디오는 단순한 이별을 넘어, 아직 도착하지 못한 이들에 대한 기억과 추모의 공간을 구성하는 데 성공한다. 이는 단지 사적인 그리움의 표현을 넘어, 동시대 한국사회의 아픔을 예술적으로 환기하고 승화시킨 놀라운 작업이다.

특히 영상의 초반, 방탄소년단 멤버들이 들어가는 공간에 적힌 'Omelas'라는 이름은 주목할 만하다. 만약 이것이 어슐러 K. 르 귄의 단편 「오멜라스를 떠나는 사람들」을 의도적으로 인용한 것이라면, 이 뮤직비디오는 윤리적 메시지의 깊이를 한층 더한다. 소설 속 오멜라스는 표면적으로는 완전한 행복의 도시이지만, 그 행복이 한 아이의 고통과 희생 위에 세워졌다는 점에서 도덕적 모순과 사회적 망각을 상징한다.

이 맥락에서 보면 〈봄날〉은 단순히 누군가를 그리워하는 노래가 아니다. 무언가를, 누군가를, 애써 잊고 살아가는 사회를 향한 조용한 경고이자, 기억하고자 하는 이들을 위한 위로의 노래다. 방탄소년단은 이 곡과 영상에서, 동시대의 많은 아티스트가 감히 건드리지 못한 주제를 은근하면서도 아름답게 빚어냈다. 이는 케이팝이라는 보수적인 테두리 안에서 사회적 윤리와 예술적 은유가 어떻게 공존할 수 있는지를 보여주는 드문 성취다.

〈비밀정원〉 (2018년)

오마이걸

서지음 작사

Steven Lee · Mayu Wakisaka · Sean Alexander 작곡

Steven Lee 편곡

수많은 히트곡을 만들어낸 작사가 서지음의 최고작이자 2010년대 케이팝이 만들어낸 가장 서정적인 댄스곡 〈비밀정원〉은 아직 내보이기엔 너무 부족한, 하지만 언젠가 준비되면 보여줄 아름답고 귀한 것에 대한 희망과 확신을 품은 사랑을 이야기하는 노래다.

누구에게는 소심해 보이겠지만 그 안에 숨은 확신은 결코 약하지 않다. 준비되지 않은 사랑 앞에서 확신을 가지지 못하는 사랑노래는 많았지만 이 노래는 다르다. 일례로 조심스럽게 다가와달라는 애즈원의 〈Day By Day〉의 연약한 애틋함과는 궤를 달리한다.

아바를 비롯한 스웨디시팝의 영향을 강하게 받은 이 곡은 토이의 〈좋은 사람〉과 마찬가지로 차가운 일렉트로닉 사운드에서 따뜻한 감수성을 뽑아내는 송라이팅을 통해 우리의 마음을 움직인다. 리듬은 경쾌하지만 멜로디는 상승하지 않고 베이스라인을 따라 하강하며, 이로써 우리에게 희망차면서도 슬픔을 머금은 아련함을 준다.

이 노래의 결정적인 순간이 있다. 바로 주제의식이 응축된 후렴에 깃든 묘한 감정선이다. 슬프지만 동시에 희망차게 들리는 이 라인은 기술적으로는 어그멘티드 코드가 만들어내는 순간의 화성전환이라 표현할 수 있는데, 이는 노래 속에서 화자가 느끼는 감정을 그대로 음악으로 들려주는 것이기에 절묘하다. 사랑하는 사람에게 드러내고 싶지만 그러기엔 나 스스로가 초라한, 하지만 언젠가는 그런 날이 오리라는 확신과 슬픔의 복잡한 마음이 그것이다.

〈운이 좋았지〉 (2019년)

권진아

권진아 작사 · 작곡 | 적재 편곡

발라드, 혹은 느리고 낭만적인 사랑노래는 빠른 음악들이 득세한 21세기 케이팝에서도 흔한 레퍼토리다. 하지만 진정 한국 발라드음악의 적자라고 말할 수 있는 가수는 쉽게 찾을 수 없다. 가창력뿐 아니라 작법과 감성 그리고 보컬의 결 모두에서 그 시절의 핵심을 온전히 계승한다고 말할 수 있어야 하기 때문이다. 그래서 권진아는 한국 발라드 계보의 몇 안 되는 '합법적 상속자'다. 이제 막 20대 후반을 향해 가고 있지만, 마치 1990년 대에 청춘을 보낸 아티스트처럼 능숙하게 '가요'의 미련하고 연약했던 시절을 현대적 필치로 묘사하고 색을 칠해나가는 독보적인 가수다.

권진아는 특정한 장르적 관습에 얽매이지 않는 중립적인 보컬리스트에 가깝다. 대부분의 송라이터는 록, R&B, 포크 등 하나의 장르에 좀더 치우친 보컬을 가진 경우가 많고, 특히 2000년대 이후의 팝 보컬리스트들은 트렌디한 R&B 창법을 구사하는 경우가 대부분이다. 권진아는 그 모든 것을 두루 구사하지만 경향성을 띠고 있지는 않다. 그런 점이 감정을 보다 담백하게 전달하면서도 인디포크와는 다른 대중적 톤을 확보할 수 있는 이유다. 거기에 더해 자신이 가진 색깔을 쓰고 부를 수 있는 송라이터로서의 타고난 능력은 가수로서 더 바랄 나위 없는 재능이자 축복이다.

발성에서부터 이미 슬픔과 울음을 머금은 목소리가 별다른 설명 없이 제목이자 노래의 쿨한 척하는 가련미를 상징하는 단 한 마디 '난 운이 좋았지'의 감정을 정확히 눈앞에 그려 보인다. OST용 발라드들과 달리 과잉된 보컬을 통해 감정을 강요하지 않고 전달하는데, 그 억눌린 듯한 슬픔의 전반부와 감정을 모아 터뜨리는 후반부의 대비가 그래서 더 설득적이다. 후반부를 관습적으로 쉼없이 폭발시키는 대신 잔잔하게 감정을 안으로 머금었다가 여운을 담아 마무리하는데, 이는 편곡자 적재의 섬세한 재능을 보여준다.

〈마치 흘러가는 바람처럼〉 (2019년)

DAY6

Young K · 원필 작사 | 원필 · 김연서 · 밍지션 작곡

밍지션 편곡

DAY6는 의심할 바 없이 21세기 케이팝에서 가장 멜로딕한 그룹이다. 〈예뻤어〉와 〈한 페이지가 될 수 있게〉가 기적의 역주행을 하고 그들이 국민그룹이 되기 전에도, 그 폭포수처럼 쏟아지는 선율감은 인상적이었다. 밴드를 표방하거나 록음악을 시도한 아이돌이 없었던 것은 아니지만 DAY6의 독보적인 멜로딕함만은 쉽게 재현하지 못했다. 이는 수많은 그룹들을 성공시킨 JYP 내부에서도 마찬가지였다.

영케이와 원필의 감각적인 노랫말과 밍지션의 서늘하고 복잡다단한 화성감이 돋보이는 이 노래는 보다 직선적인 음악들이 주가 되었던 DAY6의 다른 음악들, 특히 그들의 발라드곡

들과 비교해 들어보면 상당히 이질적이다. 조금 더 직선적인 애절함이 돋보이는 〈예뻤어〉, 빈틈없는 선율의 논리구조로 슬픔을 선사하는 〈원하니까〉와는 확연히 다른 느낌이다. 사운드와 단어들에서 나오는 분위기와 정서 그 자체로서 슬픔과 허무함을 느끼게 하는 곡이라고 할까.

곡은 정말 바람이 부는 것 같은 전주를 지나 어쩌면 누구나 생각할 수 있을 것 같은 일상어들을 적재적소에 쏟아낸다. 이 같은 표현법은 DAY6, 그중에서도 영케이가 종종 보여주는 아주 평범하면서 섬세한 감성과 관찰의 결과물이다. 여기에 케이팝에서는 굉장히 드문 난해한 텐션과 전조가 빠르게 전개되는데, 특히 가장 아름다운 순간은 성진이 내뱉는 절실한 후렴구, "마치 흘러가는 바람처럼"이라는 가사가 흘러나올 때 기타가 B음을 연주해 매우 이질적인 불협을 만들어내는 순간이다. 전체적으로 대단히 난해한 코드들로 구성되어 있지만 한 음의 어긋남을 통해 이 노래가 말하고자 하는 '잡으려 해도 잡히지 않는 사랑에 대한 무력감'을 너무도 완벽하게 그려내는 것이다.

〈어떻게 이별까지 사랑하겠어, 널 사랑하는 거지〉 (2019년)

AKMU

이찬혁 작사·작곡 | 이현영 편곡

이 노래는 그다지 높이 날아오르지도, 그렇다고 멀리 뛰지도 않는다. 피아노가 이끌고, 기타가 더해지고, 스트링이 풍성함을 더하건만 화성이나 멜로디는 복잡하거나 세련되기보다는 차분함과 담백함을 끝까지 유지한다. 따뜻하고 차분한 곡들에서 느껴지곤 하는 묘한 지루함이 있을 법도 하건만, 이 노래는 아주 적당한 정도의 긴장감과 드라마를 끝까지 놓치지 않는다. 지난 10년간 케이팝이 발굴해낸 가장 번뜩이는 송라이터 중 한 명과 가장 반짝이는 목소리 중 한 명이 들려주는 아름다운 조화 때문이다.

이찬혁은 창의적인 방식으로 이야기를 풀어나갈 줄 아는 천부적인 송라이터다. 노래의 제목에서 짐작되는 것과 달리 이 노래는 이별의 슬픔이나 헤어진 사랑에 대한 애원의 노래가 아니다. 너무도 사랑하지만 이별을 택해야 할지도 모르는 두 사람이 왜 그들에게 이별이 허락되어서는 안 되는지 깨닫는 다짐에 관한 노래다. 어쩌면 뻔한 이야기지만 이찬혁의 창의적인 언어구사와 이수현의 청아한 떨림으로 이 노래는 풋풋함을 입는다. 특히 이수현의 목소리는 자칫 텁텁해질 수 있는 이야기에 맑고 푸른 바람을 불어넣는다.

화자는 몇 걸음 물러나 내가 없는 그 사람의 모습을 바라보면서, 그리고 돌고 도는 길의 걸음걸음을 통해 그들이 왜 헤어져서는 안 되는지 다시금 깨닫는다. 상상할 수 있는 어떤 어려운 앞날도 이별이라는 끔찍한 선택지보다는 나을 것임을, 사랑의 진정한 완성은 멋있는 의미 부여가 아니라 그저 헤어지지 않는 것임을 믿는 어리고 순수한 마음이 더없이 솔직하다.

〈너를 그리는 시간〉 (2020년)

태연

조윤경 작사

Lawrence Lee · Malin Johansson ·

Dan Sundquist · Hjalmar Wilen 작곡

Lawrence Lee 편곡

흡사 가스펠을 연상시키는 숭고미가 마디마디 깃든 이 노래는 내게 태연이라는 보컬리스트를 전혀 다르게 받아들이게 했던 곡이다. 이전까지 태연은 늘 기술적으로 완벽하지만 차가

운, 보여주는 보컬에는 최적화되어 있지만 내면을 표현하는 데
는 서툰 가수로 생각됐다. 그것은 온도로 따지자면 영화 〈겨울
왕국〉 같은 차가움이고, 수분기가 적은 건조함이고, 그럼에도
불구하고 동시에 빈틈없는 완벽함의 이유기도 했다. 하지만 이
노래는 내 생각이 틀릴 수도 있단 걸 알려줬다.

이 노래는 태연을 대표할 수 있는 곡이다. 가장 대표적
인 히트곡이라서가 아니라 태연의 보컬리즘 가장 깊은 곳을 구
석구석 다 드러내어 소름 끼치도록 완벽한 경지로 승화시키기
때문이다. 마치 박효신이 〈야생화〉에서, 나얼이 〈바람기억〉에서
그랬듯 그 감정의 깊이와 치열함을 모두 드러낸다. 요즘 곡치고
결코 짧지 않은 4분 30여 초의 긴장과 이완을 공감하며 따라가
다보면 마지막 구절에서는 나도 모르게 한숨이 뱉어지게 될 것
이다.

사실 태연의 보컬이 근본적으로 달라진 것은 아니다. 바
뀐 게 있다면 처음으로 그의 숨은 따스함을 내보일 글과 선율을
만났다는 부분이다. 이 곡이 가진 감동의 핵심은 조윤경의 가사
에서 비롯된다. 댄스곡들을 돋보이게 하는 재치 있는 어휘로 정
평이 나 있지만 이렇게 고전적인 수필톤의 사랑이야기에서도
발군의 기량을 선보인다. 빗소리에 잠이 깨 잠들어 있는 사랑하
는 사람을 바라보며 느끼는 아주 작은 공간에서의 모든 감각을

 더 송라이터스

그는 다양한 시각, 청각, 촉각의 어휘를 동원해 디테일한 감정의 향기 하나까지 모두 포착해낸다. 그의 존재 그 자체가 특별한 경험이 되는 진정한 사랑의 마음을 잔잔하면서도 깊은 표현에 담는다.

비록 어두운 길이 우리 앞을 가로막을지라도 상대를 닮은 색으로 모든 것이 밝아지리라는 굳은 믿음은 어떤 신앙과도 같은 느낌을 준다. 실제로 그는 단순한 사랑의 대상이 아니다. 내게 번진 너는 나와 너의 구분을 무색게 하며, 나를 필요로 했던 너를 알아본 나는 이제 둘을 넘어 하나가 되는 새로운 너를 그리고 있는 것이다.

〈When This Rain Stops〉 (2021년)

웬디

밍지션 작사 · 작곡 · 편곡

내면의 어둠과 아픔을 직시하고, 극복의 의지를 내비치는 아주 고전적인 '치유'의 메시지를 담은 곡이다. 어른스러운 수긍과 체념을 넘어선 깨달음의 목소리는, 조금은 종교적인 치유의 이야기를 노래한다고 느껴질 정도로 맹렬하면서도 깊고 진실하다.

이 곡을 쓴 송라이터이자 프로듀서 밍지션은 웬디와의 깊은 대화를 통해 이 노래의 자전적 이야기를 완성시켰다고 한다. 그래서인지 스스로 쓰지 않은 이야기를 부르면서도 웬디의 목소리에서는 감정적 이격이 느껴지지 않는다. 모든 음과 템포에 정성과 마음이 실려 있음을 쉽게 느낄 수 있으며, 듣는 사람이 진이 빠질 정도로 난해한 구간들을 진정성 넘치는 에너지로 마지막까지 밀어붙인다.

노래를 들으며 다행이라고 생각한 순간이 있었다. 웬디가 마지막 노랫말을 정말로 웃으며 부르는 순간이다. 녹음 순간의 표정을 알 길은 없지만 분명히 그는 미소를 머금고 있는 것 같다. 지금은 아니지만 그때가 오면, 정말 비가 그치게 되면, 그때 웃겠다는 의지는 이 노래를 더 먹먹하게 만든다. 아티스트 스스로의 슬픔과 좌절이 반영되어 있기에 더욱 그렇다.

레드벨벳의 커리어 하나만으로도 웬디는 감히 2010년대 이후 등장한 케이팝 최고의 보컬리스트 중 한 명으로 거론될 수 있겠지만, 이 노래만큼의 깊은 내면과 목소리의 떨림을 그 결하나하나까지 내비친 적은 없었다. 이제 그가 어떤 가수가 되든 그의 어린 시절의 내적 방황을 이토록 아름답고 섬세하게 그려낸 곡은 앞으로도 없을 것이다.

〈아이와 나의 바다〉 (2021년)

아이유

아이유 작사 | 제휘 · 김희원 작곡 | 제휘 편곡

아무런 눈짓도 없이, 이 아름다운 노래는 그 묵직한 첫 발을 뗀다. '그러나'. 그런데 왜 그 단어가 필요했을까. 그 접속사가 없어도 말은 되고, 심지어 그 접속사가 어떤 이야기를 받는지조차 우리는 알지 못하는데 말이다.

아이유는 모든 것이 가능하다고 믿었던, 자신의 순수함의 근원이자 정수였던 바다로 돌아가 잊힌 나를 찾고자 한다. 몹시 아프기 때문이다. 그리고 지금의 내가 참을 수 없이 혐오스럽기 때문이기도 하다. 그래서 그는 '겨우' 지금의 내가 되는 것이 목표였던 과거의 나를 찾아가, 그 해맑고 꿈 많은 아이를 측은해하는 어른의 눈으로 바라본다. 하지만 위로받고자 하는 이는, 결국 아직 덜 여문 채 방황하는 지금의 자신이다.

그는 아마 끝없이 그 '의심'을 '대답'으로 바꾸려 애써왔던 것 같다. 물론 쉽지는 않을 것이다. 그 무거운 짐을 짊어진 지금의 나는, 해답을 나 자신이 아니라 외부에서 찾으려 했는지도 모른다. 하지만 마침내 그는 결핍의 단서를 발견한다. 치유는 '회복'이 선행될 때 가능하다는 것. 그리고 그 회복은 곧 나를 되찾는 것임을. 마치 시간을 바로잡기 위해 타임머신을 과거로 돌려야 하는 것과 같다. 미래로 가는 타임머신은 아무것도 바꿀 수 없기 때문이다.

지금의 내가 과거의 나에게 건네는 악수, 혹은 과거의 나를 불러와 지금의 나를 다독이는 위로, 아니면 오랜 시간 멀어져 생긴 간극이 만들어낸 상처의 치유. 이 노래를 어떻게 해석해도 좋다. 중요한 건, 내가 그러기로 '다짐'했다는 사실이다. 그것은 어떤 것도 약속하지 않는다. 하지만 내가 그렇게 하기로 마음먹은 것으로 충분하다. 그것이야말로 가장 중요한 깨달음의 첫걸음이다.

모든 이야기가 끝나고, 마치 폭풍처럼 휘몰아친 감정의 파고가 가라앉고 나면, 마지막에 들리는 '그럼에도'라는 말이 노래가 시작될 무렵 느꼈던 '그러나'의 의문을 풀어준다. 안타깝게도 그는 치유되지 않았다. 다만 실마리를 찾았을 뿐이다. '돌아오는 길'을 알고 있다면 그것으로 충분하다. 모든 것을 잃는다 해도, 나에게 남은 내 원형의 영혼만 잃지 않는다면 그걸로 족하다.

〈Ditto〉 (2023년)

뉴진스

Ylva Dimberg · 조휴일 · 우효 · 민지 작사

250 · Ylva Dimberg 작곡 | 250 편곡

온갖 상징으로 가득찬 뮤직비디오, 영어와 한글을 오가며 퍼즐처럼 흩뿌려진 가사까지. 뉴진스의 〈Ditto〉는 말 그대로 알 수 없는 것들의 암호 같은 집합체다. 하지만 단 하나, 분명히 말할 수 있는 것이 있다. 이 노래는 케이팝의 문법을 새로 썼고, 동시에 2020년대 가장 아름다운 노래 중 하나로 남으리라는 사실이다.

밝은 듯하지만 아련함을 머금은 가사로 시작하는 이 곡은, 처음부터 끝까지 끊임없이 하강하는 멜로디 라인을 따라 감정을 조금씩 아래로 떨어뜨린다. 화성적으로도 루트음이 반음씩 떨어지며 정서를 잡아당기고, 이는 곡 전체에 몽환적이고 회고적인 공기를 덧입힌다. 그렇게 하강하는 곡선은 마치 기억 속으로 천천히 잠수해 들어가는 감각을 남기며, 듣는 이를 어느새 자신도 잊고 있던 과거의 순간으로 데려다주는 음악적 타임머신이 된다.

흥미로운 부분은 이토록 감정을 절묘하게 고조시키는

이 곡의 구조가 놀라울 만큼 단순하다는 점이다. 첫 코러스에 등장하는 일곱 개의 코드가 벌스와 프리코러스에서도 그대로 반복되지만 그걸 눈치채는 사람은 많지 않다. 슬픔이 스며든 듯한 코러스와 달리, 벌스는 빠른 비트 위에 담담하고 약간은 밝은 톤으로 펼쳐지고, 프리코러스에서는 비트가 바뀌며 긴장과 움직임이 살아나기 때문이다. 하지만 이는 모두 선명한 코러스의 애수미를 극대화하기 위한 섬세한 베리에이션이다. 영리하게 설계된 멜로디의 흐름은 자칫 단조로울 수 있는 곡을 오히려 입체적이고 서사적인 음악으로 완성시킨다.

〈Ditto〉의 아련함은 단지 사운드에서 비롯되지 않는다. 그것은 곡에 등장하는 단순하면서도 의미심장한 단어들, 그리고 뮤직비디오 속에 은밀하게 숨겨진 감정의 서사를 통해 구체화된다. 특히 1990년대 로맨스영화 〈사랑과 영혼〉에서 사랑의 표현으로 등장했던 한마디, "Ditto"가 암호처럼 인용되면서 곡 전체는 회고와 고백의 감정, 그리고 여전히 풀리지 않는 아련한 미스터리함으로 색칠된다.

바쁘고 요란한 리듬 안에 치명적인 감정을 조용히 접붙인, 세상에서 가장 애절한 클럽튠이자 미묘한 팬송이다.

〈먼지〉(2023년)

세븐틴

WOOZI · BUMZU 작사

WOOZI · BUMZU · 박기태 작곡

BUMZU · 박기태 편곡

'발라드는 정서다'라는 이 책의 명제가 가장 잘 어울리는 곡이 아닐까 싶다. 이 책에 실린 어떤 곡보다 빠른 비트를 가진 곡이지만 어떤 발라드 못지않게 저릿하고 시리다. 이별 후 끝났다고 생각한, 사라진 줄만 알았던 감정은 나도 모르는 사이 먼지처럼 곳곳에 남아 서서히 쌓여간다. 〈먼지〉는 그렇게 남겨진 그리움을 통해, 아직 사라지지 않은 사랑의 존재를 다시금 깨닫는 노래다. 내달리는 듯한 신스팝 사운드 위에 담긴 절절한 고백은 그 자체로 찬란한 러브송이다.

첫 가사는 시작부터 놀라움을 안겨준다. 마치 대사처럼 던지는 이 한 문장에, 음률을 살리는 라임과 '잊으려 해도 잊히지 않는 마음'이라는 주제의식을 함께 담는 데 성공했다. 우지와 범주의 섬세하면서도 영민한 송라이팅 감각이 쏟아지며 빛을 발하는 순간이다.

'뭔지'와 '먼지'의 뻔하지만 효과적인 언어유희, 그리고 그리움이 단지 쌓이는 데 그치지 않고 '엉켜서' 굴러다닌다는 표현은, 이 노래에 시각적 감수성과 촉감을 더한다. 산뜻하면서도 아련한, 두 감정의 결이 아름답게 마음을 두드린다.

가사만큼이나 멜로디의 센스도 돋보이는데, 반복적인 코드워크 속에서 멜로디의 길이와 분절은 생각한 대로 움직여 주지 않는다. 그러다보니 짧고 익숙한 느낌의 분위기가 전개되는 가운데서도 노래가 다채로운 분위기를 형성한다. 많은 멤버들이 이어 불러야 하다보니 각 파트의 미묘하게 다른 디렉팅을 통해 느낌을 살려내고 있는데, 이는 솔로곡에서는 듣기 힘든 재미라고 말할 수 있다.

노래가 정말 반짝반짝 빛난다. 신나지만 슬프고 밝지만 눈물난다.

언젠가는 꼭 발라드에 대한 이야기를 써보고 싶었다. 다만 음악평론가로서 최소한의 명분은 필요했다. 가장 감수성 예민했던 시절의 사운드트랙, 나와 모든 사람이 공유하는 추억을 담은 기록이라는 이유도 의미가 있지만, 그 이상의 뭔가는 없을까 고민했다. 그러다 의외로 그 실마리를 케이팝에서 찾았다. 지난 십수 년간 나는 케이팝에 대해 이야기해왔기에, 그 뿌리와 정체성은 내가 가장 자주 다뤄온 주제였다. 그리고 종종 이런 의문을 품었다. 케이팝이 정말 '아이돌'이라 불리는 댄스음악에서만 비롯된 것일까? 그렇게 케이팝이라는 '현대성'의 근원을 여러 방향에서 탐구하던 끝에, 등잔 밑의 발라드를 새롭게 발견하게 되었다. 만약 케이팝이 한국음악으로서 우리의 '이야기'를 담은 것이라면, 발라드만큼 우리 모두의 이야기를 보편적으로 담아낸 음악이 또 있을까? 그런 생각이 들자, 책을 써야 할 명분은 단숨에 분명해졌다.

서문에도 밝혔지만 이 책은 송라이팅, 그중에서도 '작사'라는 영역에 의도적으로 집중하고 있다. 흔히 가사적으로 더 '심오한' 음악으로 여겨지는 록이나 포크와 달리, 발라드(특히 발라드의 가사)는 '뻔한 사랑노래'로 치부되기 쉽다. 하지만 어쩌면 발라드는 비슷한 사랑이야기를 수없이 변주하기에, 어느 음악보다도 창의적이고 신선한 표현이 등장하는 장르이지 않을까?

가장 감성적인 순간을 담아낸 글이니만큼, 그 섬세하고 시적인 문장들은 때론 눈이 부실 정도다. 나는 이 책이 단순히 너와 나의 추억을 공유하는 것에서 머무는 게 아니라, 송라이터들의 비범한 관찰과 통찰, 그리고 아름답고 심오한 표현을 폭넓게 음미하고 배울 수 있는 기회가 되길 바란다. 그들의 절절하고 사무치는 가사 속에서 우리는 개인을 넘어선 시대를 만난다. 음악뿐 아니라 '사랑' 또한 시대의 거울이기 때문이다.

이 책에 실린 곡들은 순수한 팬의 입장이었던 어린 시절부터 들었던 음악이다. 하지만 그때와 지금, 달라진 점이 있다면, 이제는 그 곡들에 담긴 송라이터들의 생각을 조금 더 깊이 이해할 수 있는 경험이 쌓였다는 것이다. 음악평론가로 활동하며 가수, 작사가, 작곡가와 숱하게 나눈 인터뷰와 사적인 대화는 음악 이면에 숨어 있는 보다 깊은 이야기를 꺼낼 수 있는 밑바탕이 되었다. 특히나 책을 집필하며 때로는 곡을 만든 사람보다 내가 그 곡을 더 깊이 이해하고 있다는 착각이 들 만큼 깊이 몰입하곤 했다. 어쩌면 이 책은 그 과몰입의 결과물이다.

첫 문장을 쓴 지 벌써 일 년이 훌쩍 지났다. 혼란스러웠던 지난겨울과 봄, 타오르던 여름 내내 나는 오직 발라드만 들으며 지냈다. '이 곡은 빠질 수 없어!' '이 가수는 어떤 곡을 골라야 할까?' 마치 순수한 팬이었던 그때 그 시절로 돌아간 듯, 아무도 시키지 않은 고민들을 붙잡고 수없이 많은 밤을 지새웠다. 그리고 그 어느 때보다 내 안의 감수성을 낱낱이 짜내어 글로 옮겼다.

다시 돌아온 사랑의 계절이다. 이 책이 막 찾아온 스산한 가을과 시린 겨울, 설레는 봄과 뜨거운 여름까지도 모두 책임질 사랑의 기록이 되기를 바란다.

2025년 가을
김영대

더 송라이터스: 유재하부터 아이유까지, 노래로 기록된 사랑의 언어들

© 김영대 2025

1판 1쇄 2025년 11월 17일 | 1판 3쇄 2026년 1월 9일

지은이 김영대
책임편집 정선재 | 편집 고아라 김단비 김혜정
디자인 최정윤 | 저작권 박지영 형소진 주은수 오서영 조경은
마케팅 정민호 서지화 한민아 이민경 왕지경 정유진 한경화 정경주 김혜원 김예진 이서진
브랜딩 함유지 박민재 이송이 박다솔 조다현 김하연 이준희
제작 강신은 김동욱 이순호 | 제작처 한영문화사

펴낸곳 (주)문학동네 | 펴낸이 김소영
출판등록 1993년 10월 22일 제2003-000045호
주소 10881 경기도 파주시 회동길 210
전자우편 editor@munhak.com
대표전화 031) 955-8888 | 팩스 031) 955-8855
문학동네카페 http://cafe.naver.com/mhdn
인스타그램 @munhakdongne | 트위터 @munhakdongne
북클럽문학동네 http://bookclubmunhak.com

ISBN 979-11-416-1396-9 (03670)

www.munhak.com